« AILLEURS ET DEMAIN »

Collection dirigée par Gérard Klein

IGOR ET GRICHKA BOGDANOV

LA MÉMOIRE DOUBLE

ROBERT LAFFONT

ISBN 978-2-221-12612-7

Nous remercions Gérard Klein et Michel Jeury d'avoir bien voulu faire une lecture attentive de ce livre. Ils nous ont permis d'éliminer certaines imperfections contenues dans le manuscrit original.

AVANT/APRÈS
PROPOS

Ceux qui – dans un passé presque irréel – ont pu nous croiser au hasard de « Temps X » et de « La quatrième dimension », sont assez loin, sans doute, de deviner que bien avant les extraterrestres, les robots et même le Big Bang ou son fameux mur de Planck, nous avons écrit un roman *classique* où les choses ont le goût de ce qu'elles sont. Où le travail a la forme des gestes simples et les saisons la force de la nature. La vie discrète des paysans à la campagne, en somme. Et nous voilà bien loin des mystères de l'origine de l'Univers. Initialement publiée en 1980 sous la forme d'une longue nouvelle, cette histoire a été, un peu plus tard, étendue aux dimensions d'un roman qui paraîtra, en 1984, dans la collection « Hachette Littératures » sous ce titre vaguement intrigant : *La Mémoire double*. Pourquoi un tel titre ? Ni par goût d'un quelconque « effet littéraire » ou parce que nous sommes jumeaux, mais parce que ce roman décrit, au sens littéral, deux mondes très éloignés l'un de l'autre, deux univers que nous connaissons pourtant très bien : d'un côté celui de la campagne profonde, lointaine, *isolée*, dans laquelle nous sommes nés, de l'autre celui de la science que nous côtoyons de près.

Dès lors, on pourrait dire que notre livre repose, sans jeux de mots, sur deux mémoires : celle de la vie simple de ces paysans qui nous ont tutoyés depuis notre enfance, et celle d'une modernité poussée à l'extrême, avec ses prodiges scientifiques sur lesquelles repose un *autre* monde à peine imaginable.

*

Tout commence dans une petite ferme perdue au fin fond de la Gascogne. Nous sommes au début des années 50. À l'abri des collines et des bois, loin du monde, loin de tout, vivent trois paysans : l'irascible patron de la ferme, sa vieille femme et Antoine, l'ouvrier. Ils n'ont jamais quitté leur chaumière. Ne se sont jamais aventurés à plus d'une dizaine de kilomètres à la ronde. Dans ce petit monde, on travaille dur, sans relever la tête. Mais pour quelle raison, Antoine, le simple ouvrier, reçoit-il un jour la visite d'étranges inspecteurs venus « de la ville » ? Que lui veulent-ils ? Pourquoi le visage de ces deux étrangers reste-t-il étrangement lisse et pâle, sans une goutte de sueur, alors qu'il fait si chaud cet été ?

Antoine ne le sait pas encore. Mais la visite de ces deux inspecteurs, les phénomènes étranges qui semblent entourer leur venue, tout cela va faire irrésistiblement basculer sa vie. Jusqu'à le pousser à faire un jour quelque chose d'inouï : quitter la ferme. Traverser le village et le pays qu'il connaît si bien afin de tenter, pour la première fois, de gagner la ville. Or, ce qu'il va découvrir au bout de son voyage à travers bois et champs est à peine concevable. Quel est le secret effrayant qui se cache derrière l'horizon ? Comment échapper au formidable danger qui le menace, lui et tous ceux qui vivent autour de lui ?

*

Telles sont les questions que l'on verra apparaître dans ce livre. Car derrière la petite ferme isolée que nous décrivons dans *La Mémoire double*, pourrait bien se cacher autre chose. Au-delà de ces paysages tranquilles, ces bois profonds, ces champs de blé mûr et ces pâtures, pourrait bel et bien se tenir une *autre réalité* bien plus fondamentale. Laquelle ? se pourrait-il que tout un univers puisse, en quelque sorte, se trouver *enchâssé* dans un autre ? que ce que l'on croit, avec la plus parfaite certitude, être « la réalité » dissimule une réalité bien plus profonde ? Existe-t-il une relation entre la vie lente, laborieuse, infiniment *rurale*, de ces simples paysans gascons et l'équilibre géopolitique du reste du monde ? Et en quoi le travail de ces modestes fermiers pourrait-il avoir quelque influence sur les rapports entre les grandes nations plongées, à l'époque, en pleine Guerre froide ?

Paradoxalement, *La Mémoire double* décrit *en même temps* et côte à côte un univers familier, campagnard, un microcosme fait de petites choses et de gestes économes, une communauté de paysans qui parlent le patois gascon, et un monde mystérieux, ultrascientifique, où l'on travaille à côté d'intelligences artificielles surpuissantes. À la fin des années 70, lorsque nous avons écrit la première version de *La Mémoire double*, ce qu'on appelle aujourd'hui les « ordinateurs quantiques » n'existaient pas encore. Ce nom, plutôt intrigant, est apparu vers la fin du XXe siècle. De quoi s'agit-il ? De systèmes informatiques d'un genre totalement nouveau, encore expérimentaux, mais qui commencent à émerger des laboratoires. Leur mémoire n'est plus gravée sur des puces de silicium mais sur des choses bien plus petites, en fait des *atomes* ! Leurs fantastiques capacités (qui reposent non plus sur des bits d'information mais sur ce qu'on appelle des « qubits » ou bits quantiques) pourraient bientôt dépasser de loin tout ce qu'on peut faire avec les ordinateurs d'aujourd'hui. Pour les besoins de nos histoires – en particulier *La Mémoire double* –, nous les avons donc arrachés à l'avenir, en inventant ce que nous avons appelé la « Matrice ». Celle-ci a fait sa toute première apparition dans une nouvelle intitulée « L'horloge parlante », publiée en 1977 (entre autres par Gérard Klein) dans la revue *Futurs*. On y découvre l'étrange fonctionnement de sa mémoire « quantique », qui lui donne des capacités colossales : « *chaque noyau composant ses atomes a été chargé d'un quantum d'information*[1] ». Alors rien de vraiment surprenant si la Matrice est capable d'exploits à peine imaginables, entre autres simuler, recomposer, modéliser des pans entiers de la réalité. En sommes-nous encore loin aujourd'hui ? De moins en moins, face aux progrès fulgurants de ce qu'on appelle depuis 1985 la « réalité virtuelle », c'est-à-dire une « pseudoréalité » née de la simulation informatique (présentée par les experts comme « interactive et immersive ») d'environnements réels. Dans cette mise en abîme du réel, dans cette *Mémoire double*, vous retrouverez des fragments modélisés de votre réalité. Parmi bien d'autres choses, les tensions grandissantes entre les puissances occidentales et les pays de l'Est… mais aussi le sort d'un simple paysan perdu dans une petite ferme isolée de la Gascogne.

*

Le roman que vous tenez entre vos mains a une histoire assez surprenante. Un peu plus de dix ans après sa parution chez Hachette, voilà qu'au début de l'année 1997 nous avons reçu une proposition inattendue de la part du groupe cinématographique canadien Alliance Films : cette « major company » internationale nous proposait rien de moins que l'achat des droits d'adaptation de notre livre pour le cinéma.

Le 29 septembre 1997, nous avons donné par courrier notre accord au groupe Alliance avec lequel nous allions donc signer, au début de l'année 1998, les contrats définitifs de cession d'une option sur les droits de *La Mémoire double* pour une durée de six mois.

Dès le début de l'été 1998, nos interlocuteurs d'Alliance Films nous ont fait part de l'intérêt suscité par le projet

---

1. « L'Horloge parlante », publiée en 1977 dans la revue *Futurs*, a été rééditée en 1985 dans *La Machine fantôme*, « J'ai Lu », Flammarion.

auprès des réalisateurs auxquels il avait été soumis : en particulier le cinéaste chinois John Woo, qui venait de réaliser *Volte-Face*, un thriller d'action à succès qui l'avait propulsé en tête des réalisateurs les plus cotés d'Hollywood. Face à de telles perspectives, Alliance a dès lors demandé une nouvelle option de six mois, laps de temps suffisant, selon toute vraisemblance, pour monter définitivement le film.

Pourtant, vers le milieu de l'été, le groupe canadien allait nous faire savoir que malgré son enthousiasme, John Woo devait renoncer au projet de porter *La Mémoire double* à l'écran : « bien trop compliqué et trop coûteux en effets spéciaux » selon lui. Dès lors, soucieuse de poursuivre le projet et convaincue de parvenir à intéresser un autre réalisateur, Alliance nous a demandé de lui céder une nouvelle option de six mois sur les droits d'adaptation du livre.

C'est à cette époque que le scénario de *La Mémoire double* sera soumis à un certain nombre de réalisateurs, les uns très connus, les autres moins, dans l'espoir que cette « aventure extraordinaire d'un petit paysan gascon » puisse enfin déboucher sur un long métrage. Mais malgré leurs efforts, les producteurs d'Alliance allaient se heurter, au fil des semaines et des mois, à cette réponse toujours répétée : « Ce film est trop compliqué à réaliser ! »

Et c'est ainsi qu'au début de l'année 1999 nous avons donc fini par récupérer définitivement les droits de *La Mémoire double*.

Et c'est également à cette époque qu'un film qualifié de « révolutionnaire » allait remporter un énorme succès dès les premiers jours de sa sortie au printemps 1999 : *Matrix*. Un coup de tonnerre. Au-delà de ses qualités artistiques et techniques indéniables, que dire de ce film, sinon qu'il nous a immédiatement fait penser, de manière irrésistible, aussi bien par l'idée de base sur laquelle il repose que par mille autres détails, à notre roman *La Mémoire double* ? Comment aurions-nous pu éviter de penser que les frères Wachowski avaient, peut-être, eu connaissance du scénario de notre livre qui, à l'époque, circulait déjà depuis longtemps dans tout Hollywood ?

Certes, il semble que les frères Wachowski s'étaient mis en tête de réaliser leur film dès les années 1994-1995. Certes, ils ont souvent répété qu'ils avaient l'intention de porter cette histoire à l'écran « depuis toujours ». Il n'en reste pas moins que, dans les années 1995, leur projet n'était encore qu'une vague esquisse sans titre dont on sait seulement que les héros cyberpunks devaient évoluer « dans un univers d'ordinateurs ».

En fait, sans en tirer, bien sûr, aucune conclusion définitive, on ne peut qu'être passablement troublé par les similitudes – profondes ou anecdotiques – qui existent entre *La Mémoire double* et *Matrix*. À commencer par le titre. Dans le film, la notion de « Matrice » est décrite par l'un des « agents du dehors » de la manière suivante : « La Matrice est partout autour de vous. (…) Il s'agit d'un programme qui crée l'illusion d'un monde réel. » Or, vingt ans plus tôt, à la page 364 de notre livre, nous décrivions cette même notion de la manière suivante : « À partir de ces éléments de mémoire, nous avons donc créé un second programme qui constitue la matrice de l'environnement dans lequel vous évoluez. » Il est pour le moins surprenant de découvrir que le terme même de « matrice » se trouve repris, exactement de la même manière, par l'un des personnages du film : non seulement la notion d'une réalité simulée par ordinateurs constitue l'idée centrale du film (exactement comme dans *La Mémoire double*), mais cette notion de « programme » y est désignée, de surcroît, par le même nom : celui de « Matrice ».

Par ailleurs, quantité de détails rapprochent les deux œuvres. Par exemple, les « hommes en costume noir », ces personnages inquiétants qui, dans *La Mémoire double*, viennent « du dehors » afin de poursuivre Antoine, notre héros, jusque dans sa ferme, se manifestent à l'identique dans *Matrix* pour y traquer Néo, vêtus, eux aussi, du même costume noir qui signale leur appartenance à un « autre monde ». Dans les deux cas, il s'agit de faire pression sur le héros afin de lui extraire une information. Autre exemple, parmi quantité d'autres détails, c'est en suivant un lapin au fond d'un bois que dans notre livre Antoine est guidé « de l'autre côté » de son monde et découvre brutalement la réalité dans laquelle il est plongé. Or, dans le film, Néo découvre un message sur le blouson d'un des personnages : « Suis le lapin blanc. » En le suivant Néo tombera (comme dans notre livre) « de l'autre côté du miroir » et s'éveillera, lui aussi, à la réalité du monde dans lequel il vit.

Alors ? *Matrix* a-t-il pu être influencé, d'une manière ou d'une autre, par *La Mémoire double* ? Il est bien difficile d'apporter une réponse claire à cette question. Mais ce que l'on sait, c'est que (outre les ouvrages desquels ils ont ouvertement reconnu s'être inspirés) les frères Wachowski ont rendu un hommage direct au livre de Jean Baudrillard *Simulacres et simulation*, dont ils ont imposé la lecture à toute l'équipe du film. Se pourrait-il que notre livre, publié en 1984 et grand prix du roman fantastique d'Avoriaz lors du XIIIe Festival international du film fantastique d'Avoriaz, en janvier 1985, ait lui aussi contribué à cette « influence française » à laquelle les Wachowski étaient si attentifs ? Ce n'est pas impossible. On sait en outre que leur travail a été fortement influencé par celui du réalisateur John Woo, dont on se souvient qu'il devait initialement réaliser le film de notre livre. John Woo aurait-il transmis le scénario de *La Mémoire double* aux frères Wachowski, qu'il croisait tous les jours à Hollywood ? Là encore, ce ne sont que suppositions, mais elles n'ont rien d'impensable.

*

Matrix avant Matrix : tel pourrait être le sous-titre de *La Mémoire double*. Nous avons écrit ce livre en rêvant à ce qui pourrait se passer entre hier et demain : *Ailleurs et Demain*. Presque trente ans plus tard, le contexte dans lequel nous avions imaginé cette histoire a subi d'importants changements (l'Union soviétique a disparu et, avec elle, le spectre inquiétant de la Guerre froide) mais les lignes de fond sont restées les mêmes. Peut-être le temps est-il venu, à l'aube incertaine de ce XXIe siècle, d'espérer que le grandiose avenir auquel nous avons tant rêvé puisse enfin commencer.

Dès lors, on l'aura compris, si nous avons écrit ce livre où de simples paysans du Sud-Ouest frôlent, sans le savoir, l'univers vertigineux de la modernité et de la science, c'est peut-être parce que nous ne sommes pas seulement nostalgiques du monde que nous laissons derrière nous, mais aussi – et surtout – de celui qui n'existe pas encore.

Une voiture blindée s'arrêta devant le pont pendant que les soldats discutaient avec les chauffeurs du camion. Un général et un sous-officier en descendirent, ce dernier portant un pistolet-mitrailleur armé. Le général, un homme mince au regard glacial qui portait une casquette sur ses cheveux gris, coupés très court, répondit aux saluts des soldats puis se tourna vers l'officier qui l'attendait près du camion. Les deux hommes se regardèrent en silence sous la pluie battante. Puis le général fouilla dans sa vareuse et en retira une enveloppe cachetée.

« Voici le certificat de décès. Le cercueil est dans la voiture. Vous voulez identifier le corps ? »

L'interprète se pencha vers l'officier pour traduire. Ce dernier hocha la tête.

« Non. Procédez au transfert du cercueil à bord de notre camion. »

Sans attendre que l'interprète finisse sa phrase, le général donna un ordre et quatre soldats ouvrirent la porte de la voiture blindée pour en retirer le cercueil. Ils jetèrent une couverture dessus pour le protéger de la pluie et le transportèrent jusqu'au camion dont le chauffeur avait écarté la bâche. Deux soldats armés prirent place à l'arrière, tandis que le chauffeur remontait dans la cabine, attendant les ordres de l'officier. Ce dernier salua le général et tourna les talons.

Le général regarda le convoi s'éloigner jusqu'à disparaître derrière le rideau de pluie. Puis il remonta dans sa voiture et soupira avant de lancer au sous-officier installé près du chauffeur :

« Téléphonez au bureau de Gortchev et dites-leur que le transfert est terminé. Ajoutez que nous serons de retour à Moscou demain dans la matinée. »

« Pauvre diable ! songea le général. Était-il nécessaire de le tuer ? »

Il enleva sa casquette pour la poser à côté de lui, sur la banquette. Dire que les politiques avaient poussé le cynisme jusqu'à rendre officiellement le corps à son pays d'origine. Cette affaire n'était pas de nature à améliorer les relations entre l'Union soviétique et les pays de l'Ouest. Le général soupira. En cas de conflit, ce serait encore lui qui trinquerait.

Bientôt, la voiture blindée disparut dans la pluie.

1.

Dans le vent, il y avait une odeur. Quelque chose qui n'avait pas vraiment sa place dans la chaleur de juin. Une de ces odeurs humides qui rappelaient les premières pluies fines du printemps. Pourtant, la sécheresse était sur la campagne depuis près d'un mois.

Antoine enfonça son chapeau un peu plus bas sur sa nuque. Il ne fallait rien gaspiller du peu d'ombre que la toile donnait aux épaules.

Et puis, très loin, le premier coup de tonnerre. Là-bas, derrière la grande colline de la Gourgue. Ce n'était encore qu'un souffle vague, à peine une rumeur engourdie à l'horizon ; d'autres oreilles que celles d'un paysan n'auraient probablement rien entendu.

Mais Antoine, lui, avait levé la tête. Il déposa son maillet au pied du dernier piquet qu'il venait d'enfoncer dans la terre sèche et regarda là-bas, vers la Gourgue.

Le silence. Seules les courtilières, énervées par la chaleur, couvraient la campagne de leur chant sec, inépuisable.

C'était le milieu de l'après-midi.

Antoine cracha dans ses mains. Deux fois. Puis, maillet au poing, il reprit son travail. Là-haut, sur la gauche, la forêt des Juilles rendait les coups avec force, comme seuls savent le faire les bois de chênes. N'importe quelle forêt ne sait pas lancer de bons échos ; une forêt de hêtres ou de peupliers garde tout pour elle ; les bruits circulent mal entre leurs branches et finissent par s'y perdre.

Mais les chênes, eux, savent aller jusqu'au bout des choses.

Sans écouter l'écho qui travaillait en pleine forêt, Antoine frappait de la masse, arrachant à chaque coup un soupir du fond de sa poitrine. La sueur lui coulait des sourcils et il devait s'arrêter souvent pour s'essuyer le front avec son avant-bras. Depuis ce matin, il n'avait pu planter que dix-sept piquets le long du talus, et il lui en restait autant à mettre en terre avant d'atteindre le passage de la haie. Heureusement, à mesure qu'il approchait des ronciers, la terre se faisait moins dure ; à certains endroits, là où le sol avait été remué par des mulots, les piquets s'enfonçaient presque sans efforts.

Il travailla ainsi plus d'une heure sans s'arrêter autrement que pour cracher dans ses mains et s'essuyer le front.

Et lorsqu'il eut atteint la haie qui sépare le champ de la friche en contrebas, il s'assit dans l'herbe, face à l'horizon. Devant lui, il y avait le champ de luzerne où rien ne bougeait. Même les odeurs restaient en place, collées à la terre par la chaleur. Antoine ramassa une fleur de luzerne, l'écrasa entre ses doigts et respira la senteur un peu amère qui tenait à sa peau. Quelque chose remuait très loin dans sa mémoire, là où se faisait le mélange des parfums. Un instant, il retrouva l'enfant qu'il était, vers six ou sept ans, courant sur ce même champ autour du patron qui fauchait les fourrages ; tout était intact, jusqu'au bruit sec des tiges emportées à chaque passage de la lame. Tout en continuant de pétrir le brin de luzerne, il songea que sa lointaine enfance semblait s'étendre jusqu'aux limites de l'irréel, comme si les souvenirs les plus anciens étaient eux-mêmes précédés d'un autre passé incertain d'où remontaient parfois d'étranges images.

D'un geste sec, il jeta la fleur de luzerne. Depuis quelques minutes, il se sentait un peu étranger à la campagne qui rayonnait en silence dans l'été, comme si, avec la sève qui collait ses doigts, remontait peu à peu du fond de lui autre chose que la simple enfance, peut-être un fantôme de lui-même qui le mettait vaguement mal à l'aise. Il avait déjà été traversé par l'étrange sensation que sous la nappe claire des souvenirs de sa vie, il y avait d'autres choses. Des choses insondables, dont il n'avait habituellement pas conscience, mais qui venaient parfois crever en cercles noirs à la surface de sa mémoire.

C'était comme si les revenants d'une autre vie venaient cogner dans sa tête.

Un souffle courut dans les herbes, agitant les plus hautes fleurs dont les graines chaudes tombaient sur le sol comme une pluie sèche. Dans l'air immobile, qui formait une voûte de lumière sourde, presque pénible à regarder, ce petit vent annonçait un changement de temps. Antoine se retourna pour regarder vers la Gourgue en écartant les branchages de la haie.

Très loin au-dessus de la colline, un nuage en forme d'enclume montait avec force, rejetant la lumière vers les hauteurs diffuses du ciel.

Avant le soir, l'orage serait là.

Antoine se leva et fit quelques pas en arrière jusqu'à ce qu'il ait tout le paysage sous les yeux. Pendant quelques minutes, il resta là, sans bouger. Certaines chaleurs apprennent à respirer avec l'air qui repose à l'horizon. La chemise largement ouverte sur sa poitrine en sueur, il laissait la campagne entrer en lui, l'inonder de lumière, de parfums et de bruits.

Un grondement lointain monta alors vers lui, à peine perceptible, mais qui tenait toute la place dans les profondeurs du nuage. La nuée blanche remuait maintenant jusqu'au sommet, presque vivante, coulant une ombre violette à l'horizon, là où le ciel s'appuyait à la terre.

Antoine retourna vers la haie pour ramasser sa musette et la masse qu'il mit sur son épaule. Il serait toujours temps de terminer la clôture un autre jour. Préparer l'étable prendrait au moins deux heures, et il fallait ajouter encore une bonne heure pour ramener le bétail, tout cela avant l'orage.

D'un pas rapide, il commença à descendre le long de la haie pour rejoindre le chemin de la Julian. Déjà le chant des courtilières se faisait plus lourd, comme si l'air, en cessant d'être bleu, ne pouvait plus s'élever au-dessus des herbes, frôlant la tige vert foncé des fourrages jusqu'à l'horizon. Même pour les hirondelles, le ciel était devenu bas. À présent, elles voltigeaient ici et là autour d'Antoine, éparpillant les moustiques qui tournaient au-dessus de son chapeau.

Arrivé au passage, il se retourna vers la Gourgue. Son ombre venait de disparaître, engloutie en même temps que le soleil par le nuage qui continuait de monter. D'un seul coup, la campagne était devenue grise, confondant les avoines, les luzernes et les champs en friche dans la même lueur sombre.

2.

Antoine l'avait senti venir, cet orage. D'abord, il y avait eu le vent d'autan, chaud et sec comme un feu de sarments. Il n'avait pas cessé de souffler depuis la veille au matin, couchant les avoines tendres jusqu'à mettre leurs épis en terre.

Et puis, vers deux heures et demie, en sortant de table, Antoine avait plié la jambe gauche devant le rhumatisme ; à chaque fois que le temps allait tourner, la douleur se mettait derrière le genou et montait d'un seul trait jusque dans les reins.

Au diable, la douleur ! Avec cet orage qui venait, Antoine n'était pas tranquille. Après la guerre, le patron lui avait demandé de garder les vaches au soulan. À huit ans, on prend ces choses au sérieux. Et quand Biscat, un bœuf magnifique, était mort devant lui, bêtement, parce que la foudre était tombée sur ses cornes, Antoine aurait voulu mourir à la place de l'animal. Au village, tout le monde avait dit que c'était sa faute. Et il en frissonnait encore. Parce que dans ces terres, certains souvenirs cheminent comme les racines d'une mauvaise herbe.

Antoine accéléra le pas. Il y a des souvenirs qui vous donnent de l'âge. Aujourd'hui, il était devenu un grand garçon brun de trente-sept ans. Pourtant, avec son visage anguleux, ses lèvres fines et son regard noir, il paraissait plus jeune. En passant sous le chêne où le bœuf était mort, il regarda la masse puissante de ce tronc monté en terre ; les chênes méditent toujours des forces et des signes qu'ils gardent dans leurs branches. Et sous l'écorce du Noir, comme on l'appelait par ici, il y avait des hivers durs et anciens, des printemps plus jeunes ; le temps était dans cet arbre, jusqu'à ses racines aveugles : sans bouger, il méditait dans son vieux bois les souvenirs des hommes de la terre.

Mais ce soir, Antoine ne s'arrêta pas sous le tronc du Noir. Plus que la cour à franchir, et l'étable était en vue, bien serrée entre la grange et le hangar. Le patron était déjà au grenier et faisait tomber du foin par les trappes ouvertes au-dessus des râteliers. Rapidement, Antoine monta une litière de paille fraîche dans chaque travée, donnant des petits coups de fourche juste là où il fallait afin de ne rien gaspiller.

Lorsqu'il eut terminé d'épandre la dernière botte, il s'appuya sur le manche patiné de sa fourche ; il ne se serait jamais assis, car alors la pause aurait été de trop ; mais s'appuyer quelques instants sur sa fourche, c'était se reposer tout en ayant l'air de continuer à travailler.

Un bruit léger lui fit lever les yeux vers le nid de terre sèche, cramponné entre la grosse poutre et le plafond. Il aperçut alors la tête noire des hirondelles. Jamais elles ne rentraient avant huit heures, sauf pour de brefs allers-retours durant lesquels elles nourrissaient leurs petits d'un coup de bec ; mais ce soir, alors qu'il n'était pas plus de six heures, le mauvais temps les avait poussées au fond de leur nid et elles y resteraient jusqu'au lendemain matin.

C'était mauvais signe. Les oiseaux ne se trompaient jamais. Il y aurait du gros temps cette nuit, peut-être de la grêle ; et alors la récolte encore tendre, à commencer par les avoines, serait littéralement dépiquée sur pied.

Quelqu'un toussa bruyamment derrière lui.

C'était le patron. Il venait de redescendre, le visage encore plus fermé que d'habitude.

Malgré son âge, soixante ans passés, l'homme était encore solide ; ce matin même, Antoine l'avait vu charger un sac de quatre-vingts kilos sur l'épaule et grimper d'une traite au grenier ; pas une seule fois son genou n'avait plié et sa moustache blanche avait à peine frémi sous l'effort.

Durcie par des années de travail, l'énorme main du vieux s'empara d'un des aiguillons, le plus court, celui qui permettait de piquer le jarret des vaches sans les blesser. Il fit tourner deux fois son béret sur sa tête, signe qu'il était profondément contrarié. Enfin, il se racla la gorge et lança de sa voix rocailleuse :

« Allez, petit. Faut aller au pacage chercher le bétail. Dans pas longtemps, ça va tomber. »

Les premières gouttes de pluie commencèrent à s'écraser dans la poussière, lourdes et tièdes. Antoine eut alors l'impression d'une nuée d'oiseaux invisibles qui s'étaient mis à donner des coups de bec sur le sol. Mais dans cette fin d'après-midi obscurcie par les nuages, il n'y avait plus un seul oiseau.

Soudain, un craquement.

Il releva les yeux et jeta un coup d'œil par la lucarne. Le bruit venait de la grange, à une quinzaine de mètres en face de l'étable.

Un deuxième grincement, plus proche cette fois.

Il y avait quelqu'un dans la vieille grange ! Quelqu'un qu'il n'avait jamais vu à la Julian et qui, bizarrement appuyé contre le battant de la porte, regardait fixement en direction de l'étable.

« Hé ! patron ! Venez voir, on dirait qu'il y a du monde ici ! »

Le vieux s'immobilisa, la moustache soudain hérissée. Il n'avait jamais beaucoup aimé les rôdeurs.

« Qu'est-ce que tu racontes là ? »

Antoine passa la tête par la lucarne. À présent, l'étranger était nettement visible. Accoudé contre le battant vermoulu de la porte, il semblait vaguement chercher quelque chose, indifférent à la pluie qui commençait à dégouliner sur son visage long et blafard.

« Mais je vous dis qu'il y a un type devant la grange ! »

Écrasant un juron, le patron reposa la fourche contre le

mur et rejoignit Antoine près de la lucarne. Comme celle-ci était trop étroite pour permettre aux deux hommes de regarder en même temps, l'ouvrier se recula. Le patron colla alors son nez sur le soupirail. Puis, après un long moment, il se retourna vers Antoine.

« Je sais pas où tu l'as vu, ton type, mais ce que je peux te dire, c'est qu'il n'est ni devant la grange, ni nulle part ! »

Surpris, Antoine enfila à nouveau sa tête dans l'ouverture. Il n'y avait plus personne.

« Alors ? » grogna le patron.

Remettant son béret d'aplomb, l'ouvrier secoua imperceptiblement la tête. C'était la première fois qu'une chose pareille lui arrivait.

« Vous aviez raison, j'ai rien vu ! répondit-il enfin. À mon avis, la pluie a dû me jouer des tours. »

Il se força à rire, mais le cœur n'y était pas. Le patron l'avait d'ailleurs senti car il le regarda longuement sans rien dire. De sa voix rugueuse, il laissa enfin tomber :

« Ton type a dû foutre le camp par-derrière. La prochaine fois, pense à lâcher la chienne. »

À entendre les mots du patron, Antoine s'était tout à coup senti soulagé d'un grand poids. Sans doute, l'inconnu avait dû chercher un abri à cause de la pluie. De toute façon, il était loin à présent. Il y avait autre chose à faire qu'à continuer d'y penser.

L'ouvrier acheva de se rassurer en suivant la démarche tranquille du vieux. Déjà, celui-ci s'apprêtait à sortir.

« Alors, petit ! lança-t-il. Tu te dépêches, ou quoi ? Le bétail ne va pas nous attendre jusqu'à la nuit ! »

Antoine ne broncha pas. Il était à la Julian depuis l'âge de six ans, et le patron continuait toujours à l'appeler « petit », comme autrefois, quand il courait en culottes courtes à travers les chaumes. Et sans vouloir se l'avouer, cela lui faisait obscurément plaisir, comme si le temps ne dispersait pas les années.

Dès que les deux hommes eurent franchi la gouttière, ils furent engloutis par un rideau de pluie. Normalement, le soleil aurait dû se trouver à la hauteur du toit de la grange, éclairant encore toute la cour ; mais ce soir, il faisait presque noir. Antoine marcha dans les traces du patron, en bordure du chemin transformé en un véritable torrent de boue. Loin devant eux, Folette, la petite chienne bâtarde, courait en aboyant dans les éclairs. Antoine n'avait jamais vu ça. C'était comme une trombe mouvante, lente, tordue, qui coulait du ciel béant. Pris de peur, il cria :

« Hé ! le patron ! On va se noyer si ça continue ! »

Il avait dit ça parce que la peur était plus forte que les mots. Mais devant lui, le vieux ne se retourna même pas. Il marchait comme une ombre rude et simple, sans lâcher le pas, peut-être sans penser.

Enfin, ils arrivèrent devant la barrière du pré.

« Passe devant, petit », dit le patron en décrochant rapidement le fil de fer à demi rouillé qui fermait l'entrée.

Sans répondre, Antoine se dirigea vers le fond du pré. Il savait ce qu'il avait à faire. Deux mots en patois à Folette qui courait de long en large, excitée par la tempête. Instantanément, la chienne bondit vers le bétail. Là-bas, près du talus, il y avait la Rousse, reconnaissable entre toutes à cause de ses grandes cornes bizarrement retournées vers le bas ; c'était elle qu'il fallait faire passer en premier, car c'était la maîtresse d'étable.

Déjà Folette était près d'elle, aboyant juste assez pour ne pas l'affoler. Puis la chienne fit le tour du talus et aboya encore quatre ou cinq fois. Elle tenait le troupeau dans son museau ; bientôt, le bétail suivait la Rousse vers la barrière.

Là-haut, le patron attendait, son bâton planté en terre. Dès que la dernière vache passa la barrière en fouettant sa queue contre ses flancs trempés, Antoine courut devant pour rattraper la Rousse.

Il était sur le point de la rejoindre lorsqu'il se figea sur place.

En une fraction de seconde, le ciel s'était illuminé derrière la colline de la Gourgue ; l'instant d'après, les yeux écarquillés par la surprise, Antoine avait cru voir une longue déchirure noire se perdre dans les nuages, comme si le ciel s'était *ouvert* sur un fond de néant obscur.

Mais à présent, des nuages lourds de pluie roulaient à nouveau derrière la colline. Perplexe, Antoine reprit sa marche derrière la Rousse. Sans doute était-ce la rémanence de l'éclair sur le fond de son œil qui avait provoqué cette étrange vision ; pourtant, il avait eu beau tendre l'oreille, aucun roulement de tonnerre n'avait accompagné ce coup de foudre. Seul le vent continuait à hurler dans la forêt des Juilles.

Et déjà il fallait penser à autre chose. Car la Rousse venait d'entrer dans l'étable pour rejoindre sa place, près de la porte. Rapidement, Antoine passa la chaîne de garde à son cou dégoulinant de pluie, tandis que le reste du troupeau envahissait brutalement l'étable. Quelques minutes plus tard, aidé du patron, il attacha la dernière vache et s'assit sur un tas de paille pour enlever ses bottes.

3.

L'homme s'approcha du bureau derrière lequel quelqu'un était déjà assis. Il toussota pour attirer son attention.

« Heu… Puis-je m'asseoir ? »

L'autre fit un geste vague sans relever la tête des papiers sur lesquels il était en train de griffonner d'une écriture serrée.

« Alors, fit-il d'une voix neutre, où en êtes-vous ? »

L'homme s'assit tout en déplaçant sa chaise sur la droite, pour éviter le rayon de soleil qui coulait de la fenêtre. Puis il attendit que l'autre lève les yeux vers lui pour répondre :

« Tout se déroule normalement. »

Un silence. L'homme qui était derrière le bureau rangea deux ou trois dossiers avant de lancer d'une voix acide :

« Soyez plus précis. Vous l'avez retrouvé ?

— Heu… pas encore. Mais je crois tenir une piste sérieuse. »

L'autre abattit sa large main sur le bureau.

« Mais qu'est-ce que vous fabriquez ? Vous savez parfaitement que nous ne pouvons plus nous permettre d'attendre. »

L'homme sortit son mouchoir, fit semblant de se moucher, et regarda vers la fenêtre.

« Ce n'est pas une chose simple, répondit-il. Et vous le savez bien. Depuis quinze jours, je travaille sans relâche. »

L'autre eut un geste d'agacement.

« Épargnez-moi vos jérémiades, voulez-vous ? Je vous ai donné tous les crédits nécessaires à la pleine réussite de votre mission. Nous ne devons pas échouer, c'est clair ? »

L'homme ne répondit rien. Puis il se leva sans faire de bruit. Au moment où il allait sortir, l'autre lança :

« Je ne bougerai pas de mon bureau. Si vous avez quelque chose de nouveau, n'hésitez pas à me prévenir. »

L'homme fit un signe de la tête, hésita un instant, puis referma la porte derrière lui.

4.

On n'entendait plus que le souffle du vent, un vent qui venait de loin, aveugle à la campagne qu'il traversait dans la nuit tombante. Enfilant ses sandales, Antoine empoigna la fourche à trois pointes et vint aider le patron à remonter la paille que les vaches avaient éparpillée sur leur passage. Pour dire quelque chose, il demanda :

« Vous avez vu cet éclair ? »

Le patron se retourna vers lui, un sourire amusé au coin de la moustache.

« Et alors ? Tu n'as jamais vu d'éclairs avec l'orage ?

— C'est sûr, admit Antoine tout en continuant à relever la paille devant lui. Mais c'était pas comme d'habitude. Il m'a semblé que les nuages s'étaient fendus en deux, comme s'ils avaient été déchirés. »

Le patron haussa les épaules.

« T'occupe, grogna-t-il. Un éclair, c'est un éclair. Rien de plus. En 1927, la nuit où la foudre est tombée sur le grand chêne, je te prie de croire que c'était autre chose. Dans la cuisine, on y voyait comme en plein jour. Même que la chienne a pris peur et qu'elle s'est cachée sous la grande armoire. Il a fallu s'y mettre à deux pour l'en faire sortir. »

Antoine ne répondit rien. Le patron avait toujours raison et il était inutile de le contrarier sous peine de lui faire prendre une violente colère ; seule Germaine, la patronne, arrivait parfois à le faire changer d'avis quand il avait manifestement tort.

Dès qu'il eut fini de donner le dernier coup de fourche, Antoine déposa son outil pointes en l'air contre le mur, et ouvrit la porte qui permettait de se rendre directement dans la cuisine sans passer par-dehors. Il savait qu'il était inutile d'attendre le patron, car celui-ci quittait toujours l'étable en dernier, comme s'il tenait à rester seul avec son troupeau pour lui souhaiter une bonne nuit. D'un geste sec, il alluma son briquet et traversa la remise où flottait l'odeur acide des jambons et des saucissons accrochés au plafond, juste sous les poutres ; puis il ouvrit une seconde porte et entra dans la cuisine.

Une bonne chaleur l'enveloppa aussitôt. D'un geste lent, car la fatigue était dans ses bras, il ôta son béret d'abord, le suspendit à un clou, puis se débarrassa de sa canadienne trempée. La patronne était déjà là, occupée à mettre une bûche dans le feu qui brûlait sous la marmite. Dès qu'elle l'aperçut, elle tourna vers lui son visage marqué, auquel ses cheveux gris, coupés court, ajoutaient un air de sagesse.

« Approche-toi de la cheminée, dit-elle d'une voix douce. Ça te réchauffera. Comme ça, tu pourras surveiller la soupe, du temps que je serai sortie pour finir de soigner les lapins. ».

Avec délices, Antoine s'assit devant la cheminée et laissa la chaleur pénétrer lentement son corps. C'est à peine s'il avait entendu la porte se refermer derrière la patronne qui, un panier de pissenlits à son bras, s'en était allée vers la basse-cour. Resté seul, il ne pensa à rien, écoutant seulement les crépitements du feu attisé par le tirage du vent qui faisait entendre des ronflements sourds dans la cheminée.

Un bruit de pas le tira brusquement de sa rêverie. Le patron venait d'entrer par la porte de dehors, sa moustache encore dégoulinante de pluie.

« Saloperie de temps ! » grogna-t-il en se débarrassant de sa vieille canadienne.

Antoine se leva brusquement. Si le patron était debout, il ne voulait pas rester sur sa chaise, à donner l'impression qu'il n'avait rien à faire. Aussi s'empara-t-il d'une grosse bûche qu'il fourra dans la cheminée pour garnir le feu.

Le patron s'avança, les sourcils froncés.

« Le couvert n'est pas encore mis ? »

Ce n'était pas seulement une question, c'était un ordre. Antoine se précipita vers l'armoire et mit rapidement assiettes et couverts sur la table. Depuis qu'il était arrivé à la Julian, si, pour une raison quelconque, la patronne n'avait pas eu le temps de s'occuper de la table, c'était lui, Antoine, qui avait toujours dû s'en charger ; et aujourd'hui, malgré ses trente-sept ans, il ne coupait pas à cette règle apparemment immuable.

Lorsqu'il eut déposé le dernier verre, Antoine resta debout, les mains derrière son long dos, sans savoir que faire. Pas question de s'asseoir tant que le patron n'avait pas avancé sa chaise ; même s'il n'avait rien à faire, il devait donner l'impression au vieux qu'il était en train de travailler. Il se saisit de la grosse marijanne de vin et, bien qu'elle fût déjà à moitié pleine, se dirigea vers la cave, derrière la remise, pour achever de la remplir.

Quelques minutes plus tard, il s'apprêtait à retourner dans la cuisine lorsqu'il entendit un bruit derrière la porte. Malgré l'épaisseur du bois, il reconnut la voix enrouée de Roger, le fils de la maison, un bon à rien qui passait davantage de temps au café du village qu'à son travail. C'était le désespoir du père. Il lui avait fallu beaucoup de temps pour reconnaître que son fils ne deviendrait jamais un bon paysan ; et il s'était senti trahi quand, trois ans plus tôt, Roger lui avait fièrement annoncé qu'il avait trouvé une place chez Darrieux, le mécanicien du village.

Et aujourd'hui, à vingt-cinq ans passés, il était toujours apprenti, le Roger. Antoine ne l'aimait guère ; et c'est à contrecœur qu'il poussa la porte de la cuisine.

Il fit un pas vers la table puis s'arrêta net. Roger le regardait, un sourire bête au coin de la bouche.

« Tu pourrais dire bonjour, lança-t-il de sa voix enrouée. Regarde qui j'amène à la Julian. »

Autant Roger paraissait grossier, avec sa silhouette trapue et ses joues rouges à peine dissimulées par une moustache sans couleur, autant celle qui l'accompagnait était fine et gracieuse.

« Bonsoir », lâcha Antoine, vaguement intimidé.

Roger fit un pas en avant.

« C'est tout ? Tu la reconnais donc pas ? »

Antoine leva les yeux vers la jeune fille. Blonde, un grand front bombé sur l'étonnante clarté de son regard, elle souriait légèrement comme si elle le connaissait, lui. Mais il était sûr de ne l'avoir jamais vue.

« C'est Juliette, la fille de ma cousine, dit la patronne en riant. Tu te rappelles pas qu'elle venait chaque année faire les vendanges, quand elle était petite ? »

Ça lui revint d'un seul coup. Juliette ! Une fillette un peu timide qui rougissait chaque fois qu'on lui adressait la parole ; comment avait-elle fait pour devenir aussi jolie ?

Roger s'avança vers Antoine et lui prit la bouteille de vin pour se servir un verre.

« C'est d'accord avec sa famille, dit-il en buvant. Juliette passera l'été à la Julian. Comme ça, elle pourra donner un coup de main à la patronne, surtout pendant les moissons. »

Ça lui allait bien, à Roger, de parler du travail, lui qui n'était jamais là quand on avait besoin de ses bras. Antoine soupçonnait autre chose derrière tout ça ; et il n'aimait pas la façon dont ce bon à rien regardait Juliette.

Pendant ce temps, le patron avait pris place devant son assiette.

« À table, dit-il de sa voix basse. Germaine, fais passer la soupe ! »

5.

En silence, la patronne avait décroché la marmite de la cheminée pour la déposer au milieu de la table. Elle avait servi les trois hommes, le patron, le fils et Antoine d'abord, et c'est seulement ensuite qu'elle avait rempli l'assiette de Juliette. Elle s'était servie en dernier, comme toujours.

Il y eut un long moment de silence, rompu seulement par le tintement des cuillères au fond des assiettes et le bruit des bouches qui aspiraient la soupe. Avec la tempête qui faisait rage au-dehors, le bouillon brûlant paraissait encore meilleur ; et c'est presque avec recueillement qu'Antoine nettoya son assiette jusqu'à la dernière goutte.

Déjà, en bout de table, le patron avait versé du vin dans son assiette pour faire chabrot. Une soupe sans vin pour la nettoyer, ce n'était pas une bonne soupe. Après avoir reposé son assiette, il servit à boire et vida son verre d'un seul trait ; son visage était rouge, presque congestionné lorsque, les yeux au plafond, il avala la dernière goutte. Et à sa manière d'essuyer ses moustaches avec le dos de sa main, on sentait qu'il était content, le patron.

Sans un mot, il regarda sa femme. Ça voulait dire qu'elle pouvait servir la suite.

La patronne se leva rapidement et se dirigea vers le four à bois à l'intérieur duquel elle tenait les plats au chaud. L'instant d'après, elle déposait une bouilloire en fonte noircie au milieu de la table. L'odeur du ragoût de poule monta aux narines ; une bonne odeur comme celle-là, on ne pouvait pas la laisser passer sans parler. Pour la première fois depuis le début du repas, le patron leva les yeux vers Juliette.

« Et comment ça va, chez toi ?

— Mes parents vont bien, répondit-elle d'une voix un peu fragile. Depuis qu'ils ont vendu la propriété, ils n'ont plus de soucis à se faire.

— Sauf pour leur fille ! » enchaîna Roger en mettant sa grosse main sur l'épaule de Juliette.

Ce geste familier avait agacé Antoine. Pour faire diversion, il trancha du pain pour tout le monde, sauf pour le patron qui ne mangeait jamais le pain coupé par quelqu'un d'autre, comme si c'était seulement la lame de son couteau qui lui donnait un vrai goût de pain.

Antoine plongea le nez dans son assiette. La présence de Juliette le gênait. Quand leurs regards se croisaient, elle souriait timidement ; il s'efforçait de lui rendre son sourire, mais il se sentait mal à l'aise.

La patronne, elle, n'avait pas perdu sa langue. Elle posait des questions sur tout : pourquoi les parents de Juliette avaient vendu leur propriété ? comment était leur nouvelle maison, à la ville ? etc.

C'était presque toujours Roger qui répondait, lui qui avait passé une semaine chez les parents de Juliette, soi-disant pour les aider dans leur déménagement.

À un moment, comme ennuyé par cette conversation de femmes, le patron se tourna vers Antoine.

« Demain, on va aller à la paguère, voir les avoines. Il faudra sans doute les relever, autrement le grain va pourrir en terre. »

Antoine hocha la tête. Perdu dans ses pensées, il n'avait pas vu que la patronne avait servi le café. Dans le fragile silence de cette nuit d'orage, le tintement des cuillères au fond des verres fumants faisait du bien aux oreilles. Avec ce bruit léger, il y avait comme le recueillement du travail de la journée, l'abandon des bras fatigués, l'attente passive d'un autre lendemain. Là, dans le café obscur, il y avait le temps patient du repos.

Sans parler, le patron servit la goutte aux hommes. Puis il sortit son paquet de tabac gris, et se roula une cigarette parfaite entre ses énormes doigts. D'un seul coup de langue, rapide et précis, il colla le papier et alluma la pointe de tabac. Il toussa à grand bruit, presque par plaisir, au moment où un léger nuage de fumée bleue vint se mêler à la lumière de la lampe. Puis il tendit le tabac et les feuilles à Roger qui, lui aussi, roula une cigarette. Lorsque le vieux reprit le paquct, il rcgarda Antoinc, hésita un instant avant de dire en riant :

« Et toi, toujours fâché avec le tabac ? »

Antoine haussa les épaules et vida son verre. Sans qu'il sache pourquoi, la simple vue d'une cigarette le mettait mal à l'aise. Chaque fois qu'il voyait la fumée glisser, se tordre, s'enrouler dans l'air, il ne pouvait réprimer un frisson. Et s'il regardait la pointe de braise que faisait le tabac, au bout du papier, c'était encore pire, comme si cette crête incandescente pénétrait au-delà de ses yeux pour le brûler. Souvent, il avait essayé de dominer cette angoisse, de la comprendre en suivant le chemin qu'elle faisait en lui ; mais très vite il se perdait dans des labyrinthes qui ne menaient nulle part. Pendant longtemps, les autres s'étaient moqués de lui, car à la campagne, le tabac et les feuilles, c'est ce qui passe entre les hommes, c'est une façon de se parler, de se dire bonjour ou au revoir, c'est aussi une manière de se reposer, au bout du champ, quand les bras sont fatigués. Mais le soir où, après les vendanges, il avait essayé de faire comme tout le monde en allumant une cigarette, Antoine avait failli vomir tout ce qu'il avait avalé ; depuis, il n'avait plus jamais recommencé, surveillant simplement cette peur qui, à elle seule, prenait parfois toute la place dans les bas-fonds de son être.

Après avoir rassemblé les miettes de pain qui entouraient son assiette, il se leva de table. La patronne et Juliette étaient déjà debout, occupées à faire la vaisselle.

Pendant que Juliette essuyait les assiettes, la patronne lui dit :

« C'est Roger qui portera tes affaires dans la chambre du fond, au bout du couloir. Tu y seras bien. »

Roger sortit sans un mot, une grosse valise noire à son bras. Antoine allait le suivre lorsque le patron leva les yeux vers lui, un pli de contrariété sur le front.

« Dis-moi, petit, demanda-t-il d'une voix un peu gênée, tu te souviens de ton numéro de Sécurité sociale ? »

À son tour, Antoine fronça les sourcils. Il se souvenait vaguement avoir rempli toute sorte de papiers, lorsqu'il avait seize ans, mais c'était déjà loin. Depuis, le patron ne lui avait jamais demandé quoi que ce soit, même lorsqu'il avait eu son accident, le jour où il s'était cassé la jambe, en sautant d'un char de foin.

« Le facteur est passé ce matin, poursuivit le patron, l'air embarrassé. Il a apporté des papiers à remplir. C'est qu'ils deviennent emmerdants, aujourd'hui, avec leur paperasse… »

Antoine se gratta la tête.

« Je m'en rappelle pas, répondit-il. Il faut que j'aille regarder mes papiers. Je vous dirai tout ça demain. »

Le patron hocha imperceptiblement la tête tout en continuant à le regarder. Puis il se saisit de son briquet, sur la table, et ralluma son mégot éteint depuis quelques minutes avant de se lever à son tour. Antoine observa que les grosses mains du vieux semblaient trembler légèrement, comme s'il était énervé par quelque chose.

« Allez, on va au lit, bougonna-t-il de sa voix basse. Il faudra se lever de bonne heure, demain matin. »

Antoine jeta un coup d'œil à Juliette, là-bas, près de l'évier. Une serviette à la main, elle essuyait la vaisselle. À un moment, elle leva ses yeux clairs et lui dit bonsoir.

Il se sentit soudain très gêné. N'aurait-il pas dû lui dire bonsoir en premier ? Sans trop savoir que faire, il finit par saluer de la tête et quitta la cuisine.

6.

Dans le couloir, il faisait très noir. À la flamme de son briquet, Antoine traversa la remise et grimpa le petit escalier qui donnait à l'étage. Au passage, il vérifia les pièges à souris disposés le long du mur ; ils étaient tous armés, mais depuis trois jours aucun animal ne s'était encore fait prendre.

Il se releva et ouvrit la porte qui donnait dans sa chambre. Il marchait doucement, car il fallait se méfier du plancher qui, un jour ou l'autre, devrait être refait ; tâtonnant de sa main gauche contre le mur, il alluma la seule ampoule qui pendait au plafond, au bout d'un long fil tressé.

La lumière blafarde éclairait les murs enduits à la chaux sur lesquels subsistait la trace d'un papier très ancien, aujourd'hui presque dissous par le salpêtre et l'humidité.

Il se dirigea vers le pot à eau, près de la fenêtre, et se débarbouilla le visage. Puis, la serviette encore à la main, il fit trois pas vers la table et fouilla nerveusement dans le tiroir. Il trouva presque tout de suite son vieux portefeuille à l'intérieur duquel il y avait son permis de chasse, sa carte d'identité et quelques autres papiers sans grande importance.

Il s'assit sur la grosse couverture de laine qui recouvrait son lit et commença un tri systématique du contenu de son portefeuille. Au bout de quelques minutes, pourtant, il dut se rendre à l'évidence : nulle part, il ne trouvait son numéro de Sécurité sociale. Dans son enfance, lorsqu'il était encore à l'école communale du village des Juilles, l'instituteur lui avait appris que le numéro de Sécurité sociale avait quelque chose à voir avec la date et le lieu de naissance. Il était né le 29 août 1940, à Saint-Lary, en Gascogne, et s'appelait Antoine Dirac. C'était écrit sur sa carte d'identité. Mais il n'avait pas le moindre souvenir de ses parents, disparus pendant la guerre. Le patron lui avait toujours dit qu'en 1946, les petites sœurs de l'orphelinat de Lestang étaient venues à la Julian lui proposer la garde d'un orphelin ; comme Germaine n'avait pas encore d'enfants, il avait accepté, et Antoine était devenu le « petit » de la maison.

Il se saisit d'un crayon et d'un vieux morceau de papier. Grâce au lieu et à la date de naissance, il pouvait recomposer le début de son numéro de Sécurité sociale : 1 pour le sexe, 40 pour l'année, 08 pour le mois, 32 pour le département du Gers ; mais derrière, il y avait d'autres chiffres. Impossible de les trouver tout seul.

Antoine se leva et fit quelques pas dans sa chambre. Quelque chose n'allait pas. Pourquoi attachait-il soudain tellement d'importance à ce numéro ? Il ne pouvait plus penser à autre chose, comme s'il était devenu essentiel de se remettre ces quelques chiffres en mémoire.

Furieux contre lui-même – et contre le patron qui lui avait fourré cette question dans la tête –, il se déshabilla rapidement et se mit au lit. D'un geste sec, il tira sur la ficelle qui pendait au-dessus de son lit et éteignit la lumière. Devant lui, à peine distincte de l'obscurité, il ne devinait plus qu'une très faible lueur filtrant à travers les volets mal joints de la fenêtre.

Malgré sa fatigue, pourtant, le sommeil ne venait pas. Dehors, le vent continuait à secouer les arbres et la gouttière du toit, mais il ne pleuvait plus. À chaque bourrasque, des gouttes crépitaient sur le sol, échappées des feuilles ou de quelque pli de la bâche qui recouvrait la fouanière. Au loin, un chien aboyait sans cesse, sans doute inquiet des mille bruits qui montaient dans cette nuit d'orage.

Antoine se tourna et se retourna dix fois dans son lit, sans trouver la position qui l'amènerait à dormir. Il s'était passé trop de choses en fin de journée. À commencer par Juliette. Cette fille le troublait. Tout à l'heure, il l'avait entendue marcher dans le couloir, avant qu'elle ne rejoigne sa chambre au fond de la maison. Et bizarrement, son cœur s'était mis à battre un peu plus vite.

Il y avait aussi cette histoire de numéro qui revenait sans cesse dans sa tête. Il comprenait de moins en moins pourquoi cette simple série de chiffres lui semblait désormais si importante, cruciale, même, comme si…

Il se redressa brusquement sur son lit, tous les muscles tendus à se rompre. En un éclair, il avait cru se souvenir de la série complète : une série qui commençait bien par les chiffres des date et lieu de sa propre naissance, mais qui semblait se poursuivre par des signes très complexes qu'il n'avait jamais vus nulle part, dans aucun de ses livres d'école.

Et en même temps, il lui avait semblé se souvenir d'*autre chose* qui, l'espace d'une seconde, s'était imposé avec une effroyable évidence.

Mais déjà, cet éclair de conscience avait disparu, ne laissant subsister dans son esprit qu'une brume incertaine. Pendant de longues minutes, il resta là, le cœur battant. L'étrange vision s'en allait et il ne pouvait rien faire ; c'était comme s'il cherchait à retenir de l'eau à travers les grilles d'un tamis.

Très mal à l'aise, il se rallongea en tirant draps et couvertures bien haut sur sa poitrine. Peut-être s'était-il endormi un instant ? Il respira profondément deux ou trois fois, puis il ferma les yeux. Bientôt, il n'entendit plus que le vent qui hurlait au loin, dans la forêt des Juilles. Le chien de tout à l'heure s'était arrêté d'aboyer. Il avait dû rentrer dans sa niche.

La nuit, vide et indifférente.

La chaleur apaisante de son lit.

Le vent des grands dehors obscurs.

Antoine s'endormit d'un sommeil sans rêves.

7.

Le petit homme ôta ses lunettes cerclées et passa une main amaigrie sur son front. Ses yeux lui faisaient mal. Depuis des heures, il n'avait cessé de griffonner de longues séries de chiffres et de signes sur l'épais cahier ouvert en face de lui. Il était fatigué.

Depuis le début, il avait été contre l'idée du président. D'abord parce qu'il la jugeait tout bêtement hasardeuse. Personne ne pouvait être certain d'obtenir des résultats en employant de telles méthodes. Et puis, tout cela n'était pas dénué de risques. Il soupira et son propre souffle irrita sa poitrine osseuse. Est-ce qu'on n'aurait pas pu laisser ce malheureux tranquille ? À mesure qu'il y réfléchissait, le petit homme était de plus en plus persuadé qu'il existait d'autres moyens pour obtenir l'information qu'ils cherchaient.

À cet instant, le panneau de la porte d'entrée glissa dans son dos et il se retourna. Il reconnut alors son secrétaire, un vieil Asiatique perpétuellement vêtu d'une blouse grise trop étroite pour lui.

« Monsieur le Président est là », annonça simplement le secrétaire.

Un homme de haute taille pénétra alors dans la salle, flanqué d'un garde du corps. L'arrivant balaya les lieux de son regard gris avec un air de supériorité qui agaçait le petit homme à lunettes.

« Eh bien ? demanda-t-il enfin sur un ton faussement affable, où en sommes-nous de toute cette histoire ? »

Le petit homme se racla la gorge.

« J'ai une bonne nouvelle, monsieur le Président. Nous sommes parvenus à localiser celui que nous cherchions.

— Ce n'est pas trop tôt ! lança le président. Où est-il ? »

Le fonctionnaire plissa ses lèvres minces. Il avait cru un instant que le président allait le féliciter. Mais c'était oublier qu'il avait affaire à un individu dont tout le monde connaissait la mauvaise éducation.

« À vrai dire, c'est un endroit assez inattendu, monsieur le Président. Il s'agit d'une ferme située dans son pays d'origine. Cela pourra peut-être vous surprendre mais… »

Un sourire fin flotta quelques instants sur sa face de cuir jaunâtre.

« Eh bien ? s'énerva le président en tapant du pied.

— Eh bien, il y exerce une activité d'ouvrier agricole. »

Le président chassa une démangeaison sous le troisième pli de son menton. Puis il éclata d'un rire épais.

« Ça alors, quelle idée ! Il est dans sa campagne depuis combien de temps ? »

Le fonctionnaire esquissa un geste vague.

« Je dois vous avouer que pour l'instant, l'enquête ne nous a pas encore fourni ce genre de renseignement. Cependant, je suppose que cela doit correspondre pour lui à plusieurs dizaines d'années. »

L'air ravi, le président se frotta énergiquement les mains.

« Bien ! Que Dirac soit paysan ou autre chose, peu importe. Vous avez la situation en main, n'est-ce pas ? »

Pour dissimuler son embarras, le petit fonctionnaire ôta ses lunettes et entreprit d'en essuyer soigneusement les verres.

« Disons qu'il ne nous faudra plus attendre très longtemps avant de passer à l'action. »

Le président hocha la tête.

« Je l'espère pour vous, cher ami. »

Un frisson froid serpenta dans le dos du petit homme. La menace était à peine voilée.

« Qu'est-ce que vous comptez faire à partir de maintenant ? continua le président en jetant un coup d'œil distrait sur le carnet du fonctionnaire.

— Je suis en train de préparer un premier contact. Dès que mes estimations préliminaires seront terminées, nous pourrons nous… heu…, nous rendre là-bas. »

Le président ne répondit rien, se contentant de tirer une bouffée de fumée bleuâtre du cigare qu'il venait d'allumer.

8.

Il faisait encore nuit quand Antoine ouvrit les yeux. Il avait dormi d'une seule traite, mais sa fatigue était toujours là, dans ses muscles, au fond de ses os. Et surtout, il sentait comme un poids qui l'empêchait de respirer librement. Sa mémoire n'était pas vide. Un mauvais souvenir y travaillait en désordre, s'agitant en tous sens, dérangeant les pensées habituellement si simples. Rejetant ses couvertures au pied du lit, il se leva d'un bond. Dans l'obscurité, il libéra les crochets des volets, les ouvrit en grand et se pencha sur le bord de la fenêtre pour voir la cour. L'orage était passé, laissant un ciel sans nuage, piqué de l'éclat dur des étoiles. Le jour n'était pas encore sorti de terre, mais au levant, l'horizon pâlissait déjà devant le soleil en marche.

Cet air frais lui faisait du bien. Il se dirigea alors vers le lavabo en pierre et versa une demi-cruche d'eau au fond de la bassine. Puis, à mains jointes, il se débarbouilla le visage et la poitrine en faisant attention à ne pas mettre trop de savon. Après s'être essuyé, il versa le contenu de la bassine dans l'évier, guettant par la fenêtre ouverte le bruit que faisait l'eau en tombant sur le sol, depuis un trou directement percé dans le mur. Quelques instants plus tard, il était habillé et quittait sa chambre.

En refermant la porte, Antoine espéra laisser tous les souvenirs de cette nuit derrière lui ; mais une porte de bois n'arrête pas les mauvaises pensées ; elles le suivaient dans le couloir, pas à pas. D'où venait donc la certitude que son numéro de Sécurité sociale dissimulait quelque chose d'essentiel ? Il n'avait pas répondu à cette question lorsqu'il entra dans la cuisine. La patronne était déjà là, en train de mettre du gros bois dans la cheminée. Le feu avait bien pris, chauffant l'eau du café qui chantait dans la marmite.

« Bonjour, dit Antoine.

— Bonjour, tu es là de bonne heure ce matin.... »

Sans répondre, Antoine s'assit devant la table. Puis, se saisissant du moulin à café, il le cala entre ses genoux et commença à tourner la manivelle. Lorsque le dernier grain fut broyé dans l'engrenage, il ouvrit le petit tiroir et versa la poudre noirâtre dans le chapeau de la cafetière ; à coups de louche mesurés, il versa alors l'eau brûlante qui passait lentement à travers le filtre en dégageant un parfum délicieux. Plus que son goût au fond du bol, c'était surtout l'odeur du café qui plaisait à Antoine, une odeur qui allait bien avec le matin.

À cet instant, la porte s'ouvrit devant l'imposante stature du patron. Ce dernier s'approcha en silence pour s'asseoir à sa place, en bout de table. Lorsqu'il arrivait, le matin, il ne disait jamais bonjour, sauf à des étrangers, comme si, à travers cette marque de délicatesse, son rôle d'homme dur et infatigable aurait été diminué. Rapidement, Antoine disposa deux bols blancs sur la table, tandis que la patronne versait déjà le café à son homme. C'était un rituel. Chaque matin, ils buvaient un grand bol de café sans sucre, puis ils partaient vers l'étable, pour la traite ; ce n'était qu'une heure plus tard, après ce premier travail, qu'ils revenaient à la cuisine pour déjeuner.

Toujours en silence, le patron déposa son bol et se leva. Ses premiers mots de la journée seraient pour la Rousse dont il flatterait la croupe en passant. Et de fait, dès qu'ils entrèrent dans l'étable, le patron se mit à parler à chacune de ses vaches en patois gascon, langue qui était pour lui celle de la mémoire, du cœur et du travail. Antoine approcha le petit trépied et, après avoir disposé un grand seau sous le pis de sa première vache, il commença à la traire. Le premier jet, mince comme une aiguille, fit un bruit acide au fond du seau ; mais bientôt, le pis se fit à la main d'Antoine et le lait coula en abondance, formant une épaisse couche de mousse blanche. À présent, il se sentait mieux. Le cauchemar d'hier était presque oublié, comme s'il appartenait à quelqu'un d'autre. Bien calé sur son trépied, il n'allait pas se laisser aller jusqu'à prendre peur devant un mauvais rêve. Ici, on était bien. Le lait montait lentement au fond du seau, une main après l'autre. Une bonne odeur de paille chaude était dans l'étable et on n'entendait que la rumeur calme du bétail occupé à mâcher le foin que le patron faisait descendre dans les râteliers.

Une heure plus tard, la traite était terminée. Chargés d'un seau à chaque bras, les deux hommes retournèrent à la cuisine où la patronne avait préparé le petit déjeuner. Elle venait d'éteindre la lumière car, maintenant, le ciel était clair des premiers rayons de soleil. Le patron regarda la table et demanda :

« Et le Roger, où c'est qu'il est ?

— Aux Juilles. Il est parti tout à l'heure, avec Juliette, pour faire des courses. »

À sa façon de s'asseoir, Antoine sut que le patron était contrarié. Le vieil homme ne l'aurait jamais avoué, mais il n'était pas fier de son fils. Toute sa vie, le vieux avait aimé le travail bien fait ; et avec ce bon à rien de Roger, il avait conscience de ne pas avoir fait du bon travail ; pour courir les filles et taper la belote au café du village, il était fort, le Roger. Mais pour le reste…

Les deux hommes attaquèrent leur déjeuner par une pleine assiette du bouillon de la veille, arrosé d'un demi-doigt de vin ; puis ils mangèrent chacun une tranche de lard fumé qui sentait bon la braise. Pendant tout ce temps, le patron n'avait ouvert la bouche que pour avaler ; à chaque coup de fourchette, ses coudes prenaient davantage de place sur la table, comme s'il devenait en même temps de plus en plus fort. Enfin, au moment où il essuyait son assiette avec une énorme tranche de pain, il leva ses yeux bleus vers Antoine et demanda :

« Et ce numéro, tu l'as trouvé ? »

Antoine faillit s'étouffer avec sa bouchée de lard. D'un seul coup, son malaise était revenu. Il toussa violemment et dut avaler aussi vite que possible un verre de vin pour chasser la boule de nourriture qui lui était restée en travers de la gorge. Enfin, s'essuyant du revers le coin de la bouche, il bredouilla sans oser regarder le patron :

« J'ai cherché hier, dans mes papiers. Pas moyen de le trouver, ce numéro. Et je m'en rappelle pas ! »

Le patron s'arrêta net de manger. Il regarda Antoine avec une étincelle de colère dans les yeux.

« Comment ça, tu l'as pas trouvé ? »

Antoine regarda vers le fond de son assiette sans répondre. Il se sentait dans la situation d'un enfant pris en faute.

« Y a pas de perdu qui tienne ! poursuivit le patron en colère. Il faut que tu me retrouves ce numéro, sinon… »

Antoine releva la tête, surpris par l'attitude du vieux. Lui qui était le plus grand braconnier de la commune, qui n'hésitait pas, lorsque la grappe était dans les foudres, à rajouter du sucre pour faire gagner quelques degrés à son vin, lui qui avait toujours méprisé la loi et les faiseurs de paperasse, le voilà qui entrait dans une colère incompréhensible pour une simple question de numéro de Sécurité sociale.

« Peut-être que si on demandait au maire, lâcha Antoine, il doit bien savoir, lui… »

Le patron haussa brutalement les épaules, comme s'il venait d'entendre la pire imbécillité.

« Personne ne l'a, ce numéro, rugit-il. Y a que toi qui peux le donner. Et il faut que tu te dépêches, parce qu'ils sont pressés. »

Antoine regarda le patron, mal à l'aise.

« Comment ça, qui est pressé ?

— Ceux de la ville, pardi. T'as qu'à lire les papiers. L'inspection du travail dit que je serai pas en règle tant que j'aurai pas donné tous les renseignements. Ils croient que tu travailles au noir. Et je veux pas avoir d'histoires, moi. »

La patronne versa encore un peu de café dans le verre de son homme, comme pour le calmer.

« Tout de même, dit-elle. Tu en fais du tapage pour une si petite histoire. Ça pourra bien attendre deux ou trois jours, va.

— Qu'est-ce que tu nous chantes, là ! cria le vieux. *Caro tè ung paou. Qu'eï pa lou purmè cop, m'eng brembi, què té disèou dé démura louï dè ço què parlo, jou !* »

Chaquc fois que le vieux engueulait sa femme, il le faisait en patois. C'était sa façon à lui de remettre les choses en place. Antoine repoussa son assiette encore à moitié pleine. Ce n'était pas la colère du patron qui le troublait, car ce dernier avait l'habitude de se mettre en rage pour un oui ou pour un non ; si les choses n'allaient pas comme il le voulait, *lui*, il se mettait à hurler, comme si ses jurons pouvaient changer quoi que ce soit à la nature des choses.

Non, ce qui l'inquiétait, c'était ce qu'il ressentait confusément *derrière* cette question apparemment banale, quelque chose d'infiniment plus important que d'être suspecté de travailler au noir, quelque chose d'indéfinissable.

Il se leva brusquement et se saisit de son béret avant de lancer :

« Je pars devant, à la paguère. C'est moi qui prendrai les outils. »

Sur ce, il ouvrit la porte et sortit sans se retourner.

9.

Dès qu'il fut dehors, Antoine se sentit mieux. L'air encore frais avait nettoyé sa poitrine et, à mesure qu'il avançait dans l'herbe mouillée, une force nouvelle réchauffait ses muscles. Près du hangar, la cime des grands chênes luisait sous les premiers rayons du soleil. Tout remuait. Chaque feuille, encore lourde d'eau, se redressait lentement dans une pluie de gouttes lumineuses. Et ainsi jusqu'à la forêt des Juilles, partout où le soleil commençait à faire sentir sa chaleur.

Il ouvrit la porte de la grange et fit quelques pas vers la remise à outils. Il décrocha deux fourches aux pointes recourbées, puis, les jetant sur l'épaule droite, partit d'un pas sûr et rapide vers la paguère.

Derrière le hangar, le chemin descendait en pente douce. Pour couper au plus court, Antoine se fraya un passage au milieu de la haie et dévala le talus qui donnait sur la friche, en contrebas. L'herbe y était haute et épaisse. Il devait tirer brutalement sur ses bottes pour arracher chacun de ses pas à la terre sauvage qu'aucune charrue ne pouvait labourer à cause de la pente. Enfin, il arriva à la lisière du petit bois de la Gourgue qu'ils avaient éclairci l'hiver dernier et se dirigea vers le sentier de traverse. Aussitôt, la marche redevint facile. Protégé par les feuilles des arbres, le sol n'avait presque pas pris l'eau et la boue sécherait rapidement. À plusieurs reprises, des oiseaux s'envolèrent sur son passage, faisant vibrer les feuillages de la pointe de leurs ailes.

Il allait s'engager dans un étroit sentier de coupe lorsqu'il entendit du bruit. Là-bas, au fond du chemin, Juliette et Roger marchaient lentement à côté de leurs bicyclettes dont les porte-bagages étaient chargés de paquets. Antoine hésita. Il n'avait envie de parler à personne. Mais pouvait-il s'en aller, alors qu'ils l'avaient déjà vu ? Piquant ses fourches en terre, il attendit, ne sachant trop où regarder pour ne pas perdre contenance.

Les vélos s'arrêtèrent à sa hauteur en cliquetant. Montrant la roue arrière du bout du menton, ce fut Roger qui parla en premier.

« J'ai crevé. Une putain d'épine, sans doute. Un vélo est plus léger quand il vous porte que quand on le pousse.

— C'est sûr », répondit Antoine en secouant la tête.

Silence. Il ne savait que dire. Pourtant, ils ne pouvaient pas rester là, à se regarder sans parler. Se raclant la gorge, il finit par demander :

« Il y avait du monde, ce matin, au marché ?

— S'il y avait du monde ? On pouvait à peine s'y remuer, sur la place. Pas vrai, Juliette ? »

Elle eut un sourire.

« Si vous appelez ça du monde, alors il faudrait que vous veniez chez moi, à La Bourdette, le samedi matin. La place de l'église est trop petite pour mettre toute la foule. »

Juliette avait dit ça en regardant Antoine. Ses yeux bleus et tranquilles n'étaient pas seulement faits pour regarder, mais aussi pour plaire ; il sentit son cœur aller et venir un peu plus vite dans sa poitrine. Mais il ne put que baisser le nez sur ses bottes en répétant :

« C'est sûr. Ça, c'est sûr. »

À nouveau le silence. Autour, plus rien ne bougeait. La campagne attendait que quelqu'un parle. Seul un essaim d'abeilles bourdonnait dans les couleurs verticales du soleil, comme un tourbillon vivant. Enfin, Roger toussa et finit par dire :

« C'est pas tout ça, mais nous, on a encore du chemin à faire. On y va, Juliette ? »

Elle fit oui de la tête et recommença à pousser son vélo derrière Roger qui était déjà parti. Antoine les regarda s'éloigner sans qu'il puisse contenir la vague irritation qui grandissait en lui ; ce fainéant de Roger ne lui avait même pas demandé où il allait. En temps ordinaire, on le voyait déjà bien peu sur les terres, alors maintenant que Juliette était là…

D'un geste brusque, il jeta à nouveau ses fourches à l'épaule et reprit sa marche. Vingt minutes plus tard, il arriva de l'autre côté du bois. À présent, le soleil tapait de plein fouet sur le coteau et le rideau d'arbres coupait le vent frais qui longeait la colline. S'arrêtant un instant pour retrousser les manches de sa chemise, il en profita pour regarder la campagne sauvage qui s'étendait devant lui : des friches, des champs semés, des prés bordés de haies, comme si, d'une saison à l'autre, ces champs ne connaissaient que les mouvements sans cesse recommencés d'un immense et perpétuel présent. Partout la terre travaillait. Avec volonté, avec force. Elle donnait, à ceux qui la regardaient, une grande leçon de patience.

Après avoir pris une profonde goulée de l'air léger et parfumé qui courait d'une feuille à l'autre, Antoine se remit à marcher. Le chemin longeait à présent une vieille vigne dont les piquets avaient été arrachés depuis longtemps. Sous les ronces et le chiendent, on devinait à peine la marque des sillons autrefois parcourus par les vendangeurs ; laissée à elle-même, la vigne bourgeonnait de partout, avec, ici et là, de minuscules grappes de raisin qui ne mûriraient jamais.

Bientôt, il arriva à un endroit où le chemin était bordé des deux côtés par une haie d'aubépines. Plus qu'une trouée à franchir : de l'autre côté, il y avait la paguère, semée en avoines de printemps.

L'orage d'hier n'avait pas fait beaucoup de dégâts. Seule la pointe de la paguère, exposée au vent, semblait avoir souffert. Sur une cinquantaine de mètres, l'avoine avait été couchée dans le même sens par la pluie et le vent ; il faudrait donc commencer par le fond, et ramener l'épi vers soi, en faisant bien attention à ne pas l'arracher de sa tige.

Après avoir craché deux fois dans ses mains pour que le manche patiné de sa fourche ne glisse pas trop, il se mit au travail. Un coup devant, doucement, pour ne pas planter la fourche en terre, un coup en arrière, légèrement vers le haut, pour ramener l'avoine. Ça venait bien. Toute la nuit, les tiges avaient lutté pour retrouver leur position verticale et elles ne demandaient qu'à se laisser monter le long des pointes de la fourche.

Maintenant, il faisait chaud. Antoine s'arrêta un instant pour jeter sa chemise derrière lui, aussi loin que possible. Puis, après avoir essuyé son front dégoulinant de sueur d'un revers de main, il se remit au travail. Ses bras nus étaient un peu lourds, mais on ne pouvait appeler ça de la fatigue.

Une heure plus tard, il était parvenu au bout du champ, ayant relevé l'avoine sur une largeur de huit mètres environ. Encore deux passages, et le travail serait terminé. Un bon œil de paysan, c'est d'abord un outil ; avec ses yeux, Antoine remuait déjà les avoines ; en regardant là où il fallait, il économisait ses muscles, mesurant ses gestes avant de les donner à la terre.

Il allait piquer sa fourche lorsqu'il aperçut une tache brune qui se déplaçait le long de la haie. C'était le patron qui venait le rejoindre.

Au moment où le vieil homme s'arrêta à sa hauteur, Antoine sortit son mouchoir et essuya le manche de sa fourche. Comme ça, pour occuper ses doigts. Il régnait sur le champ un silence oppressant, à peine troublé par les premiers chants des courtilières. Les deux hommes étaient immobiles, chacun attendant que l'autre parle en premier.

« *Qué hè calou, aquesté maïting* », finit par dire le patron de sa voix rauque.

Des mots banals, mais dits en patois. C'était bon signe. Le patron fourra sa main dans le sac en toile qu'il portait en bandoulière et en retira une bouteille protégée par un linge humide.

« Tu veux boire un coup ? »

Sans répondre, Antoine saisit la bouteille, mit son pouce devant le goulot, et but longtemps le vin coupé d'eau qui amenait une étonnante fraîcheur dans sa poitrine. Puis il rendit la bouteille au vieux.

« Elles viennent bien ? » questionna le patron en montrant l'avoine du menton.

Antoine haussa les épaules.

« Ça va, dit-il. Après la pluie d'hier, j'aurais pensé qu'elles me donneraient davantage de peine. »

Le patron n'avait toujours pas bougé. Comme Antoine s'était remis au travail, il fit tourner trois fois son béret sur son crâne avant de dire, d'une voix où perçait l'embarras :

« Tu sais, petit, je ne sais pas si... »

Antoine s'arrêta net.

« ... si je pourrai continuer à te garder », poursuivit le patron presque en bousculant ses phrases.

Cette fois, Antoine vacilla. Un coup de masse en pleine poitrine. Il posa sa fourche et se tourna lentement, ses longs bras musclés le long du corps.

« Attends, bredouilla le patron. J'ai pas voulu dire ça. C'est que... je risque gros, moi, avec toute cette histoire, si tu n'es pas en règle. »

Mais déjà, Antoine n'écoutait plus. Il songeait à ses trente années de vie passées à la Julian, aux souvenirs attachés à cette terre qu'il aimait comme la sienne, aux longues journées de travail, saison après saison ; il ressentait toutes les peines et toutes les joies qui l'avaient traversé, un jour derrière l'autre.

Et voilà que le patron parlait maintenant de le mettre à la porte, tout simplement, comme si cette saloperie de numéro avait plus d'importance que tout au monde.

« Écoute-moi bien, petit, dit le patron en patois. Je sais que tu l'as, ce numéro. Pourquoi tu veux pas le donner ? »

Antoine laissa ses yeux au sol, comme s'il n'avait pas

entendu la question. C'était donc cela. Le vieux ne le croyait pas.

« Et pourquoi voulez-vous que je cache quelque chose ? »

Le patron parut décontenancé par la question. Il se moucha pour se donner le temps de la réflexion avant de répondre :

« C'est pas à moi de le dire. Tu dois bien le savoir toi-même. De toute façon, tôt ou tard, ils finiront par te forcer à leur donner. Alors il vaut mieux que ce soit tout de suite, avant que… »

Cela ne lui ressemblait guère, au vieux, de s'interrompre au milieu d'une phrase. Aussi, Antoine jeta-t-il un coup d'œil à la dérobée, en dessous de son béret. À son grand étonnement, il vit que les yeux du patron, levés vers le ciel, reflétaient quelque chose d'étrange, comme ceux d'un animal qui a peur.

Antoine se retourna pour demander brusquement :

« Avant que quoi ? »

Cette fois, le patron le regarda droit dans les yeux. L'homme avait peur. Cela se voyait à son front, à sa bouche, agitée d'un léger tremblement, à ses grosses mains serrées dont les articulations étaient blanches, comme vidées de leur sang. Enfin, il murmura, toujours en patois :

« J'en sais rien. Ils sont capables de tout. »

Antoine resta là, sans bouger. Une pensée inquiétante venait de lui traverser l'esprit. Est-ce que le patron s'en allait de la tête ? Toute sa vie, le vieux avait tenu ceux de la ville, qu'il appelait « les endimanchés », dans une sorte de mépris auquel se mêlait indistinctement la crainte ; et si, à présent c'était la crainte qui l'emportait ? Comment expliquer autrement son attitude ?

Il fit un pas en avant et tendit la bouteille. C'était un geste d'apaisement. Les problèmes avaient toujours l'air moins gros lorsqu'on se versait un verre de vin dans la gorge.

« Allez, vous en faites pas, dit Antoine. Ça va s'arranger. On va pas les laisser faire la loi à la Julian, non ? »

Il avait dit cela pour se rassurer lui-même. Car il n'avait pas la moindre idée de ce qu'il fallait faire pour sortir de cette situation absurde. D'un geste sec, il ramassa sa fourche et se remit au travail. « À chaque instant suffit sa peine », se dit-il en tirant de plus belle sur le manche patiné. Pour l'heure, il y avait l'avoine qui attendait.

Il était presque midi, au soleil, lorsqu'ils arrivèrent près de la haie qui bordait le champ. Le travail était terminé. Antoine se redressa pour étirer ses muscles fatigués. À présent, ce qui remuait dans sa tête ressemblait au petit vent qui courbait de temps en temps les épis d'avoine pour former de grandes vagues vert clair tout au long du champ. Car ce petit vent, c'était aussi un reste de la tempête d'hier, avec ses parfums de terre encore humide, auquel se mêlait la chaleur d'aujourd'hui, brassée par le grand soleil d'en haut.

Et il en va de l'air qu'on respire comme des vins qu'on boit : les mélanges vous mettent un peu la tête en désordre.

En plus, il y avait le patron qui ne faisait rien pour arranger les choses, bien au contraire. Pendant tout le travail, il n'avait ouvert la bouche que pour pousser des jurons, quand la tige ne venait pas bien derrière sa fourche ; à un moment, pourtant, Antoine avait cru que le vieux allait lui dire quelque chose ; mais pour une raison mystérieuse, ce dernier s'était tu pour se remettre silencieusement à l'ouvrage. Par habitude, Antoine demanda :

« Qu'est-ce qu'on fait, à présent ? »

Le patron le regarda longuement avant de lâcher :

« On s'en retourne à la Julian. Faut pas faire attendre la patronne, pour la soupe. »

10.

Le petit homme aux lunettes cerclées de noir sursauta sur son siège. En face de lui, le téléphone réservé aux communications intérieures venait d'émettre une sonnerie stridente.

« Professeur Van Straten ? caqueta la voix au bout du fil, est-ce que je peux monter vous voir ? »

C'était Ruysberg, l'assistant de Van Straten. Il était bientôt minuit. Pour qu'il l'appelle à cette heure-là, il devait y avoir un problème.

« Je vous attends », laissa tomber Van Straten.

À présent, le fonctionnaire faisait silencieusement les cent pas dans la salle obscure. Décidément, il avait eu tort d'accepter la mission proposée par le président. En fait de promotion et de crédits nouveaux, il n'avait connu jusqu'ici que des ennuis. Et, il le sentait confusément, ceux-ci ne faisaient que commencer. L'un des points qui, pour l'instant, le tracassaient le plus, c'était cette visite inopinée qu'il avait reçue dans la matinée. Sans prévenir, le docteur Josephson, quelqu'un qu'il connaissait depuis plusieurs années, était passé le voir, afin de bavarder de choses et d'autres, avait-il précisé. Mais Van Straten n'était pas dupe. Il savait que si Josephson prenait la peine de venir jusqu'ici, c'était pour lui soutirer des renseignements. Que savait-il sur toute cette affaire ? Van Straten l'ignorait. Mais ce qui était sûr, c'est qu'il devait se douter de quelque chose.

Van Straten en était là de ses réflexions lorsque la porte s'ouvrit, laissant le passage à Ruysberg, l'air perplexe.

« Alors ? demanda simplement Van Straten.

— Pardonnez-moi de vous déranger, professeur, mais quelque chose ne tourne pas tout à fait rond. J'ai préféré vous en parler. »

Van Straten inclina sa tête presque entièrement chauve.

« Vous avez bien fait. De quoi s'agit-il ? »

Ruysberg se gratta distraitement le menton.

« À vrai dire, je n'en sais trop rien. Disons que certaines anomalies inexplicables sont apparues. »

Van Straten se laissa tomber sur son siège.

« Quel genre d'anomalies ? demanda-t-il d'une voix blanche.

— En gros, elles se traduisent par le fait que Dirac semble éprouver des difficultés de perception, un peu comme des hallucinations. »

Van Straten cligna deux ou trois fois les yeux, ce qui était chez lui le signe d'une certaine agitation intérieure.

« Est-ce que cela a des conséquences sur son comportement ? »

Ruysberg haussa les épaules.

« Professeur, vous savez comme moi que nous ne connaissons qu'une toute petite partie de ce comportement. Étant donné la difficulté de la surveillance, presque tout ce qu'il peut dire ou faire nous échappe. Cependant, je ne crois pas que ces... heu..., ces troubles modifieront beaucoup sa vie de tous les jours. Du moins, pas pour l'instant. »

Un lourd silence s'infiltra dans l'obscurité. Puis Ruysberg se retourna brusquement vers son supérieur, les yeux arrondis par l'indéniable satisfaction que lui procurait sa tâche.

« J'ai toutefois découvert qu'il y avait autre chose. Quelque chose de plus préoccupant... »

Van Straten leva sa main pâle et fit signe à son assistant de continuer.

« Je crois que quelqu'un d'autre essaie d'entrer en contact avec Dirac. »

Cette fois, le fonctionnaire se redressa brusquement.

« Quoi ? Mais c'est impossible, voyons ! En dehors de nous, personne ne sait où se trouve Dirac. »

L'assistant, cette fois, se gratta la nuque.

« Tout ce que je peux dire, c'est qu'il y a un inconnu là-bas. Nous ne savons pas d'où il vient, ni pourquoi il est là. J'ai fait exécuter à son propos une enquête très poussée, mais sans le moindre succès. »

Van Straten hocha la tête. Tout à coup, il se souvint de la visite de Josephson. Est-ce que cet « agent » imprévu était envoyé et contrôlé par lui ? C'était pourtant bien peu vraisemblable.

« Est-ce que, le cas échéant, il vous serait possible de le… heu…, le neutraliser ? »

L'assistant plissa sa bouche sur un sourire, comme stimulé par la joie de résoudre un nouveau problème.

« Je pense que ce n'est pas impossible. Cependant, vous n'ignorez pas que toute intervention de notre part comporte une part de risque énorme. D'autant plus que nous ne connaissons pas l'origine de cet intrus. »

Van Straten se leva, signe que l'entretien était terminé.

« Alors, tâchez d'en savoir davantage. À demain, Ruysberg. »

L'instant d'après, Van Straten était à nouveau seul, en proie à un doute qui, jour après jour, creusait un peu plus de vide dans sa tête.

11.

Tout comme la semaine précédente, cette longue journée de dimanche s'achevait sur un orage.

Depuis des heures, le vent soufflait en tempête. Un vent chargé d'ombre et de pluie, qui faisait tourbillonner des volutes de poussière froide entre les volets mal fermés. Il était tard.

Antoine frissonna. La cuisine était sombre, à peine éclairée par les flammes qui vacillaient dans la cheminée. Comme pour se réchauffer, il serra bien fort son verre de café et avala une rasade. De l'autre côté de la table, le patron avait presque fini le sien et Antoine n'aimait pas être en retard, comme si traîner sur le café voulait dire qu'on n'était pas pressé d'aller au travail.

Très vite, il engloutit une nouvelle gorgée, au risque de se brûler la langue, puis il glissa un coup d'œil sous son béret en direction du patron.

Les yeux mi-clos, celui-ci semblait fixer la flamme qui se faufilait avec légèreté entre les bûches recouvertes de mousse. Soudain, un coup de vent s'engouffra dans la cheminée, faisant courir sur la nuque du vieux un peu du souffle froid de cette nuit de tempête. La moustache en colère, le paysan releva la tête.

« *Ho ! Qué hè pas calou, aquesté sè !* »

Il avait lâché ces mots vers Germaine, comme.si elle était vaguement responsable de la pluie qui ruisselait sur les contrevents. Mais elle ne répondit pas. Depuis un moment, elle avait disparu dans le fond de la cuisine, comme une tache noire engloutie par les ombres montantes.

Antoine se demandait comment elle pouvait continuer à travailler dans une pareille obscurité. Même si elle n'y voyait presque rien, ses mains allaient et venaient vers les assiettes et les casseroles sans jamais heurter un obstacle, guidées par une mémoire déjà vieille de près de cinquante ans.

Oui, cela faisait presque un demi-siècle que Germaine était arrivée à la Julian, cinquante ans qu'elle habitait dans la chambre du Midi, au-dessus de la cuisine. Depuis toujours, les patrons de la Julian dormaient dans cette chambre. D'abord parce que la chaleur de la cuisinière montait à travers les lattes du plancher, repoussant la griffe blanche de l'hiver au-delà des murs. Et puis, de là, on pouvait entendre tout ce qui se passait dans le reste de la ferme, et surtout dans la cuisine.

Tout en avalant une dernière rasade du café qui avait refroidi, Antoine se souvint qu'un soir, alors qu'il avait sept ou huit ans, le patron l'avait envoyé se coucher sans manger, pour le punir d'avoir laissé échapper des dindons dans le pré de Morvan, le voisin. Mais la nuit, poussé par la faim, il était redescendu se tailler une tranche de saucisson. Et alors qu'il remontait à pas de loup vers sa chambre, il s'était cogné au vieux qui l'attendait en haut de l'escalier, les poings serrés sur le manche de la grande fourche à quatre pointes. Depuis, il ne s'était plus jamais aventuré de nuit dans la cuisine.

De nouveau, Antoine frissonna.

Le vent soufflait plus fort que jamais, déferlant par vagues sur le gros chêne qui protégeait la ferme.

Soudain, des coups firent trembler le vieux bois de la porte d'entrée. Quelqu'un était en train de frapper. Relevant sa tête alourdie par le sommeil, le vieux fronça les sourcils. Qui donc pouvait venir à la Julian à une heure pareille ?

« *Ho ! qué y a, doung ?* » lança une voix nocturne, hachée par le vent et la pluie.

L'instant d'après, le patron était debout, vaguement agacé de ne pas avoir reconnu tout de suite le vieil Augustin Pellaroque. Après tout, il n'y avait que lui pour oser venir à la Julian à onze heures passées, comme s'il était chez lui... D'un pas traînant, le patron se dirigea vers l'entrée en grommelant quelques mots sous sa moustache. Il aimait ainsi faire sentir aux visiteurs qu'il ne faisait pas bon le déranger après souper, même si, au fond de lui, il était content qu'on vienne le voir...

Avec un grincement qui était le même depuis toujours, la porte s'ouvrit sur la silhouette voûtée du vieux Pellaroque. Sans regarder le patron, il lui fit signe de reculer et poussa devant lui son vélo dégoulinant de pluie.

« Tu en as mis du temps pour m'ouvrir », lança-t-il en claquant la porte derrière lui.

Aussitôt, les volutes de froid refluèrent au-dehors. Sans répondre, le patron fit alors quelques pas vers le vélo pour le ranger sous l'escalier. Soudain, il fronça les sourcils.

« Qu'est-ce qui t'est arrivé ? » demanda-t-il en abaissant son gros doigt vers la roue avant couverte de boue.

Pellaroque secoua alors la tête en enfonçant son béret.

« M'en parle pas », répondit-il de sa voix enrouée par l'âge. Il termina sa phrase sur un juron et, comme pour se soulager du poids de la colère, se moucha à grand bruit.

« Mets-toi au coin du feu, grogna le patron, ça va te faire du bien ! »

Tandis que le vieux Pellaroque clopinait vers la cheminée, la patronne se hâta de remplir les verres qu'elle avait déjà posés sur la table. Bientôt, l'odeur sucrée de l'eau-de-vie se mit à flotter parmi les ombres. Sans un mot, Pellaroque but une longue rasade, ce qui parut mettre un peu de couleur sur ses joues creusées par les ans. Pourtant, aux yeux d'Antoine, le vieil ouvrier n'avait pas changé. Le même regard bleu cerclé de blanc, la même moustache souriante, les mêmes sillons sur ses joues mille fois brûlées par le soleil. Durant quelques instants, Antoine eut la sensation de revenir trente ans en arrière, à cette époque lointaine où, petit garçon, il partait aux champs travailler avec Pellaroque. Sa plus grande joie, lorsqu'ils rentraient ensemble au soleil couchant, c'était de faire en courant des va-et-vient sur l'ombre immense de son compagnon de route, sans jamais poser le pied dans l'herbe encore ensoleillée.

La main de Pellaroque secoua son épaule, brisant le fil de ses pensées.

« Au fait, petit, je suis venu t'apporter un message. »

Fouillant dans sa veste, Pellaroque tendit alors à Antoine une enveloppe de papier jaunie par la poussière.

« Qui est-ce qui vous a remis ça ? » demanda-t-il en faisant crisser le papier sous ses doigts.

Pellaroque se gratta la nuque.

« Justement, ce qui est bizarre, c'est que je ne l'ai jamais vu au pays, ce type. En tout cas, c'est un curé, et il vient de loin. »

Aussitôt qu'elle entendit le mot curé, Germaine releva la tête.

« Il y a un nouvel abbé aux Juilles ?

— Que non, répondit Pellaroque. D'après ce qu'il m'a dit lui-même, il n'est que de passage. »

Tout en déchirant l'enveloppe, Antoine haussa les épaules.

« Je ne vois pas ce qu'il aurait à me dire. En dehors de l'abbé des Juilles, je ne connais aucun curé. »

L'instant d'après, il dépliait une feuille de papier gris clair curieusement froissée. Puis, il secoua la tête.

« Ça, c'est une farce, pas possible ! »

Il roula le papier en boule et le fourra dans sa poche. Le patron, visiblement déçu de ne pas en savoir davantage, lança alors de sa voix rauque :

« Et qu'est-ce qu'il y a donc d'écrit, sur cette feuille ? »

Antoine sortit son mouchoir et s'essuya le nez. Un signe que le patron saurait interpréter, et qui voulait dire qu'il n'était pas utile de poursuivre la conversation.

« Rien de bien important. À mon avis, c'est Lucien, mon vieux copain de classe, qui me joue encore un tour.

— Lucien ? En tout cas, ce n'est pas lui que j'ai vu ce soir. Ce type-là, personne ne le connaît au village. »

Sans répondre, Antoine se leva et, histoire de détourner la conversation, fit mine de s'intéresser au vélo de Pellaroque.

« Dites, lança-t-il en se faufilant sous le guidon, vous avez vu ? La roue avant est complètement voilée ! »

Pellaroque serra les mâchoires. C'était la première fois qu'il arrivait quelque chose à son vélo, dont le cadre gris sombre et les garde-boue étaient presque aussi brillants que le jour où il l'avait acheté.

« J'aurais voulu t'y voir, maugréa-t-il en achevant de se rouler une cigarette de tabac brun. Cette saloperie de boue m'a fait déraper dans la côte de Roquelongue. »

Antoine secoua la tête.

« C'est pas seulement la boue ! Quelqu'un s'est amusé à vous dégonfler la roue arrière... »

Pellaroque resta un moment silencieux, les yeux étrécis par la surprise. Puis il se frotta le nez du revers de sa manche de toile bleue.

« Qu'est-ce que tu racontes là ? »

Antoine était revenu près de la cheminée. Une volute de fumée grisâtre, poussée par le vent, vint piquer ses narines tandis qu'il se rasseyait.

« Y a plus de bouchon sur la valve », répondit-il en donnant un coup de pique-feu sur les bûches pour faire repartir la braise.

Pellaroque attendit d'avoir allumé sa cigarette avant de reprendre la parole. Bientôt, la première bouffée vint tousser dans sa poitrine.

« *Lou hil dé puto !* grogna-t-il enfin sous sa moustache enfumée. Ça m'étonnerait pas de lui ! »

Le patron releva alors sa tête ronde.

« De qui tu parles ?

— De ce salopard de Morvan ! lâcha Pellaroque en

abattant le plat de sa main sur la table. Il est venu m'emmerder jusqu'à chez moi sur le coup de six heures ! »

Une étincelle de colère s'alluma alors dans l'œil gauche du patron, le seul qu'il gardait ouvert après dix heures du soir.

« Qu'est-ce qu'il venait foutre par le tour, celui-là ? »

En entendant la voix de son mari soudain gonflée par l'énervement, Germaine redressa un peu la tête. Depuis un moment, elle s'était assise de l'autre côté de la table, tassée en boule sur sa chaise comme un morceau de chiffon noir. Les trois hommes avaient presque oublié sa présence, mais elle était là, parmi les ombres qui dormaient au fond de la cuisine. Sans jamais se tromper, ses mains guidaient les aiguilles à tricoter dont elle s'était servie pour faire tous les gilets du patron. Elle ne perdait pas un mot de ce que disaient les trois hommes.

« Y paraît que t'es pas en règle, petit, lâcha Pellaroque en se tournant vers Antoine.

— Comment ça, pas en règle ? » demanda-t-il d'une voix soudain amaigrie.

Le vieux Pellaroque haussa les épaules.

« J'en sais trop rien, moi... Ce qui est sûr, c'est que Morvan raconte dans tout le pays que tu as des emmerdements avec la Sécurité sociale. »

Sous son béret, Antoine avait pâli, comme vidé de ses couleurs par ce qu'il venait d'entendre.

« Encore ce putain de numéro ? Vous n'allez quand même pas me dire que Morvan est au courant, lui aussi ! »

À cet instant, le patron foudroya Antoine du regard. Sa bouche se mit à trembler autour d'une parole qui ne venait pas. Enfin, il explosa.

« *Diou biban !* Je t'avais dit qu'on allait être emmerdés à cause de toi ! »

Au fond de la cuisine, pour la première fois, la patronne rata une maille de son tricot. Car dans la voix de son rude mari, elle venait de percevoir quelque chose qu'elle n'aimait pas, quelque chose qui n'avait pas sa place dans le cercle chaud et tranquille de la cheminée. Au-dehors, de l'autre côté des volets, dans le bois de la Julian et sur la campagne déserte, le vent soufflait de plus belle. Un vent froid et noir.

« Il va pas nous mettre les gendarmes par le tour, au moins ? » continua le patron.

Pellaroque tortilla sa moustache humide. Il savait que le vieux détestait tous ceux qui portaient un uniforme, sauf le facteur du village.

« Ce qui est sûr, c'est que depuis le temps qu'il est fâché avec toi, il fera tout ce qu'il peut pour porter tort à ceux de la Julian ! »

C'est alors que la voix de Germaine caqueta à son tour dans le fond obscur de la cuisine. Ce n'était pas dans ses habitudes de couper ainsi la parole aux hommes mais, sans qu'elle sache trop pourquoi, tout ça l'énervait.

« Mais qu'est-ce que ça peut bien nous faire, ce qu'il pense, le Morvan ? Y a qu'à le laisser dire, c'est tout ! »

Surpris, les trois paysans se retournèrent. Puis, furieux, le patron abattit son poing dur comme un morceau de bois sur la table.

« T'occupe, toi, nom de Dieu ! Va nous faire du café, plutôt que de raconter n'importe quoi ! »

Chaque mot avait fait monter du fond de lui une de ces bouffées de rage que la patronne connaissait bien. Sachant qu'il valait mieux ne pas insister, elle se leva pour remettre la cafetière sur la plaque encore chaude de la cuisinière.

« En tout cas, continua Pellaroque comme si de rien n'était, tu peux être sûr que je lui ai fait fermer sa grande gueule, à celui-là ! »

Antoine s'était levé pour aller chercher des cuillères à café.

« Allez, vous en faites pas, va ! lança-t-il par-dessus son épaule. Ça finira par s'arranger, toutes ces histoires.

— S'arranger comment, *Diou biban* ? rugit le patron. Tant que tu donneras pas ce putain de numéro, on sera toujours emmerdés ! »

Une volute glaciale poussée par la tempête s'engouffra dans la cheminée et fit tourbillonner une gerbe d'étincelles au-dessus des carreaux fendus par les saisons. Au-dehors, la porte de la grange grinça avant de cogner contre le piquet qu'Antoine avait planté l'autre automne pour la soutenir.

Les trois hommes écoutaient le vent qui soufflait de plus en plus furieusement. Même Pellaroque, dont l'oreille était bouchée par les années, redressa la tête. Un vent pareil, ce n'était pas normal. D'habitude, le gros chêne parvenait toujours à repousser les bourrasques au loin, vers les profondeurs du bois de la Gourgue. Quand il était petit, emmitouflé dans une veste de toile bleue toujours trop grande pour lui, Antoine se blottissait dans le creux du tronc, alors que le vent soufflait en tempête, certains soirs de novembre. Bien calé à l'abri du vieux bois, il restait parfois des heures à regarder les nuages filer dans l'obscurité des branches.

Mais ce soir-là, le gros chêne lui-même ployait sous la tempête, et ses bouquets de feuilles se creusaient par vagues sombres jusque sur les tuiles de la Julian.

À présent que les autres paraissaient avoir oublié la feuille qu'il avait tassée au fond de sa poche, Antoine se remit à penser à ce qu'il avait lu. Une phrase sans queue ni tête, et qui, pourtant, le mettait mal à l'aise : « Pour votre salut, soyez demain à la nuit tombante au pied de la croix des Quatre-Chemins. » Le mot n'était pas signé. Ce rendez-vous était absurde. Depuis que le pays connaissait ses démêlés avec la Sécurité sociale, il s'attendait à tout, y compris aux farces les plus bêtes.

La voix de Pellaroque monta alors dans les gémissements du vent.

« Un vent comme ça, on n'en voit pas tous les jours en cette saison, lâcha-t-il. Pourvu qu'il ne nous couche pas les récoltes… »

Antoine savait que si on commençait à parler de malheur sur la récolte, le patron risquait de laisser exploser la colère qui, depuis plusieurs jours, bouillait en lui. Aussi s'empressa-t-il de se lever pour servir le café qui chantait doucement sur la vieille cuisinière. Quand il avait son verre de café à la main, le vieux ne parlait jamais. Et si quelqu'un lui posait une question, il attendait d'avoir bu la dernière gorgée avant de répondre. Et ce soir comme toujours, le liquide brûlant qui coula du bec de la cafetière noya les mots qui s'étaient mis à piquer la langue du vieux.

Après avoir servi Pellaroque, Antoine retourna s'asseoir derrière la table et, à son tour, entreprit de remplir son verre. Soudain, il laissa retomber lourdement la cafetière.

Quelque chose n'allait pas.

Personne n'avait rien remarqué. Dans le fond, la vieille s'était remise à tricoter dans le noir et elle était de nouveau invisible. Quant aux deux autres, ils faisaient tinter leurs cuillères au fond de leurs verres, comme pour aider le meilleur à remonter vers le bord.

Le souffle un peu court, Antoine souleva alors le couvercle de la cafetière. Une bonne odeur monta aussitôt vers ses narines. Il laissa retomber le chapeau de métal. Peut-être s'était-il trompé ? D'une main légèrement tremblante, il se saisit de son verre et le porta à ses lèvres. Mais il n'avait pas avalé la première gorgée qu'une grimace de dégoût lui tordit la bouche. À la hâte, il extirpa son mouchoir de l'une de ses poches et y cracha le liquide nauséabond qu'il avait failli avaler. Puis, tout en faisant semblant de se moucher, il regarda son verre. Il contenait une sorte de liquide épais et noirâtre, comme un jus de poussière qui laissait un goût de vase pourrie dans la bouche. Stupéfait, il jeta un coup d'œil vers le patron. Pour lui comme pour Pellaroque, tout était normal. C'était bien du café qu'il y avait dans leurs verres.

Antoine porta le verre sous son nez et renifla à petits coups l'odeur froide et nauséabonde qui montait du liquide. Une odeur qui serpentait à présent dans les plis de sa mémoire et qui lui rappelait quelque chose d'invraisemblablement ancien, qui se perdait au-delà des ténèbres de son enfance. Il était bien incapable de dire dans quelles circonstances il avait déjà respiré cette puanteur, mais il était certain que ce n'était pas la première fois. N'y tenant plus, il se tourna alors vers Pellaroque.

« Alors, il est bon, ce café ? »

La question fit se dresser le sourcil gauche du vieux paysan. Entre hommes de la terre, on ne se demandait jamais si le café était bon.

« Avec toute l'eau que j'ai avalée avant d'arriver ici, il me semble meilleur que d'habitude, répondit-il avec un rire cassé. Pourquoi ? »

Antoine s'en voulait d'avoir posé cette question. Après tout, il savait bien qu'il était le seul à avoir cette boue noirâtre au fond de son verre. Il se leva et, faisant mine de débarrasser la table, il se dirigea vers l'évier.

« C'était juste pour savoir si je ne l'avais pas fait trop chauffer », lança-t-il par-dessus l'épaule tout en vidant son verre dans le bac de pierre. L'instant d'après, le liquide noirâtre disparaissait dans le fond de l'évier avec des gargouillis, chassé par l'eau du robinet.

À ce moment-là, le patron, dont l'œil gauche à demi ouvert n'avait rien perdu de la scène, se redressa sur son siège.

« Tu jettes ton café, à présent ? »

C'était la première fois de sa vie que le vieux voyait une chose pareille. Jamais personne n'avait gaspillé quoi que ce soit à la Julian. Aussi Antoine se dépêcha-t-il de bredouiller quelques mots pour faire oublier sa faute.

« C'est-à-dire que, sans faire attention, j'ai versé le café sur du vin qui restait au fond. »

Il lâcha un rire qui resta sans écho. Le patron le regardait fixement, avec une lueur désagréable sous les sourcils. Antoine savait que pour le maître de la Julian, quelqu'un qui mélangeait le café au vin n'avait pas toute sa tête. C'était sans doute la fatigue ou l'énervement qui lui avait fait oublier que son verre n'était pas vide au moment où il y avait versé le café. De temps à autre, ce bon à rien de Roger laissait traîner de l'huile de vidange ou de la graisse dans des verres. Et avec ce noir dans les coins de la cuisine, il n'y avait que la patronne pour pouvoir attraper ce qu'elle voulait sans se tromper. Comme si elle avait senti qu'elle venait de traverser les pensées d'Antoine, Germaine releva son nez du tricot.

« C'est pas la peine de faire toutes ces histoires pour un fond de café ! De toute façon, je comptais renouveler le lit de la bouilloire demain matin.

— À propos de lit, enchaîna Antoine avec un rire forcé, je crois que je ferais mieux d'y aller ! »

Dehors, le vent soufflait toujours, déferlant sur la ferme des profondeurs obscures du grand chêne. Ce soir, il ferait bon être sous les couvertures, se dit Antoine. Et puis, cette histoire de café le tracassait. Il avait besoin de se reposer.

« Allez, bonsoir à tout le monde », lança-t-il en tirant la porte de la cuisine qui résistait à cause du vent.

Seule Germaine lui répondit. Pellaroque se contenta de tousser. Quant au patron, lui, il ne disait jamais bonsoir à personne, comme si la journée continuait, même pendant la nuit. Cette fois pourtant, il releva la tête vers Antoine. Dans ses yeux, il y avait toujours un reste de colère et d'inquiétude mêlées.

« Et occupe-toi de nous retrouver ce numéro. Tu es sûr de pas l'avoir mis par là ? »

Antoine haussa les épaules.

« Pour ce qui est d'être sûr, ça, j'en suis sûr ! »

Mais il n'était plus sûr de rien. Un frisson soufflé par le vent depuis les profondeurs noires et humides de la campagne s'infiltra sous sa veste de toile. Alors il eut la sensation que cette tempête furieuse ne s'arrêterait jamais et qu'un jour ou l'autre, la Julian finirait par s'écrouler sous le poids des eaux.

12.

Ouvrier agricole ! Par quel mystère Dirac était-il devenu un paysan ? Van Straten ne put réprimer une sorte de sourire. La nouvelle situation de Dirac lui paraissait invraisemblable, Peut-être s'agissait-il, chez cet homme, d'un désir longtemps refoulé ? À moins qu'il ne s'agisse pour lui d'une sorte de protection ou de refuge qu'il avait inconsciemment choisi ? Mais tout de même !

Van Straten se cala dans son fauteuil. Il avait un problème à résoudre. Depuis quelques minutes, les anomalies se multipliaient dans le programme. Rien de grave, mais il devait en tenir compte. Une pile de rapports était posée devant lui, leurs onglets disposés en éventail pour qu'il pût les déchiffrer aisément et en extraire l'information qu'il désirait. Il les avait tous lus, mais ne parvenait pas à identifier la cause des difficultés qu'il rencontrait.

Car c'était la première fois qu'on se lançait dans une telle aventure. Bien sûr, l'entreprise avait été décidée dans le plus grand secret et il n'avait même pas la possibilité d'en parler à sa femme. Lorsqu'elle lui posait des questions, il répondait toujours évasivement. C'était d'ailleurs un des aspects de l'opération qui le gênaient le plus ; lui qui avait toujours aimé commenter son travail, voilà qu'il était dans l'obligation absolue de tout garder pour lui.

Il soupira encore une fois, essuya ses lunettes, et se remit au travail.

13.

Plusieurs jours avaient passé, lentement, au rythme du soleil et des foins qui mûrissaient. Le patron n'avait pas reparlé de cette histoire de Sécurité sociale ; simplement, un soir, après la soupe, il avait demandé :

« Et tes papiers, tu y penses ? »

Antoine avait hoché la tête et le vieux s'était remis à manger. Calmement, comme si cette réponse lui suffisait.

En attendant que les foins soient mûrs pour la coupe, il n'y avait pas grand-chose à faire dans les champs. Aussi, ce matin, après avoir conduit le bétail à la paguère, Antoine avait décidé de rejoindre Juliette au verger. En deux jours, elle avait ramassé trente kilos de cerises ; lundi prochain, elle irait les vendre au marché des Juilles, et ce qui resterait, la patronne en ferait de la confiture.

Il faisait chaud. Un vent léger remuait de temps en temps l'air tiède de cette matinée, jusque dans les feuilles des cerisiers. Antoine marcha dans l'herbe haute et vint rejoindre Juliette qui, un foulard noué dans ses cheveux, finissait de cueillir les fruits sur les branches les plus basses. Lorsqu'elle l'aperçut, elle déposa son panier et eut un sourire.

« Bonjour, Antoine.

— Bonjour, répondit-il en hésitant avant d'ajouter : il fait meilleur ici, à l'ombre, qu'en plein soleil ! »

Belle découverte ! Bien sûr qu'on était mieux à l'ombre qu'en plein soleil ! Furieux contre lui-même, il sortit son mouchoir et épongea son front, osant à peine lever les yeux sur Juliette. Elle ne s'était pas aperçue de son trouble et répondit simplement :

« Heureusement que vous êtes là. J'ai presque fini de ramasser les cerises sur les branches basses. Mais il en reste encore plein, là-haut. »

Antoine regarda le cerisier. Au-dessus de sa tête, il y avait des kilos de cerises, par grappes rouges, entre les feuilles.

« Je vais grimper dans l'arbre et les faire tomber. Vous n'aurez plus qu'à les ramasser dans l'herbe.

Quelques instant plus tard, il était perché sur la branche la plus haute et commençait à laisser tomber les cerises sur le sol. À travers les feuilles, il pouvait voir Juliette, agenouillée dans l'herbe. Depuis son arrivée, c'était la première fois qu'il se trouvait seul avec elle ; quand il était là, Roger ne la lâchait pas une minute.

Une heure plus tard, la dernière branche était dépouillée. Il avait travaillé aussi vite que possible, sachant très bien qu'en bas, Juliette n'aurait jamais le temps de ramasser les cerises au même rythme ; comme ça, il pourrait sauter sur le sol et l'aider à remplir les paniers. Une bonne raison pour travailler plus près d'elle. Il cria :

« Écartez-vous. Je vais sauter ! »

Elle recula de trois pas tandis qu'il se laissait tomber sur le sol. L'instant d'après, ils étaient tous deux à genoux, leurs mains fouillant l'herbe à la recherche des cerises. À intervalles réguliers, il regardait Juliette sous son béret, détaillant son grand front, ses yeux clairs ou sa bouche finement ourlée sur laquelle semblait flotter un perpétuel sourire. Avec cette chaleur, elle respirait un peu plus vite ; et dans cette poitrine qui se gonflait régulièrement, Antoine voyait la première confidence d'un corps de femme.

À un moment, Juliette se redressa, prenant appui sur ses cuisses.

« Vous voulez me passer le panier qui est derrière vous ? » demanda-t-elle.

Antoine se leva, surpris de sentir son corps aussi léger. Une force étrange était dans ses muscles, remuant sa chair jusqu'à la racine des nerfs. Lorsqu'il déposa le panier dans l'herbe, Juliette était en train de refaire le nœud de son foulard au-dessus de sa tête. Comme elle tenait ses bras croisés très haut derrière la nuque, la robe qu'elle portait s'était légèrement soulevée au-dessus du genou, découvrant un peu de ses cuisses nues. Seul un nuage d'insectes faisait entendre son bourdonnement clair dans le ciel bleu jusqu'au vide.

Lentement, Juliette s'était remise à genoux. Dans l'herbe, ses mains travaillaient vite. Brusquement, elle demanda :

« Vous vous plaisez, ici ? »

Antoine fut surpris par la question. Il ne s'était jamais demandé s'il était « bien » à la Julian ; il était *là*, tout simplement.

« Ça peut aller », finit-il par dire, faute de mieux. Presque immédiatement, il ajouta :

« Heu… vous savez, Juliette, on… je crois qu'on devrait se tutoyer. Après tout, ça fait assez longtemps qu'on se connaît, non ? »

Elle le regarda droit dans les yeux.

« Tu te rappelles de moi, quand j'étais petite ? »

Antoine baissa le nez dans l'herbe. En le tutoyant, c'était comme si elle s'était soudain approchée un peu trop près.

« Bien sûr, que je me rappelle, finit-il par répondre. Pourtant, tu parlais pas beaucoup, à l'époque. »

Juliette avait relevé la tête, l'air rêveur.

« Les gens me faisaient peur. Dès qu'il faisait noir, je n'osais pas traverser la cour, à cause d'oncle Mathieu. »

Mathieu n'était l'oncle de personne, c'était le père de la patronne, un vieil ivrogne qui passait son temps à bouillir son vin au fond de l'estomac. Il gueulait contre tout et semblait prendre un malin plaisir à faire peur aux enfants.

Antoine le détestait. Et lorsqu'il était mort d'un verre de trop, personne ne l'avait pleuré, sauf la patronne.

« Il fait chaud », soupira Juliette. Sa peau était recouverte d'une fine pellicule de sueur. Elle hésita avant d'ajouter :

« On pourrait presque aller jusqu'à l'étang, pour se baigner avant le déjeuner. »

Antoine ne répondit pas tout de suite. L'idée de se baigner avec Juliette venait de lui mettre la tête en feu.

« Chiche !

— Tu veux y aller tout habillé ? demanda-t-elle en riant.

— J'ai mon caleçon. Et toi, tu n'auras qu'à garder ton jupon. Avec ce soleil, ça séchera vite. »

Il jeta un coup d'œil vers la Julian, pour s'assurer que personne n'était dans la cour. Puis, d'un pas résolu, il commença à marcher vers le fond du verger. L'étang était tout en bas, serré entre les peupliers et un bouquet de saules pleureurs.

Arrivé à l'endroit où il amenait boire le bétail, Antoine fit un signe à Juliette.

« Baisse-toi derrière les buissons, dit-il à voix basse. D'ici, on voit la maison. Il faut qu'on remonte vers les peupliers, là-bas on risque rien. »

Quelques minutes plus tard, ils s'arrêtèrent sous les peupliers. Ici, l'eau était sombre, presque noire. Un étrange silence régnait à la surface lisse de l'étang. Seules quelques libellules frôlaient l'eau de leur vol brisé, imprévisible. Antoine sentit sa gorge se serrer. À présent, il n'osait plus bouger ; il entendait la respiration profonde de Juliette dans son dos et cette présence remuait en lui toutes sortes de sentiments contradictoires ; d'un côté, il s'accrochait à la vieille charpente de ses habitudes, de l'autre, il était emporté par quelque chose de trouble, un désir obscur qu'il avait du mal à admettre. Sans se retourner, il dit d'une voix à peine portée :

« J'y vais le premier. Tu pourras défaire ta robe quand je serai au milieu. »

Rapidement, il se débarrassa de sa chemise et de son pantalon de toile. Sachant que Juliette ne le quittait probablement pas des yeux, il fit saillir les muscles de son dos en réajustant son caleçon. Puis, sans faire rouler un galet, il avança jusqu'à tâter l'eau du bout des pieds. Elle était froide. Un frisson l'enveloppa de la taille aux épaules et il eut brusquement envie de revenir en arrière. Il se sentait aussi coupable que dans ces jours lointains, où il venait pêcher des grenouilles en cachette.

Pourtant, il continua à s'enfoncer jusqu'à ce que l'eau atteigne sa taille. Alors il se laissa aller et commença à nager sur le côté. Dès que ses pieds quittèrent le sol, il fut saisi par la sensation du vaste, du profond, de l'illimité ; ses bras tiraient l'eau avec souplesse et c'est à peine si de légères ondulations déformaient la surface de l'étang avant de disparaître dans l'ombre des saules.

Bientôt, il était au milieu de l'étang. Prenant appui sur son épaule gauche, il se retourna et vit Juliette qui nageait vers lui comme un fluide au milieu des reflets lumineux ; d'ici, l'étang n'était qu'une seule nappe solaire, une épaisseur translucide qui baignait les corps et la lumière. La terre était un autre monde et la Julian, derrière les peupliers, était loin.

Il y eut un léger clapotis lorsque Juliette s'immobilisa près de lui. Elle était essoufflée et dit d'une voix hachée :

« Elle est bonne.

— Un peu froide au début, mais on s'y fait vite. »

Tout en disant cela, Antoine sentait l'eau agitée par les mouvements de nage de Juliette ; des ondes régulières enveloppaient sa poitrine, son corps, comme des caresses destinées à lui seul. L'eau de l'étang n'était plus inerte ; c'était tout à coup une eau vivante, le corps liquide de Juliette. À un moment, sa main effleura les cuisses de la jeune fille ; elle ne parut pas s'en apercevoir et le regarda en riant avant de demander :

« On traverse ? »

Sans attendre la réponse, elle se détendit brusquement et commença à nager vers le fond de l'étang. Antoine se glissa dans l'eau ouverte par le corps de Juliette et ne pensa plus à rien.

Ils nagèrent pendant longtemps en silence. Puis, lorsque la fatigue fut dans leurs muscles, ils retournèrent vers la rive. Antoine passa le premier, se saisit de ses habits avant de relever la tête en écartant une mèche de cheveux mouillés qui lui collait les yeux. Juliette était devant lui, encore ruisselante ; le mince tissu de son jupon blanc lui prenait le corps, entre sa poitrine et le haut de ses cuisses. Elle respirait à grands coups en serrant les lèvres, comme seules les femmes savent le faire. Antoine resta là, sans bouger, sans vraiment comprendre. Il était seulement avide de la voir ainsi, sculptée par la soie humide et douce qui pénétrait sa chair, entrait dans ses hanches, ses seins, prenait possession de son corps.

Là-haut, un essaim d'abeilles éternelles bourdonnait dans la chaleur, indifférent aux hommes.

Antoine fit un pas en avant, sans pouvoir se retenir. Son corps allait plus loin que sa volonté, il n'obéissait à rien d'autre qu'à ce qu'il voyait, devant lui, immobile dans le soleil.

Tout à coup, un cri remua l'air surchauffé. Antoine leva la tête vers la Julian. Il hésita. À présent, il sentait le souffle de Juliette contre sa poitrine.

« Ohééé… ! »

À nouveau, le même appel. Antoine aurait bien voulu que ce cri ne trouve jamais ses oreilles, mais c'était trop tard. Cette voix les cherchait, elle avait dispersé leur solitude.

« C'est la patronne, dit Antoine d'une voix qu'il reconnut à peine. Elle nous appelle pour la soupe. »

Juliette eut un sourire un peu timide avant de dire :

« Va devant. Il faut que j'aille d'abord dans ma chambre pour me changer. »

Il s'habilla rapidement. Ses gestes avaient repris le

dessus. Et lorsqu'il mit son béret sur la tête, ce fut simplement pour dire :

« À tout à l'heure. C'est moi qui porterai les paniers de cerises. »

Puis il partit vers la Julian sans se retourner.

14.

« Van Straten ? »

Ce dernier sursauta avant de se laisser aller sur son siège. Il détestait qu'on le surprenne en plein travail.

« J'en ai pour une seconde, monsieur le Président. Je termine cette liste d'instructions et je suis à vous. »

Le président fit quelques pas, les mains derrière le dos.

« Prenez votre temps. Je suis simplement venu voir où vous en étiez. »

Van Straten réprima une envie de hausser les épaules. Puis il essuya ses lunettes et se leva pour aller à la rencontre du président.

« Le plus dur est fait, dit-il. Encore quelques détails à régler et je crois que nous serons prêts. »

Le président s'avança jusqu'à dominer Van Straten de toute sa taille.

« Vous avez réussi à entrer en contact avec lui ? »

Van Straten fit semblant d'ajuster les lunettes sur son nez, ce qui lui permit de faire deux pas sur le côté. Il ne supportait pas que le président lui impose sa haute stature.

« Pas encore, répondit-il. Chaque phase du contact a nécessité un énorme travail. Il ne faut pas commettre la moindre erreur ; sinon nous risquerions de tout ficher en l'air. »

Le président recula jusqu'au centre de la pièce et, les mains toujours derrière le dos, il dit sans se retourner :

« Vous croyez qu'il va parler ? »

Van Straten hésita un instant avant de répondre :

« C'est difficile à dire. En tout cas notre... heu... “visite” va sûrement l'impressionner et le faire réfléchir. Toutefois... »

Le président se retourna brusquement.

« Oui ?

— Cela m'étonnerait fort qu'il puisse tout nous dire la première fois. J'ai donc prévu plusieurs visites là-bas. »

Lentement, le président s'avança vers Van Straten pour ne s'arrêter qu'à quelques centimètres de son nez.

« Faites comme vous voudrez, mais n'oubliez pas une chose, Van Straten. »

Ce dernier sentit son cœur s'accélérer tandis que le président continuait :

« Je suis pressé. Toute cette affaire coûte une véritable fortune. Vous devez arriver à lui faire dire ce que nous cherchons, et vite. Vous comprenez ? »

Van Straten dut se racler la gorge avant de répondre :

« J'essaie de faire de mon mieux, monsieur le Président. »

Trois enjambées, et le président avait rejoint la porte. Juste avant de sortir, il eut un rire ironique pour dire :

« Il ne suffit pas d'essayer, Van Straten. Il faut réussir. »

15.

Le déjeuner s'était passé en silence. Le vieux n'avait parlé qu'à Folette, la chienne, pour lui donner de temps en temps un os à ronger sous la table. Le nez dans son assiette, Antoine n'avait desserré les dents que pour mâcher sa nourriture. De temps en temps, il croisait les yeux de Juliette et aussitôt il baissait le front, sans parvenir à cacher sa gêne.

Tout à coup, la chienne se mit à gronder. S'approchant de la fenêtre qui donnait sur la cour, Germaine fronça les sourcils en disant :

« Il y a deux hommes qui viennent par ici. Rien qu'à voir leurs habits, ils sont de la ville. »

Trois coups à la porte. Immédiatement, la chienne bondit et aboya furieusement.

À nouveau on frappa, plus sèchement cette fois. La patronne essuya rapidement la table avec le coin de son tablier puis ouvrit la porte. Une bouffée de la chaleur du dehors envahit la cuisine, poussée par le soleil. Deux hommes étaient dans l'entrée, leurs costumes parfaits s'accordant mal avec le décor.

« Bonjour, dit la patronne d'une voix intimidée. Vous vouliez nous voir, oui ? »

L'un des deux hommes, le plus petit, fit un pas en avant.

« Oui, répondit-il d'une voix grave. Nous sommes venus parler à M. Cahuzac. »

L'homme n'avait pas le moindre accent. Il était probablement né dans le Nord. La patronne jeta un coup d'œil rapide vers son mari avant de dire en cherchant un peu ses mots :

« Entrez, entrez… Mon mari est encore à table. Et excusez-nous pour le désordre, ici on est à la campagne, vous savez… »

Les deux hommes avancèrent dans l'ombre fraîche de la cuisine. Rapidement, comme elle seule savait le faire, la patronne tira deux chaises.

« Asseyez-vous donc, dit-elle. Vous prendrez bien quelque chose ? »

Sans attendre leur réponse, elle disposa deux petits verres et sortit la bouteille d'armagnac. Comme à son habitude, le patron n'avait pas bougé, attendant qu'on s'adresse à lui.

L'homme qui avait parlé en premier se tourna alors vers lui. Son visage était blême, à la manière de ces herbes qui restent trop longtemps sous une pierre sans jamais voir le soleil ; quant à ses yeux, d'un bleu très clair, ils ne reflétaient que l'indifférence, comme s'ils ne voyaient rien, ni personne.

« Monsieur Cahuzac, dit l'homme, nous sommes des agents de l'Inspection nationale du travail. Un dossier vous concernant nous a été transmis par la Fédération départementale afin que nous examinions la situation d'un de vos employés. »

Antoine sentit tout son sang lui monter au visage. C'est à peine s'il entendit le patron bredouiller :

« Et qu'est-ce que vous voulez que j'y fasse ? C'est pas moi qui peux remplir les papiers d'Antoine à sa place. »

Dans un parfait ensemble, les regards des deux hommes se posèrent sur le visage rougissant d'Antoine. Ils le regardaient avec une insupportable acuité. Au bout d'un long moment, l'homme qui n'avait pas encore parlé dit d'une voix ferme :

« Monsieur Dirac, nous aimerions bien parler avec vous… tous les trois. »

Il regarda ostensiblement le patron, sa femme et Juliette. Sans rien dire, le patron se leva et sortit par la porte restée ouverte, bientôt suivi par sa femme et Juliette.

Resté seul avec les deux hommes, Antoine se sentait mal à l'aise. Ni l'un ni l'autre n'avaient touché au verre d'armagnac servi par la patronne. Ils se contentaient de le regarder, les yeux vides. Enfin, celui qui était assis en bout de table prit la parole.

« Nous n'irons pas par quatre chemins, monsieur Dirac, dit-il d'une voix glaciale. Ou bien vous nous donnez votre numéro au complet, sans oublier un seul chiffre, ou bien il vous arrivera des ennuis très graves. »

Antoine se souleva sur sa chaise pour changer de position. Il se sentait dans la situation d'un prisonnier auquel on essayait d'arracher des informations sous la menace. Sans réfléchir, il tapa violemment du poing sur la table.

« Ça c'est quand même un peu fort ! explosa-t-il. Ce n'est pas parce que je ne me rappelle pas de mon numéro de Sécurité sociale que vous devez me parler comme ça, non ?

— Du calme, coupa l'homme en face de lui. Tout ce que nous vous demandons, c'est de nous donner la séquence complète de votre numéro. Après quoi, nous vous laisserons tranquille… définitivement. »

Était-ce un effet de son imagination, ou bien Antoine avait-il perçu une intonation particulière dans le dernier mot de l'inspecteur ? Quelque chose comme une insistance désagréable où remuait un sinistre sous-entendu.

« Lorsque le patron m'a posé la question, l'autre jour, dit Antoine en essayant de recouvrer son calme, j'ai regardé dans mes papiers et je n'ai rien trouvé. »

L'homme haussa les épaules.

« Vous ne trouverez rien dans vos papiers, et pour cause. La séquence de sécurité est dans votre mémoire. »

Antoine sursauta. Quelque chose avait remué dans sa tête au moment où l'homme avait parlé de « séquence de sécurité », quelque chose qui conduisait à un souvenir dont la silhouette était précise, mais dont le contenu restait flou et inaccessible.

Les deux hommes s'étaient aperçus de son trouble. Celui qui était en bout de table se pencha vers son compagnon et lui murmura quelque chose à l'oreille. Puis il demanda d'une voix calme :

« Il y a eu un orage ici, vers le début du mois de juin. Vous qui êtes un habitué de la campagne, vous devez bien reconnaître qu'un temps pareil n'est pas tout à fait normal pour la saison, non ? »

Antoine regarda l'homme d'un œil perplexe.

« Vous n'avez rien remarqué de bizarre, pendant cet orage ? » questionna l'inspecteur avec un sourire aigu.

Antoine avait fini son café depuis longtemps, mais ses doigts serraient toujours le verre humide qui s'était refroidi tout seul. Il eut un ricanement pour lancer :

« Les orages, c'est pas ce qui me fait peur. Pas plus que le vent, les éclairs ou la foudre. L'autre soir, il n'y avait même pas... »

Le mot lui resta dans la gorge et il eut du mal à avaler sa salive. Brusquement, il venait de se souvenir de ce qu'il avait vu en ramenant le bétail. Cet éclair aveuglant, suivi d'une sorte de trou noir qui avait déchiré le ciel et les nuages pendant une fraction de seconde.

Les deux hommes le regardaient en silence. L'un d'eux tapota de ses doigts sur le bord de la table.

« Nous savions bien que vous finiriez par vous souvenir », fit-il avec un drôle de sourire sur les lèvres.

L'homme regarda ses doigts avant de poursuivre :

« Nous tenons à vous avertir d'une chose, monsieur Dirac : tant que vous refuserez de nous donner ce que nous demandons, des ennuis très graves risquent de se produire. »

Les deux hommes se levèrent en même temps. Sur le pas de la porte, le plus petit se retourna en ajoutant :

« À bientôt, monsieur Dirac. Vous allez nécessairement vous souvenir de la séquence complète, c'est inévitable.

Et ce jour-là, nous espérons que vous saurez vous montrer… coopératif. Dans l'intérêt de tous. »

Puis les inspecteurs disparurent dans le soleil bien encadré par la porte. Antoine attendit quelques secondes, le cœur battant, puis se précipita au-dehors.

Quelques pas sous le soleil aveuglant, puis il s'arrêta net, figé par la surprise.

Devant lui, la cour était vide. Les deux hommes s'étaient volatilisés. Sans réfléchir, il courut aussi vite qu'il put vers le hangar. Mais là encore, il ne vit que la campagne, vide sous le soleil. Le chemin se déroulait tranquillement en contrebas, mais il n'y avait aucune voiture, pas même la moindre trace de pneus dans la poussière. Comment les étrangers étaient-ils venus jusqu'ici ? et surtout, comment avaient-ils fait pour disparaître aussi vite ?

Lentement, il retourna vers la maison. Ses mains tremblaient et il n'arrivait pas à calmer les battements de son cœur. Qui étaient donc ces deux hommes ? Ils n'étaient pas seulement étrangers à la Julian, mais aussi étrangers à eux-mêmes ; leurs yeux regardaient sans voir, et la façon dont ils bougeaient ne touchait pas vraiment au corps. Et puis, ils avaient parlé comme s'ils étaient des policiers ou, pire encore, comme s'ils venaient tout droit d'un asile de fous.

À cet instant, il faillit se cogner à la poitrine de quelqu'un. Absorbé par ses pensées, il n'avait pas vu le patron, venu à sa rencontre.

« Alors ? » demanda le vieux.

Il y avait quelque chose dans sa voix, de l'anxiété, peut-être. Antoine haussa les épaules.

« Alors, pas grand-chose, répondit-il. Ils m'ont dit que je devais faire des efforts pour me rappeler mon numéro. Ils reviendront plus tard. C'est tout. »

Le patron parut soulagé. Du bout de sa moustache, il désigna alors la faucheuse sous le hangar.

« D'ici à demain, avec ce soleil, le pré du soulan sera vite sec. Cet après-midi, on va graisser la faucheuse et aiguiser la lame. »

Antoine hocha la tête. Ces quelques mots simples, bien concrets, lui avaient remis les idées en place. Il ne fallait pas se laisser aller à trop d'imagination. Ce qui comptait, sur une terre, c'était le travail, c'était ce qu'on faisait avec ses bras, ses mains. Ce n'étaient ni les paroles, ni ce qui vous passait par la tête sans suivre le bon chemin des pensées qui servaient à quelque chose.

D'un pas rapide, il suivit le patron vers le hangar.

16.

Antoine s'était approché du coin à outils pour se saisir de la vieille meule perchée sur son trépied de bois. L'engin était lourd ; au moins cinquante kilos de silex dans la pierre ronde. Avec peine, il déposa la meule près de la faucheuse avant de remplir la gouttière d'un demi-litre d'eau environ.

Pendant ce temps, le patron avait déjà basculé le porte-lame de la faucheuse et s'apprêtait à libérer la rotule qui reliait la bielle à la barre de coupe.

« La goupille veut pas venir, rugit-il. Attrape les tenailles. »

Antoine se précipita vers la boîte à outils et, les grosses tenailles dans ses mains, il tira d'un coup sec sur la tête de la goupille à demi rouillée dans son logement.

Une minute plus tard, la barre de coupe était dégagée du porte-lame. Le patron faisait glisser le gras de son pouce sur le tranchant de chacun des couteaux en poussant des grognements de doute.

« Elle coupe comme elle y voit, finit-il par murmurer dans sa moustache. Et en plus, il faudra remplacer deux couteaux qui ont pris un caillou dans les dents. »

Sans cesser de grommeler, le vieux s'approcha alors de la meule. Antoine savait ce qui lui restait à faire. Car de tout temps, c'était toujours lui qui tournait la meule, tandis que le patron posait la lame à aiguiser sur la pierre.

Soudain, il fronça les sourcils. Bien visible sous l'éclat

du soleil, il y avait quelque chose sur le châssis de la lame. Une suite de lettres et de chiffres qu'il n'avait jamais remarquée.

Intrigué, il approcha son nez pour mieux voir. Les signes étaient gravés en profondeur dans le métal, et de surcroît, ils étaient peints en rouge.

« Tiens, c'est bizarre ! » murmura-t-il pour lui-même.

Pendant que le patron était parti ranger les embouts de fixation, Antoine posa son index sur le premier chiffre et, toujours à voix basse, il lut lentement l'inscription.

« 100 S Ross/AM/ADM... »

Il y avait d'autres inscriptions plus loin, mais elles étaient trop usées et couvertes de graisse pour rester lisibles.

Antoine secoua la tête. Ces signes luisants dans le métal le mettaient mal à l'aise. C'était absurde, mais à mesure qu'il les observait, il éprouvait la sensation confuse qu'il y avait là-dedans une signification cachée.

« Dites, patron, fit-il au vieux qui venait de revenir, vous avez lu ce qui est écrit là ? »

Le vieux ne se donna même pas la peine de regarder ce qu'Antoine montrait du doigt sur le châssis métallique.

« Et alors ? C'est la marque de la lame. Comme sur toutes les Mac-Cormick.

— Mais j'ai jamais vu une marque écrite comme ça ! insista Antoine. Surtout pas sur les Mac-Cormick. »

Le vieux haussa les épaules.

« C'est sans doute une nouvelle série. Je l'ai achetée l'année d'avant la sécheresse. »

Antoine n'en croyait rien. De plus en plus troublé, il se redressa.

« Je vais jusqu'à la remise pour jeter un coup d'œil sur les lames de l'année dernière. On verra bien si c'est la même marque. »

Cette fois, le patron releva la tête, l'air furieux.

« Mais, nom de Dieu, qu'est-ce que ça peut te foutre, ce qu'il y a d'écrit sur cette lame ? C'est pas à cause de la marque qu'elle va couper mieux ! »

Antoine resta immobile.

« C'est pas pour ça, répondit-il enfin pour calmer le vieux. Mais j'ai pensé qu'il valait mieux connaître le numéro de série au cas où une pièce viendrait à casser.

— T'occupe ! grommela le patron. Avec moi, une lame ne dure jamais moins de cinq ans. Allez ! mets la meule en route. »

Tâchant de chasser son étrange malaise, Antoine commença à faire tourner la grosse pierre. À chaque tour de manivelle, la meule grinçait sur son trépied, comme si elle protestait contre la force vive qu'elle recevait des bras d'Antoine. Puis, le premier couteau vint bientôt se coller contre la pierre humide qui attaquait le métal en chuintant.

Au bout de quelques minutes, Antoine avait trouvé le bon rythme. Il tournait la manivelle le plus régulièrement possible, sans à-coups ; pas trop lentement, pour que la pierre morde bien le métal, pas trop vite non plus, afin que la lame ne saute pas sur les aspérités du silex. En fait, le cercle de ses pensées s'était restreint au diamètre de la meule qui tournait inlassablement sur elle-même. Pour l'instant, rien d'autre ne comptait, ni la visite des deux hommes, ni la menace qu'ils avaient fait peser sur lui. Non, rien n'avait vraiment d'importance, sinon le souci de garder la manivelle bien en main.

« Doucement », fit le vieux en relevant un peu la barre de coupe sur un des couteaux dont le bord d'attaque était abîmé.

Antoine se sentait si bien à tourner la manivelle, il y avait tant de force dans ses bras qu'il ne répondit même pas. Simplement, il relâcha un peu ses muscles, évaluant d'un seul coup d'œil la bonne vitesse qu'il devait donner à la pierre.

Il était peut-être quatre heures de l'après-midi lorsque le dernier couteau passa sur la meule. À présent, la barre de coupe était comme neuve, luisant de mille reflets sous les rayons du soleil qui avait lentement contourné le hangar. Le patron regarda attentivement chaque couteau avant de dire :

« On n'est pas à une heure près... Va jusqu'à la cuisine et apporte-nous un coup à boire. En même temps, tu prendras la petite pierre qui est sur l'établi. Je vais finir à la main. »

Antoine se redressa et, serrant très fort son poignet droit dans sa main gauche, il se mit à plier et à déplier ses doigts jusqu'à ce que les ligaments aient retrouvé leur élasticité.

« Tu as mal au poignet ? »

Le vieux avait posé la question en souriant. Pour lui, le vrai travail devait toujours laisser une petite douleur quelque part, dans un bras, dans une jambe ou ailleurs ; et si rien ne vous remuait les muscles, c'est que vous n'aviez pas vraiment travaillé.

Antoine allait répondre lorsque quelque chose lui fit relever la tête vers la pente en friche qui faisait face au hangar.

D'abord, il ne vit rien d'inquiétant, rien qu'une ombre qui grandissait sur le sol, comme une tache d'huile. Immédiatement, il pensa à un nuage qui masquait momentanément le soleil et leva les yeux au-dessus du hangar.

Au-dessus du toit, juste à la hauteur des branches du chêne qui surplombait le hangar, Antoine aurait dû voir le soleil. Mais il ne voyait rien qui ressemblait au soleil. À la place, il y avait un disque noir, invraisemblable, un trou circulaire et parfait.

Il fit trois pas en arrière et ferma les yeux. Son cœur pompait brutalement la peur dans son ventre et la diffusait partout dans son corps, à chaque battement. Il se mit à trembler tandis que des étincelles multicolores dansaient devant ses paupières closes. Presque sans le vouloir, il cria :

« Patron, venez voir, vite... »

Un coude appuyé sur une roue de la faucheuse, la lame encore à la main, le patron releva la tête.

« Qu'est-ce qu'il y a ? » demanda-t-il avec surprise.

Antoine désigna le toit du hangar avec son menton.

« Je ne sais pas. C'est comme si... »

Il n'acheva pas sa phrase. Car à présent, il avait beau regarder devant lui, tout était redevenu normal. À nouveau, le soleil était là, juste à la hauteur du toit, illuminant tranquillement la campagne de ses rayons dorés.

Le patron fronça ses sourcils broussailleux.

« Tu aurais pas attrapé un coup de soleil, des fois ? »

Le temps de secouer la tête encore une fois, et le vieux s'était remis à travailler, comme si de rien n'était. Antoine fit un pas en arrière pour mieux voir. Mais le soleil était bien là, à sa place, dans son feu de lumière presque blanche.

D'un pas lent, les muscles encore parcourus de légers frémissements, Antoine monta vers la maison ; peut-être le patron avait-il raison : trop de soleil sur la nuque, ça finit par lever votre œil vers des choses qui n'existent pas.

Quand il entra dans la cuisine, Juliette finissait de trier les cerises qu'ils avaient ramassées ensemble. Antoine l'observa à la dérobée, n'osant risquer trop longtemps un œil qui pût rencontrer le sien. Il ouvrit l'armoire, saisit la cruche à eau et se retourna alors vers la jeune fille.

« Tu sais où est l'entonnoir ? »

En réalité, il savait exactement où se trouvaient tous les objets de la cuisine, jusqu'à la plus petite cuillère. Mais c'était une bonne raison de parler à Juliette, parce qu'il pouvait avoir confiance dans une question simple comme celle-là.

Elle se leva pour traverser la cuisine jusqu'à la cheminée.

« C'est pour couper le vin avec de l'eau fraîche, poursuivit Antoine. Avec ces chaleurs, il faut faire attention à pas boire trop d'alcool. »

Déjà, Juliette était revenue près de lui, déposant l'entonnoir sur la bouteille de vin. Pendant qu'Antoine versait l'eau, il demanda :

« Et Roger, il est rentré ? »

Elle haussa les épaules.

« Oui, tout à l'heure. Mais il est reparti presque tout de suite.

— Alors je sais où il est, va.

— Ah bon ? »

Antoine eut un sourire.

« Il est au café, pardi ! Celui-là, il n'a pas mal aux doigts pour tenir les cartes.

— Tu n'as pas l'air de l'aimer beaucoup », fit Juliette avec une moue.

Il hésita avant de demander :

« Et toi ? Qu'est-ce que tu en penses, de Roger ? »

Il n'avait pas préparé sa question, mais il était maintenant tout surpris de l'avoir posée.

« Oh ! pas grand-chose, répondit Juliette en essuyant un peu d'eau qu'Antoine avait renversée sur la table. Je l'aime bien comme ça, c'est tout. Pourquoi ? »

Antoine se mit à rire sans en avoir la moindre envie, uniquement pour cacher son trouble. Sans trouver vraiment ses mots, il finit par dire :

« Oh ! pour rien. Juste pour savoir. »

Juliette le regarda, un sourire indéfini sur les lèvres. Puis elle retourna derrière les cageots de cerises. Le silence était plus significatif que des mots, surtout après ce qui s'était passé dans la matinée. Il hésita un instant, puis il prit la bouteille et quitta la cuisine.

Lorsqu'il revint près de la faucheuse, le patron faisait glisser la lame dans la barre de coupe. D'un coup sec, le vieux referma les mâchoires de la rotule sur la bielle puis se retourna vers Antoine.

« Tu en as mis du temps, petit.

— Je trouvais pas l'entonnoir », répondit Antoine en glissant la bouteille dans les mains du vieux. Il savait que ça le calmerait tout de suite.

Le vieux but longtemps, sans décoller ses moustaches du goulot obscur de la bouteille. Puis il leva enfin la pointe de son béret vers Antoine pour lui dire :

« La pompe à graisse est sur l'établi. Va la remplir et commence à graisser l'essieu. Trois coups à chaque bout, pas plus. Et n'oublie pas la clenche du releveur. »

Déjà, Antoine s'en allait vers le coin à outils. Les mots

du vieux prenaient toujours le même chemin ; d'une année à l'autre, le travail commandait les mêmes phrases, donnait naissance aux mêmes nécessités, et les gestes suivaient presque d'eux-mêmes, sans qu'on ait à y penser.

Après avoir enfoncé un bon kilo de graisse dans la pompe, Antoine se coucha sous l'essieu de la faucheuse. Près du sol, l'air du soir sentait bon l'herbe sèche et le souffle du petit vent était encore plein de la chaleur du jour, restée tapie derrière un vieux mur ou sur le flanc d'un fossé. Il faisait bon travailler.

« Allez, dépêche-toi, petit, lança le vieux en nettoyant les graisseurs. Il faut terminer la machine avant ce soir. »

Antoine entendit à peine les paroles du vieux, mêlées au bruit sec d'une cigale qui chantait près de son oreille. Si l'insecte s'énervait si fort dans la terre, cela voulait dire que dans quelques jours les foins seraient mûrs pour la coupe.

17.

La main du président s'abattit sur la table. Sans violence, mais avec force et détermination. Il leva ses yeux gris vers Van Straten, assis de l'autre côté du bureau.

« Je n'ai que faire de vos explications. Je vous tiens pour seul responsable de cet échec. »

Van Straten se tortilla sur son siège, mal à l'aise.

« Je vous avais prévenu, monsieur le Président. Pour moi, il ne faisait aucun doute qu'il refuserait de nous livrer la séquence de sécurité lors de notre première visite. »

Comme le président se taisait, Van Straten enchaîna, ayant retrouvé un peu d'assurance :

« Il faut lui laisser le temps de réfléchir. Après tout, ce qui lui arrive est pour le moins… inattendu. Mettez-vous à sa place.

— Je n'y suis pas et je ne veux pas y être, répondit sèchement le président. Rappelez-vous que s'il en est là, aujourd'hui, c'est entièrement sa faute. »

Van Straten soupira profondément. Puis il fouilla dans sa poche pour en retirer un mouchoir à l'aide duquel il essuya soigneusement ses lunettes. Ce geste n'avait pas échappé au président qui railla :

« Et puis cessez de nettoyer vos lunettes, vous allez finir par en user les verres. »

Il eut un petit rire et marqua un temps avant de poursuivre :

« Écoutez-moi, Van Straten. Je ne veux pas vous effrayer, mais il est capital que vous obteniez rapidement des résultats. Vous connaissez aussi bien que moi l'importance de l'enjeu. »

Van Straten ne put s'empêcher de reprendre encore une fois son mouchoir pour essuyer ses lunettes. Bien sûr qu'il connaissait l'enjeu. Et c'était même cela qui le mettait mal à l'aise.

« Le succès de nos opérations ne dépend pas uniquement de moi, monsieur le Président. Dirac est quelqu'un de coriace. D'autre part, je crois qu'il est sincère lorsqu'il dit qu'il ne se souvient pas de la séquence complète. »

Le président leva un sourcil.

« Et que suggérez-vous ?

— De lui laisser un peu de temps. À présent, nous contrôlons bien la situation. Et de toute façon, compte tenu du rythme où vont les choses là-bas, nous n'aurons pas bien longtemps à attendre. »

18.

La semaine s'était écoulée, chaude et tranquille, poussant sans se presser les jours jusqu'au dimanche. À peine éveillé, Antoine avait cherché son briquet qu'il posait toujours au pied de son lit. À la flamme jaune et dansante, il put voir qu'il était presque six heures.

Alors il s'était levé pour ouvrir les volets. Le ciel était clair, traversé du premier soleil. Un vent parfumé chantait dans les feuilles. Ce matin, Antoine se sentait heureux de cette journée qui commençait à peine et qui le conduirait vers le village où il allait tous les dimanches, depuis des années.

Lorsqu'il entra dans la cuisine, l'odeur du café était déjà là. Levée avant tout le monde, la patronne était occupée à mettre les bols sur la table tout en surveillant d'un œil la cafetière qui chauffait sur le trépied. Lorsqu'il passa devant le four, il sentit un parfum de pâte chaude monter jusqu'à ses narines ; comme tous les dimanches, la patronne avait préparé une croustade à l'armagnac, sorte de galette feuilletée qu'elle servait après le déjeuner, pour le dessert. Antoine n'avait jamais eu de vacances, il ne connaissait que peu de loisirs, mais la joie simple de la croustade qui annonçait le dimanche lui suffisait. Ce n'était pas grand-chose, mais en même temps, ces plaisirs-là prenaient presque toute la place dans sa vie.

« Tu vas aux Juilles, ce matin ? »

La patronne avait posé cette question tout en versant le café fumant dans le bol d'Antoine.

« J'irai après l'étable, répondit-il. Je commence à avoir les cheveux un peu longs derrière. Sur le coup d'onze heures, onze heures et demie, j'irai sans doute chez le coiffeur.

— Fais attention à ce qu'il ne te coupe pas les oreilles, dit-elle en riant. Celui-là, je me demande comment il fait pour tenir une paire de ciseaux. »

Antoine sourit à son tour sans répondre. Il était vrai que le père Fressac savait à peine faire la différence entre la barbe et les cheveux ; mais c'était le seul coiffeur du village et tout le monde allait chez lui, c'était comme ça.

Après avoir bu son café, il se leva pour aller à l'étable. Il y resterait un peu plus longtemps aujourd'hui, car chaque dimanche, il fallait curer le sol et les rigoles pour monter le fond d'une litière nouvelle. Tout en poussant la brouette vers la fumière, il songeait à tout ce qui s'était passé dans les derniers jours ; d'un côté, il y avait l'arrivée de Juliette qui, sans qu'il veuille se l'avouer, avait bouleversé bien des choses dans son existence ; et, par ailleurs, il y avait cette étrange histoire de Sécurité sociale, avec les obscurs événements qui tournaient autour, encore indiscernables, mais aussi inquiétants que ces orages dont on ne sait s'ils tourneront à la pluie ou à la grêle.

Vers neuf heures du matin, Antoine donnait le dernier coup de fourche à la litière de la Rousse. Puis, après être monté dans sa chambre pour enfiler un pantalon et une chemise propres, il ouvrit la porte de la cuisine. La patronne finissait d'essuyer la table en rassemblant les miettes de pain qu'elle gardait pour les cochons. Elle leva les yeux vers lui.

« Le patron est parti devant, dit-elle. Tu le trouveras sans doute chez Darrieux. Il a dit qu'il allait chercher le rabatteur de la faucheuse. »

Antoine hocha la tête.

« Ça fait quinze jours qu'il nous le promet, le Darrieux. Il n'a qu'un point de soudure à faire, et pourtant il trouve toujours un travail plus pressé.

— Cette fois, il paraît que c'est prêt. Roger l'a encore dit tout à l'heure. »

Sans le vouloir, Antoine leva brusquement la tête.

« Roger ? Il est aux Juilles ?

— Oui. Il vient de partir avec Juliette. »

La patronne se mit à rire en faisant tomber les miettes dans son tablier.

« On dirait qu'il l'aime bien, Juliette. Si elle pouvait lui mettre les idées en place... »

Antoine ne répondit pas. La vieille le regardait en souriant, le visage sillonné de rides sous le vieux chapeau de paille tressée qu'elle mettait le dimanche. Il lui en voulait presque, à la patronne, de lui avoir dit ça, comme si elle trouvait normal que Roger fasse sa cour à Juliette. Mais il s'efforça de ne rien laisser passer dans sa voix lorsqu'il demanda :

« Je monte aux Juilles. Vous avez besoin de quelque chose ? »

La patronne fit trois pas vers l'armoire et en sortit deux pots de confit qu'elle enveloppa dans un vieux journal. Ensuite, elle les déposa au fond d'une musette.

« C'est pour Pellaroque, dit-elle en lui mettant la musette sur l'épaule. Tu n'auras qu'à lui laisser ça en passant. »

Il fit oui de la tête et quitta la cuisine. Dans la cour il hésita un instant, se demandant s'il allait prendre son vélo ; mais finalement, il décida d'aller à pied. En coupant par le bois, on était au village plus vite.

D'un pas rapide, il commença à grimper le coteau en suivant le chemin poussiéreux qui serpentait entre les herbes. Au-dessus, le ciel était parfaitement lisse, bleu et sec devant le soleil qui montait.

Lorsqu'il eut atteint la colline de la Gourgue, il prit sur sa gauche et s'engagea dans le sentier de traverse qui grimpait droit dans le bois. À mi-côte, il dut s'arrêter pour faire passer la musette d'une épaule à l'autre. La pente était raide. Depuis le début de l'été, les ronces avaient envahi l'ancien chemin de coupe et on pouvait à peine passer. Avec son canif, Antoine commença par tailler une longue perche de frêne, puis il l'ébrancha, laissant la pointe s'ouvrir en V tout au bout. Avec ça, il pouvait écarter les ronces les plus hautes qui frôlaient son béret à chaque pas. Là-haut, le soleil avait débordé les arbres et coulait sur les troncs, jusqu'à lécher le sol recouvert d'herbes et de fougères. Depuis que l'été était là, toute la campagne était travaillée par les chaleurs, et même ici, dans la lumière fine des sous-bois, ça poussait de partout.

Maintenant, Antoine avait atteint l'autre versant et il se laissait descendre vers la fontaine de la Croule. Autrefois, quand il allait encore à l'école du village, il faisait un grand détour pour ne pas passer près de la source ; par peur qu'il s'y noie, le vieux lui avait raconté que l'endroit était surveillé par une abominable mégère qui fourrait les enfants au fond de sa marmite, sans même prendre la peine de les déshabiller. Et aujourd'hui encore, il gardait un souvenir de cette vieille peur, comme un résidu mal consommé par l'âge. Il semblait même qu'ici, autour de la Croule, l'air était plus froid sous les bois immobiles ; et ce qui coulait de la source, c'était du silence. Peut-être pour se prouver quelque chose à lui-même, il s'avança vers le puits de la Croule. À mesure qu'il approchait, ses pieds s'enfonçaient dans le sol de plus en plus humide ; l'eau semblait monter du sol, comme si elle était partout sous la terre. Avec ses deux mains, il écarta les joncs qui masquaient les abords du trou ; l'eau était noire, et des dizaines d'insectes zigzaguaient à sa surface. Antoine respira profondément avant de plonger la tête dans la fontaine. Il but longtemps, sans reprendre son souffle. Puis, après s'être aspergé le visage et la nuque, il se leva et reprit sa marche vers le village.

À présent, il était sorti du bois. La lumière était partout, chauffant le chemin de terre qui montait jusqu'à Engalin, la ferme du vieux Pellaroque. Essuyant la sueur qui coulait de son front, Antoine marchait d'un bon pas. Bientôt, il atteignit le vieux bourg de Lavarjadère, où personne n'habitait plus depuis très longtemps. Les sept ou huit maisons groupées autour de la place finissaient de s'écrouler et leurs murs étaient presque entièrement recouverts de lierre. Antoine s'arrêta un instant. Autrefois, ces maisons avaient été habitées ; des dizaines de vies s'étaient abritées sous les toits maintenant à ciel ouvert. Un chat gris dormait dans l'encadrement d'une fenêtre. Lorsqu'il aperçut Antoine, l'animal sauta sur une poutre, disparut un instant avant de réapparaître plus loin, sur un autre toit en contrebas.

Le silence.

Antoine avait l'impression de n'être plus qu'une tache d'ombre dans la grande lumière. Il resta encore immobile pendant quelques minutes au milieu des ruines avant de reprendre sa route vers Engalin. Bientôt il entrait dans la cour de la ferme où quelques poules rôdaient en picorant le sol. Pellaroque était sous le hangar, occupé à raboter une planche. Lorsqu'il le vit, le vieil homme eut un sourire.

« Je t'avais pas entendu arriver », dit-il.

Le vieux Pellaroque était essoufflé. Il fit quelques pas avant de s'asseoir sur la meule de pierre qui était au milieu de la cour, à l'ombre du grand chêne.

« Pour que tu montes ce matin, c'est pas la peine de demander », dit le vieux en s'épongeant le visage.

Antoine hocha la tête.

« Tenez, fit-il en sortant les pots de confit du fond de sa musette. La patronne ne vous a pas oublié. »

Pellaroque eut un petit rire, souleva sa casquette, gratta son crâne blanc avant de dire :

« Fait chaud, ce matin. Tu veux boire un coup ? »

Antoine hocha la tête. Avec ce soleil, le vin ne lui ferait aucun bien. Mais il était impossible de refuser. Le vieux aurait pris ça pour une insulte. Déjà Pellaroque s'était levé pour marcher à petits pas vers la cave. Lorsqu'il ouvrit la porte, une bouffée d'air frais reflua au-dehors, charriant une odeur de vin et de poussière.

« Approche-toi », fit Pellaroque en saisissant un verre retourné sur le haut d'une barrique.

Les mains du vieux tremblaient légèrement lorsqu'il ouvrit le robinet au-dessus du verre aux parois rendues opaques par le dépôt de tanin. Puis il leva son bras vers Antoine.

« Tiens. Tu m'en diras des nouvelles. »

À la première gorgée, Antoine eut un haut-le-cœur. Le vin était acide, presque tourné au vinaigre. Mais il se força à boire jusqu'à la dernière goutte avant de remettre le verre vide dans la main du vieux.

« Celui-là, je le garde pour les grandes occasions, pouffa Pellaroque en ouvrant à nouveau le robinet.

— C'est vrai qu'il est bon », dit Antoine en forçant un sourire.

Mais déjà, le vieux ne l'écoutait plus. Les yeux levés vers les poutres couvertes de poussière et de toiles d'araignée, il buvait le vin avec reconnaissance. Sa bouche suçait le verre avidement, comme par peur de laisser échapper la moindre goutte.

Après s'être essuyé la moustache avec sa manche, le vieux demanda :

« Au fait, ton curé de l'autre jour, tu as été le voir ?

— Quel curé ? »

Pellaroque eut un petit rire.

« Celui qui m'a fait jouer au facteur, pardi ! Tu te rappelles pas ? »

Antoine s'en souvenait, bien sûr. Mais il préférait ne pas en parler. Il se contenta de secouer la tête en disant :

« Non, je n'ai vu personne. »

Péllaroque haussa les épaules.

« Tu veux un autre verre ?

— Non, non. Il faut que j'y aille, sinon je vais être en retard. Allez, à la prochaine ! »

Sitôt dehors, la chaleur l'enveloppa à nouveau. À présent, le soleil donnait ferme et Antoine sentait la fatigue battre ses jambes, surtout avec le mauvais vin qu'il venait de boire. Malgré tout, il put atteindre assez facilement le bouquet de chênes qui marquait le sommet du coteau.

S'arrêtant un instant pour reprendre son souffle, il jeta un coup d'œil vers les Juilles. Le village était en haut à droite, bien accroché au sommet d'une petite colline. Comme la plupart des villages gascons, celui-ci avait été édifié autour d'un château dont la partie la plus ancienne, une énorme tour de guet carrée, était encore visible. Plus tard, les maisons avaient été adossées au mur d'enceinte et, aujourd'hui encore, elles encadraient une cour intérieure où s'était rassemblée toute la vie du village. Ayant repris sa marche, Antoine songeait à quel point il aimait venir aux Juilles. Le chemin de l'école, là-haut, près de la tour, était encore dans ses jambes ; à chaque pas, il revivait les petits matins d'octobre, entre la nuit et la brume, quand l'odeur de la vendange était dans l'air. Il revivait les grands soirs d'été, quand il allait avec Lucien, aujourd'hui boulanger au village, pêcher les écrevisses dans l'eau froide de la Loustère.

En franchissant la porte fortifiée qui donnait sur la place, Antoine sentit son cœur battre. Il venait d'apercevoir Juliette, les bras chargés de provisions, qui entrait dans la boulangerie. Elle ne l'avait pas vu. Aussi accéléra-t-il le pas pour entrer derrière elle chez Lucien. Ce dernier était occupé à servir son monde. Mais dès qu'il le vit, son visage s'éclaira d'un grand sourire.

« Antoine ! cria-t-il par-dessus l'épaule de son plus proche client. Ça fait plus de quinze jours qu'on t'a pas vu par ici.

— C'est ton pain qui m'a donné mal au ventre », répondit Antoine en riant.

Déjà, Lucien s'était emparé d'une énorme miche, faisant mine de la lancer à la tête d'Antoine. C'était toujours comme ça entre eux : les souvenirs d'école étaient plus forts que la vie d'adulte.

« On se voit tout à l'heure ? demanda Lucien.

— Non. J'ai pas le temps aujourd'hui. Il faut que j'aille chez le coiffeur, et après, il ne sera plus l'heure de faire attendre la patronne. »

Le boulanger haussa les épaules l'air de dire : « Tant pis, ce sera pour une autre fois », tandis que Juliette fit un pas vers Antoine.

« Tu as vu Roger ? »

Immédiatement, Antoine fut agacé. Roger était-il important à ce point pour qu'elle en parle à tout bout de champ ? Il s'efforça de ne rien laisser paraître lorsqu'il répondit simplement :

« Non. Vous avez fait les courses ensemble ?

— Il me reste plus qu'à passer chez Meilhan, pour acheter les sandales de la patronne. Roger m'a demandé de l'attendre au café.

— Alors tu es encore ici pour un bout de temps, répondit Antoine avec un sourire acide. Je le connais, Roger. Il ne partira pas avant d'avoir fini son tour de belote. »

Juliette parut réfléchir un instant, pais elle demanda :

« Tu en as pour longtemps ?

— Une demi-heure peut-être. Il faut que j'aille chez le coiffeur.

— Alors on peut descendre ensemble », dit simplement la jeune fille.

Antoine parut surpris. Il enfonça ses mains au fond de ses poches avant de dire :

« Si tu veux. Tu n'auras qu'à m'attendre devant l'église. »

Elle eut un sourire, puis se tourna vers Lucien qui venait de déposer les deux miches de la commande sur le comptoir. Après avoir salué tout le monde, Antoine ouvrit la porte et sortit sur la place. Le coiffeur était de l'autre côté des arcades. Sur le chemin, il n'y avait pas beaucoup de monde, sauf un petit groupe d'enfants qui jouaient aux billes à l'ombre des platanes. Et quand Antoine se retourna vers eux, avant d'ouvrir la porte du coiffeur, le plus grand des gamins lui fit un signe de la main.

Il était midi passé lorsque Antoine ressortit du café au fond duquel Fressac avait l'habitude de couper les cheveux à ceux du village. À présent, la petite place était presque déserte, comme endormie d'un mur à l'autre sous le grand soleil de juillet. Faisant crisser son béret sur sa nuque rasée de près, il se mit en route.

Quelques minutes plus tard, il parvint à la ruelle qui grimpait vers le clocher. Il n'y avait personne, ni sur les pavés chauffés par la lumière, ni dans les coins d'ombre où poussaient quelques brins d'herbe ici et là.

Encore quelques pas, et il aurait rejoint Juliette, de l'autre côté de l'église.

Soudain, il aperçut une tache noire sur les cailloux. Une ombre courte qui lui barrait le chemin. Il y avait quelqu'un, caché derrière le tronc du grand platane. Puis l'ombre remua. Intrigué, Antoine déposa son paquet et rajusta son béret au-dessus de ses yeux éblouis par l'éclat du soleil sur les pierres.

Alors, une silhouette entièrement vêtue de noir se découpa dans la lumière. C'était un homme jeune, dont la soutane semblait flotter dans le petit vent, au-dessus de la poussière. Un curé.

Antoine fit deux ou trois pas vers l'être qui le regardait avec un sourire absent. Il ne l'avait jamais vu. Pourtant, ce visage presque transparent à force d'être pâle, ces sourcils clairsemés au-dessus des yeux qui regardaient sans voir, ces cheveux lisses, tout cela lui rappelait confusément quelqu'un. Un être qui lui faisait des signes flous, dans un recoin insondable de sa mémoire. Presque en silence, l'abbé parut glisser vers lui. Instinctivement, Antoine recula vers le mur. La vision de ce curé presque irréel creusa un abîme de malaise dans lequel vint tournoyer l'image des deux inspecteurs. Comme eux, l'être à la soutane paraissait onduler à la manière d'un revenant parmi les vivants. Une image sans corps, venue d'ailleurs.

« Je savais que vous passeriez par ici », dit simplement l'abbé.

Comme Antoine ne répondait pas, l'abbé continua de sa voix blanche :

« Je vous ai attendu, il y a quelques jours. Vous aviez pourtant reçu mon message, n'est-ce pas ?

— Qu'est-ce que vous me voulez ? coupa Antoine sur un ton tendu par un agacement croissant. Je suis pressé. »

L'abbé jeta un regard par-dessus son épaule, comme s'il avait peur qu'on surveille leur conversation.

« J'ai quelque chose à vous dire. Quelque chose de très important pour vous.

— Mais je ne vous ai jamais vu, protesta Antoine. Qui êtes-vous ?

— Cela n'a guère d'importance », répondit l'abbé en hochant la tête.

Il prit un temps avant d'ajouter :

« Je sais que vous avez des ennuis. »

Antoine releva la tête.

« Vous... vous avez entendu parler de mon histoire avec la Sécurité sociale ? »

L'abbé inconnu ferma les yeux en signe d'acquiescement.

« Et... vous avez déjà rencontré les deux inspecteurs ? continua Antoine, la gorge de plus en plus serrée.

— Je sais qui ils sont et surtout ce qu'ils veulent obtenir de vous.

— Quoi donc ? »

Une fois encore, l'abbé se retourna, l'air anxieux. Un frisson imperceptible circula sous les plis de sa soutane. Puis, comme s'il avait senti qu'une sourde menace rôdait dans l'air surchauffé, il vacilla d'une façon improbable et se mit à reculer lentement vers la muraille qui longeait l'église. Il ouvrit la bouche deux fois, sans parler. Enfin, sa voix sourde filtra vers les oreilles d'Antoine.

« Je ne peux pas vous parler maintenant. C'est... c'est trop dangereux. Mais ne vous inquiétez pas, je... »

À nouveau, son regard plongea au-delà du mur. Puis il releva son front plus pâle que jamais.

« Je... je reviendrai. Plus tard... »

Antoine regarda alors en contrebas, dans l'espoir d'apercevoir ce qui paraissait inquiéter tellement le curé. Mais au fond de la ruelle, il n'y avait rien ni personne.

Et au moment où il se retourna, l'abbé inconnu avait disparu, sans mouvement et sans bruit, comme englouti par la lumière.

19.

Les derniers mots du président résonnaient désagréablement dans les oreilles de Van Straten. Une fois de plus, il songea qu'il n'aurait jamais dû accepter un tel travail. Mais il était trop tard pour revenir en arrière.

« Moi aussi, j'espère que nous en finirons vite avec tout ça. Mais si vous le permettez, monsieur le Président, je ne suis pas tout à fait d'accord avec vous lorsque vous dites que Dirac est le seul responsable de ce qui lui arrive. Il me paraît important de bien comprendre qu'il est victime de l'accumulation de la sagesse comme de la sottise de plusieurs générations de nos plus brillants esprits. Presque tous remplis de bonnes intentions, à les entendre. »

Le président le regarda droit dans les yeux.

« Me croyez-vous rempli de bonnes intentions ? demanda-t-il avec un sourire énigmatique.

— Vous l'étiez au début de toute cette affaire. J'espère que vous l'êtes encore. En tout cas, si nous gagnons, j'ose penser que ce sera pour le bien de tous. »

Le président fit pivoter son siège pour regarder vers la ville qui s'étendait au loin, sous la fenêtre. Sa voix avait quelque chose de songeur lorsqu'il demanda :

« Êtes-vous bien certain de contrôler la situation, comme vous le dites ? »

Van Straten ne prit que le temps d'une profonde inspiration avant de dire :

« N'oubliez pas que là où il est, Dirac est en quelque sorte à l'abri de toute intervention directe de notre part. Nous n'avons aucun moyen de le forcer à faire ce qu'il ne veut pas. Sauf, bien entendu, à prendre le risque de bouleverser sa vie de fond en comble. Ce qui, à mon sens, aurait des effets désastreux.

— Je vous l'accorde, dit sèchement le président. Mais si Dirac refuse de parler, n'y a-t-il pas d'autres façons de retrouver cette fichue séquence de sécurité ? »

Van Straten secoua la tête.

« Impossible, monsieur le Président. J'ai cherché partout, y compris dans des fichiers secondaires, mais il n'y a rien. Dirac est le seul à connaître la séquence complète. Mais comme je vous l'ai déjà dit, je crois qu'il ne s'en souvient pas encore. »

Il y eut un bruit lorsque le fauteuil du président pivota à nouveau face au bureau.

« Tâchez de lui rafraîchir la mémoire. Dois-je vous répéter une fois de plus que je n'ai pas le temps d'attendre ?

— Ne préférez-vous pas employer la méthode douce avant d'en venir à des moyens… définitifs ? »

Le président ne répondit rien. Van Straten se rendit compte qu'il était seul à se poser cette question.

20.

Juliette et Antoine s'étaient mis en route depuis une demi-heure. Ils marchaient dans le soleil qui avançait du même pas. Bientôt, le chemin se mit à monter. Juliette qui, jusque-là, n'avait encore rien dit, déposa alors son sac de provisions et regarda Antoine.

« Roger faisait une drôle de tête, tout à l'heure, lorsque je lui ai dit que je partais avec toi. »

Antoine ne répondit rien. L'air épais n'apportait aucun bruit. Seules quelques mouches bourdonnaient au-dessus d'un hérisson écrasé. Ils restèrent un instant sans bouger dans le silence lourd de soleil.

« Antoine ! »

Il sursauta. Son cœur battait bêtement dans sa poitrine. Il leva les yeux vers Juliette.

« Sur le chemin des Juilles, poursuivit-elle, Roger m'a beaucoup parlé. Je crois que… »

Elle ne put achever sa phrase. Antoine s'était approché et, de sa main libre, saisit le sac resté à terre. Puis, il fit un signe de tête à Juliette.

« Viens, dit-il simplement. On a encore de la route à faire. »

Ils marchèrent longtemps en silence. Un silence qui était avec eux depuis ce matin. Son poids s'ajoutait à celui de la chaleur. Antoine laissait son regard dans la poussière du chemin, à quelques mètres seulement devant ses sandales.

Il pensait à son étrange rencontre avec le curé. Et puis, les quelques mots de Juliette à propos de Roger remuaient dans sa tête sans trouver leur place. Il l'observa à la dérobée. Son visage était tendu et elle paraissait fatiguée. Il s'arrêta brusquement pour demander :

« Tu veux qu'on se repose un peu ? »

Elle fit oui de la tête et aussitôt Antoine déposa ses sacs au pied d'un gros chêne qui surplombait le talus. Puis il s'allongea sur l'herbe, là où l'ombre avait gardé un peu de fraîcheur. Juliette hésita un court instant avant de s'asseoir à son tour.

« Tu es fâché ? »

Il ne s'était pas attendu à cette question. Il coupa la tige d'une herbe qu'il mit entre ses dents. Ça l'aiderait peut-être à parler plus facilement.

« Pourquoi veux-tu que je sois fâché ? »

Elle haussa les épaules.

« Je ne sais pas. Tu n'as pas dit un mot depuis qu'on est partis du village. »

Mais Antoine n'écoutait plus. Le visage tendu, il regardait par-dessus l'épaule de Juliette. Sur la gauche, à trois ou quatre mètres, quelque chose glissait dans l'herbe. Ensemble, ils tournèrent la tête.

Ça se rapprochait doucement.

Antoine se mit brusquement debout et ramassa une pierre au bord du chemin.

« Qu'est-ce que c'est ? » demanda Juliette, la voix blanche.

Il lui fit signe de se taire. Après un instant d'hésitation, il s'avança doucement vers l'endroit où l'herbe remuait. Encore un pas, puis il s'arrêta à nouveau.

« Une vipère, dit-il à voix basse. Ne bouge pas. »

Le serpent était immobile. Antoine voyait seulement la tête triangulaire. Le corps était enroulé derrière une grosse pierre.

Il retint sa respiration tandis que son bras se levait lentement, lentement. Puis, soudain, la pierre vola de sa main droite avant de claquer contre le rocher à fleur de terre.

Le serpent se détendit brusquement avant de se tordre et de s'enrouler sur lui-même, la tête à demi écrasée par le jet de pierre. Quelques secondes plus tard, l'animal se raidit, montrant son ventre clair. Seul le bout de sa queue continuait de remuer faiblement.

Antoine revint alors vers le chêne, cassa une branche morte qui pendait à sa hauteur, puis fit quelques pas vers le serpent et le souleva avec son bâton. Après avoir observé le long corps qui pendait lourdement de la branche, il projeta le cadavre derrière le talus, aussi loin que possible. Enfin, il revint s'asseoir près de Juliette. Elle n'avait pas bougé. Ses pommettes étaient rouges et ses yeux reflétaient encore un reste de peur. Désignant du bout du menton l'endroit où il avait jeté la vipère, Antoine dit :

« Elles deviennent mauvaises avec ces chaleurs. Il faudra te méfier quand tu t'éloigneras de la maison. Regarde toujours où tu mets les pieds, surtout dans l'herbe haute.

— Quand j'étais petite, j'ai failli me faire piquer par une vipère aspic, dans une vigne. Depuis, je fais attention. »

Antoine arracha un autre brin d'herbe qu'il se mit à mâcher, doucement. Puis le silence retomba sur eux. Il faisait trop chaud pour parler. Tout, d'ailleurs, semblait se taire peu à peu. Jusqu'aux courtilières qui chantaient moins fort dans la chaleur.

À présent, Antoine évitait de bouger. Simplement, de temps à autre, derrière ses paupières mi-closes, son regard se posait sur Juliette, sur son visage, sur son corps à demi allongé dans l'herbe. À mesure que les minutes les enveloppaient de chaleur et de silence, quelque chose grandissait dans la gorge d'Antoine. Le sentiment d'irritation l'avait quitté en même temps qu'il projetait la pierre sur la tête de la vipère ; et à présent, ce qu'il sentait au fond de lui, c'était une espèce de fièvre, quelque chose qui remuait avec Juliette, à chacun de ses gestes, au rythme de sa respiration. À un moment, ses yeux se fixèrent sur le genou gauche de la jeune fille. Une petite cicatrice remontait vers l'intérieur de la cuisse pour disparaître sous les plis de la robe. Pour dire quelque chose, Antoine demanda :

« Qu'est-ce que tu t'es fait au genou ?

— Oh ! ça, c'est un vieux souvenir, dit-elle en souriant. Un soir en rentrant de l'école, je suis tombée de vélo. »

Les doigts de Juliette effleurèrent la cicatrice. Antoine regardait ses mains longues et lisses, un peu rouges. Elle portait une blouse à manches courtes, largement ouverte dans le dos. Chaque fois qu'elle bougeait son visage, une mèche folle, échappée de sa chevelure relevée sur la nuque, venait caresser le bas de son cou. À cet instant, tout était lumière, chaleur, silence ; et dans l'air irréel, à peine entre eux, Antoine et Juliette se regardaient, sans rien dire.

Et puis, un geste se mit à grandir rapidement. Antoine venait de lever la main vers l'épaule de la jeune fille. Rendus à leur force première, ses doigts s'étaient alors refermés sur la nuque de Juliette pour l'attirer vers lui. Elle respira un peu plus fort et se laissa aller, la tête légèrement penchée en avant. Au moment où leurs lèvres se touchèrent, Antoine ferma les yeux et se laissa emporter par le goût de ce premier baiser. La bouche de Juliette était douce, à la fois ferme et souple ; il l'embrassa longtemps, sans pouvoir se détacher d'elle ; chaque fois qu'il allait s'éloigner, elle le reprenait de ses lèvres, de son souffle, de ses yeux bleus qui, parfois, s'ouvraient tout près des siens.

Soudain, elle repoussa Antoine et se redressa sur un coude.

« Qu'est-ce qu'il y a ? demanda Antoine, vaguement inquiet.

— Je ne sais pas. J'ai entendu du bruit. Quelqu'un vient par ici. » Un bruit de pas montait dans l'air, par-dessus les herbes du chemin. Bientôt, une silhouette troua le ciel bleu, juste à la hauteur du chêne. Antoine plissa les yeux dans le soleil et immédiatement, ses muscles se contractèrent. Il venait de reconnaître Roger. Ce dernier les regardait avec un mauvais sourire sur les lèvres.

« Alors, on se repose ? » dit-il en s'adressant à Juliette.

Comme elle ne répondait pas, Roger continua :

« C'est pour ça que tu es partie sans m'attendre ?

— Ça ne te regarde pas ! » répondit-elle. Sa voix était chargée de colère.

« Oh ! que si, ça me regarde. N'oublie pas que c'est moi qui t'ai fait venir à la Julian. Et pas pour que tu fricotes avec l'ouvrier de la maison. »

À ces mots, Antoine se leva brusquement. Ses muscles étaient parcourus de frémissements, et il avait envie de se jeter sur cet imbécile de Roger.

« Juliette voit qui elle veut, quand elle veut. C'est pas toi qui vas lui faire la morale. C'est compris ? »

Roger avait fait un pas en avant. Son regard était trouble.

« Tu crois que j'ai les yeux à la poche, peut-être ? Ça fait des semaines que tu lui tournes autour.

— Et alors ?

— Alors, ça me plaît pas ! » bégaya Roger. Il essuya ses lèvres d'où venait de s'échapper un mince filet de salive.

Puis tout alla très vite. D'un coup, Antoine se sentit le souffle coupé. Ployé en deux, il tomba sur les genoux, posa les mains sur le sol et resta la bouche ouverte, cherchant l'air qui ne venait pas. Roger venait de le frapper en pleine poitrine. Déjà il se préparait à cogner de nouveau, quand Antoine roula sur le côté pour esquiver le coup.

« Rien que pour ça, je vais te casser la gueule », grinça Antoine entre ses dents.

Il se releva brusquement et se jeta sur son adversaire. Il frappa et frappa encore. Roger s'était baissé, un coude devant le visage. Il avait reculé jusqu'à toucher le chêne de l'épaule. Antoine hésita un instant, puis, comme il allait baisser les bras, l'autre se redressa et se mit à cogner comme une brute.

Surpris, Antoine ne put éviter les coups. Il reçut un premier choc sur la joue, voulut se protéger, mais ne put esquiver un coup terrible. Un grand bruit, comme si sa tête avait éclaté. Il fit trois pas en arrière. Des taches de lumière voltigeaient devant ses yeux. Cette fois, la rage venait d'entrer dans ses muscles. Il bondit sur Roger qui reculait, la peur dans les yeux. Sans mesurer sa force, il lui allongea un direct en pleine figure. Roger tomba en arrière, portant ses deux mains sur le nez. L'instant d'après, d'abondants filets de sang coulaient entre ses doigts avant de goutter dans l'herbe. Reprenant son souffle, Antoine s'approcha.

« Cette fois, j'espère que tu as compris, dit-il d'une voix dure. Ne viens plus jamais nous emmerder, ni moi, ni Juliette. »

Le visage très pâle, elle s'était approchée de Roger, comme pour lui venir en aide. Mais il la repoussa aussitôt en criant :

« Fous-moi la paix, salope ! Tu vaux pas mieux que lui. »

Déjà, Antoine avait ramassé les sacs de provisions.

« Allez, viens, fit-il à la jeune fille. Il est soûl comme une vache mais il retrouvera bien le chemin de la maison. »

Prenant la jeune fille par le bras, il l'entraîna derrière lui. Bientôt, ils disparurent sur le sentier qui descendait vers la Julian.

21.

Vers quatre heures, Roger était entré dans la cuisine, un peu de sang séché sur sa moustache. À sa mère qui s'inquiétait, il avait simplement répondu qu'il s'était cogné contre une porte. Puis il était monté s'enfermer dans sa chambre. Pour tuer le temps, Antoine avait fait quelques bricoles dans la cour : ranger les outils dans le hangar, donner quelques coups de bêche sur le chiendent qui poussait près du puits, nettoyer l'abreuvoir ; c'était ce qu'on faisait le dimanche, quand le grand travail ne vous pressait pas.

Et puis, le soir était venu, doucement. Pendant le souper, Roger n'avait pas desserré les dents, se contentant de jeter des regards noirs à Antoine et à Juliette. Sitôt son café terminé, il s'était levé pour disparaître dans sa chambre sans dire bonsoir à personne.

Quand Antoine se leva à son tour pour aider la patronne et Juliette à débarrasser la table, celle-ci profita d'un instant où ils étaient seuls près de l'évier pour lui murmurer :

« On pourrait se retrouver tout à l'heure, dehors, près du hangar.

— D'accord, souffla-t-il. J'y serai dans une demi-heure. »

Dès qu'il fut dehors, la chaleur du jour, encore accroupie sur le sol, lui sauta au visage. Il n'y avait pas de lune, mais le ciel plein d'étoiles versait partout une lumière diffuse. Arrivé près du hangar, il s'assit dans l'herbe et attendit. Un grillon chantait fort près de la haie et, plus loin, vers l'étang, des grenouilles coassaient à pleine gorge.

Il faillit sursauter lorsqu'il entendit la voix de Juliette derrière lui.

« Avec ce noir, j'ai failli te tomber dessus », dit-elle en riant.

Il se leva et l'entraîna par le bras.

« Viens, dit-il. On va monter jusqu'à la lisière du bois. Là-haut, on sera tranquilles. Le patron a souvent l'habitude de sortir dans la cour, pour promener la chienne. Il ne faut pas qu'il nous trouve ici. »

D'abord, il fallait passer par le chemin des ronciers, long d'une centaine de mètres. La haie était tellement épaisse, formant une voûte, que la nuit y était presque totale. Dans ce tunnel de verdure, Antoine chercha à tâtons l'entrée du sentier qui montait vers le bois. L'ayant trouvé, il fit une pause. Juliette s'avança tout près et murmura :

« C'est le sentier ?

— Oui. »

Ils quittèrent la voûte d'ombre pour marcher dans l'herbe haute. Chaque fois qu'il s'arrêtait, Antoine sentait dans sa nuque le souffle rapide de la jeune fille.

À plusieurs reprises, des moineaux s'envolèrent. Chaque fois, Juliette sursautait. Puis ils débouchèrent enfin au sommet du coteau. D'ici, on ne voyait plus la maison.

Ils s'allongèrent dans l'herbe, sans parler. Avec le bois, derrière eux, le silence était plus profond ; on entendait à peine le chant des grenouilles, près de l'étang. Et les grillons crissaient moins fort dans l'herbe. Maintenant, ils étaient presque face à face. Antoine sentait sur son visage le souffle de la jeune fille et contre son corps, sa chaleur, qui montait vers lui, doucement. Il avait posé sa main sur l'épaule de Juliette. Soudain, elle se tourna vers lui et le serra très fort.

Ce fut elle qui l'embrassa. Longtemps. Antoine fut à peine conscient du souffle d'air qui se mit à agiter la haie, derrière eux. Il ne sentait que le corps de Juliette contre le sien. Sa poitrine était chaude, gonflée. Leurs lèvres continuaient à se chercher, jusqu'à perdre le souffle. Doucement, il renversa Juliette jusqu'à ce que ses cheveux viennent se mêler à l'herbe haute ; sa main droite glissa sur les hanches de la jeune fille, jusqu'au genou. Elle avait une peau lisse, très douce ; il laissa ses doigts remonter le long de ses cuisses dont la chair se contractait, chaude et légèrement moite. Cette peau n'avait plus de limite. Elle était ronde, elle allait vers l'infini. Les yeux fermés, Juliette se laissait faire, le visage renversé en arrière dans la lueur des étoiles, ses bras serrant la nuque d'Antoine. Doucement, elle entrait dans le désir, comme en dormant, sans regarder devant elle.

Antoine défit sa chemise et la laissa tomber sur le côté. Il était en sueur. Tout son être était en avant de lui-même, emporté par la fièvre déferlante ; seul son corps était encore là, dans l'herbe, hésitant et presque maladroit. Sur ses bras nus, ses épaules, les herbes sèches piquaient en se cassant, mais il les sentait à peine. L'air était devenu immobile, intense, vibrant.

À présent, Juliette le regarde de toutes ses forces. La nuit les serre l'un contre l'autre. Lentement, il la déshabille ; elle ne connaît plus que cette main qui frôle sa chair, la fait frissonner ; elle devient quelqu'un d'autre qu'elle ne connaît pas encore, une femme, peut-être, dans laquelle elle vient d'entrer sans le savoir. Le vertige tourne de plus en plus vite dans son corps nu ; elle parle ou elle gémit, elle approche sa bouche de l'oreille d'Antoine, et elle dit son nom très doucement, presque sans voix. Leurs souffles se touchent, et il entend distinctement les battements de son sang. Il pèse sur la jeune fille de tout son poids ; il enveloppe son corps du sien, serre sa chair si fort sur ses hanches, ses reins, qu'elle s'arrête un instant de respirer.

Puis elle crie lorsqu'il vient en elle, au fond d'elle, très loin dans son corps. Elle est chaude, très fluide maintenant, presque liquide. Elle crie encore, si fort qu'elle envoie les ondes de son souffle jusqu'à l'intérieur du corps. Lui, il va crier aussi, lorsqu'il est emporté à l'intérieur des cuisses de la jeune fille, comme arraché à sa propre chair, sans pouvoir rien faire.

Alors le sang reflue sous la peau, la chair se vide. Ils restent là, sans bouger, sans force, pendant un long moment, à écouter la nuit, à la sentir mêlée à leurs corps ouverts.

Puis Antoine recule loin d'elle. Il s'assied dans l'herbe et la regarde. Elle est encore couchée, les bras le long de son corps toujours nu.

« C'était la première fois ? »

Elle ne répond pas tout de suite. Sa voix est derrière sa gorge lorsqu'elle murmure :

« Oui.

— Pourquoi tu ne m'as rien dit ?

— Je voulais que ça arrive. Avec toi. »

Il se penche vers elle, l'embrasse. Et il lui tient la main longtemps, sans parler.

À cet instant, l'air de la nuit est transparent, léger, presque buvable. Antoine respire un grand coup. C'est comme plonger la tête la première dans une eau fraîche, après avoir eu très chaud. Juliette s'est assise. Elle a rassemblé ses habits et, sans se presser, a recouvert son corps. Ensemble, ils restent dans cette nuit, en se tenant très fort par la main. De loin en loin, dans les collines, les sifflements aigus des grillons circulent, se parlent en tourbillons sonores.

Enfin, après l'avoir embrassée encore une fois, entre l'oreille et ses cheveux défaits, il dit simplement à Juliette :

« Viens, il faut rentrer. »

Alors ils sont partis, comme deux ombres serrées l'une contre l'autre, à peine plus claires que la nuit étoilée.

22.

Le président pénétra dans la salle d'un pas vif, plein d'une odieuse assurance, et Van Straten qui travaillait dans un silence presque parfait ressentit un brusque frisson d'inquiétude.

« Nous sommes donc bientôt au bout ? interrogea le président, tout de go.

— Au bout ? » répéta Van Straten interdit.

Le président fit un clin d'œil et s'écarta pour laisser passer un petit homme de forte corpulence qui se dandinait sans avoir l'air d'avancer. Rapidement, le président enchaîna :

« Monsieur le Premier Secrétaire, je vous présente Van Straten, responsable technique de toute l'opération. Grâce à lui, nous sommes sur le point de réussir. »

Van Straten se leva pour saluer celui qu'il venait de reconnaître. Gortchev, le Premier Secrétaire en personne. Ce dernier le dévisageait en clignant les yeux, et dit d'une voix presque fluette :

« Je suis heureux de vous rencontrer. Et aussi de vous féliciter pour votre travail. »

Van Straten parcourut la salle du regard, cherchant désespérément de l'aide. Il fallait que l'enjeu fût encore plus grand qu'il ne l'imaginait pour que le président mente à ce point au Premier Secrétaire.

« Je… heu… je vous remercie, monsieur le Premier Secrétaire. Toutefois, nous n'avons pas…

— Van Straten est un homme modeste, interrompit brusquement le président. Le temps de rédiger le rapport final, et je vous promets que d'ici la fin de la semaine, l'ensemble du dossier sera sur votre bureau. »

Gortchev eut un sourire qui souleva les plis de ses joues. Il avait déjà ouvert la bouche pour poser une question, mais le président le prit doucement par le bras pour l'entraîner vers la sortie en disant :

« Votre temps est précieux, monsieur le Premier Secrétaire. Et puis, nous devons laisser Van Straten terminer son travail. Allons à mon bureau, je vais tout vous raconter. »

Resté seul, Van Straten retira un paquet de cigarettes de sa cachette habituelle, juste entre un fichier et le mur. Il ne fumait presque jamais, tant sa femme tiquait. Chaque fois qu'il partait de chez lui, il s'arrêtait au distributeur pour acheter un paquet, un seul, qu'il glissait dans sa poche. Dès qu'il entrait dans la salle de travail, il plaçait toujours le paquet dans la même niche pour ne plus y toucher jusqu'à son départ. Alors, il reprenait le paquet et le jetait dans la rue, sans même l'avoir ouvert.

Mais aujourd'hui, il en fumerait une. Il déchira le papier, retira une cigarette, la caressa comme il l'aurait fait d'un havane de grand prix, la tapa deux fois sur les documents ultrasecrets posés devant lui et craqua une allumette. Il tira une profonde bouffée et se laissa retomber sur son siège.

Pourquoi diable le président avait-il monté toute cette mise en scène auprès de Gortchev ? S'agissait-il d'une manœuvre pour précipiter une réunion extraordinaire du conseil ? C'était dangereux. Tant que Dirac s'obstinerait à ne rien dire, il était inutile de presser les choses.

D'un geste sec, Van Straten éteignit sa cigarette et se leva pour rejoindre son pupitre de travail.

Il était temps de préparer leur deuxième visite à Dirac.

23.

Dans sa chambre aux volets clos, Antoine étouffait. Il lui semblait que tout le poids du jour était là, tapi sous son lit, en ondes de chaleur immobile et poisseuse. Dehors aussi, il faisait chaud, mais c'était une chaleur plus légère, une chaleur vivante qui avait le goût de l'herbe, le parfum des fleurs de nuit, l'éclat des étoiles ; ce n'était pas cette chaleur engourdie dans les murs, qui sentait la sueur et la fatigue.

N'y tenant plus, il repoussa presque brutalement ses draps et se dirigea vers la fenêtre. Dès qu'il ouvrit les volets, une bouffée d'air frais caressa son visage. La nuit était très noire, et on n'entendait que le chant des grillons qui montait de terre, partout et nulle part.

Il tendit l'oreille pour mieux se faire aux bruits de la nuit. Très loin, près de l'étang, il entendait les grenouilles qui, elles aussi, chantaient l'été et ses premières chaleurs ; et puis, encore plus loin, sans doute au fond de la forêt des Juilles, un chat-huant donnait sa voix nocturne à celui qui aurait la chance de l'entendre, au veilleur de minuit.

À présent, Antoine se sentait mieux. Il referma les volets et se dirigea à tâtons vers son lit.

Quelques minutes plus tard, la nuit du dehors encore dans sa poitrine, il s'endormit profondément.

Le matin n'était même pas en marche, lorsque Antoine s'éveilla en criant. Fébrilement, il tira sur la ficelle qui pendait au-dessus de son lit et alluma la lumière.

Il venait de faire un cauchemar.

Jamais il n'avait éprouvé une angoisse aussi profonde pendant un rêve, une angoisse qui, maintenant qu'il était éveillé, se faisait de plus en plus forte.

Il se souvenait en particulier d'une scène au cours de laquelle il s'était vu lui-même, mais beaucoup plus vieux, habillé d'un costume très élégant, en train de faire quelque chose devant une incroyable machine recouverte de boutons, de voyants lumineux, d'écrans et de leviers incompréhensibles. Il était occupé à expliquer à d'autres gens, vêtus comme lui, quelque chose de très important à propos de cette machine, comme s'il en *connaissait* le fonctionnement.

Mais il y avait pire encore.

La majeure partie de ce cauchemar s'organisait, avec une étrange cohérence, autour d'une séquence chiffrée ultrasecrète dont dépendait rien de moins que la sécurité de l'ensemble du monde.

À mesure que les minutes passaient, le rêve devenait de plus en plus flou, mais Antoine se rappelait que cette séquence chiffrée avait une relation étroite avec l'étrange machine de la scène précédente ; par ailleurs, il était le seul homme sur terre à connaître ce secret et des pays entiers se disputaient âprement pour le lui arracher.

Et il avait peur.

Car la fameuse séquence commençait par les chiffres 40 08 32… dans lesquels il reconnaissait son numéro de Sécurité sociale.

Or, si son rêve s'effaçait lentement de sa mémoire, il y avait une chose qui s'obstinait à demeurer dans sa conscience avec une effroyable clarté : la séquence complète.

Rapidement, il se leva et ouvrit le tiroir de la petite table pour saisir une feuille de papier et un crayon à mine. Sans même prendre la peine de s'asseoir, il commença fébrilement à noter une longue série de signes qui venaient d'eux-mêmes sous ses doigts, sans qu'il puisse les interpréter.

Au bout d'une minute, il reposa le crayon et relut ce que sa propre main, avait écrit sans la moindre hésitation : « 400832/ sin 4 100 S Ross/AM/ADM (90004) (LA). »

Cela ne voulait rien dire. Un éclair. Le souvenir des chiffres sur la lame de la faucheuse, l'autre jour : étaient-ce les mêmes ?

Il s'assit sur le lit pour réfléchir. Huit jours auparavant, les deux inspecteurs lui avaient dit qu'il finirait tôt ou tard par se souvenir de ce qu'ils appelaient « la séquence de sécurité » ; et ils avaient ajouté qu'il devrait alors la leur communiquer, dès qu'ils seraient de retour. Apparemment, tout ceci n'avait aucun sens, mais il sentait confusément que ce que les deux hommes cherchaient était là, entre ses doigts. Et sans savoir pourquoi, il avait l'impression que dès qu'ils seraient en possession du morceau de papier, des catastrophes épouvantables allaient suivre. Le curé l'avait d'ailleurs répété plusieurs fois. Et sans savoir pourquoi, il le croyait.

Aussi, après avoir réfléchi encore une minute ou deux, se dirigea-t-il vers la fenêtre qu'il ouvrit en grand dans la nuit noire.

Au même moment, une porte grinça dans la cour.

Antoine se précipita vers son lit et éteignit la lumière. Puis il revint sur la pointe des pieds à la fenêtre et se pencha aussi loin qu'il put afin de voir s'il y avait de la lumière à la cuisine.

Rien. Les carreaux étaient obscurs.

À cet instant, juste au-dessous de sa fenêtre, la porte de la remise s'ouvrit, laissant une tache claire.

C'était Folette, la chienne, qui s'en allait flairer l'herbe du petit matin. Dès qu'elle l'aperçut, penché à la fenêtre, elle poussa deux ou trois jappements de plaisir avant de retourner dans la remise.

Un sourire aux lèvres, Antoine tâtonna de sa main droite la petite portion de mur qui se trouvait juste au-dessous des volets. Là, il y avait un trou dans lequel, autrefois, il cachait ses bonbons ; le vieux lui interdisait alors « d'avaler ces saloperies qui font mal aux dents et à l'estomac ».

Il trouva presque immédiatement la petite pierre qui dissimulait l'orifice de la cachette. Puis, après avoir plié son papier en quatre, il le fourra dans le trou et remit le caillou en place.

Un frisson courut le long de son dos. C'était comme dans le rêve de tout à l'heure. Il était seul à détenir un secret dont dépendait quelque chose de grave. Il ignorait ce que c'était, mais à présent, il avait la certitude qu'il ne devait pas donner le papier aux deux hommes.

Antoine jeta un coup d'œil vers le levant. Il faisait encore très noir, mais déjà l'air n'avait plus l'odeur profonde de la nuit. Un parfum subtil, fait de rosée et de terre mouillée, annonçait le matin.

D'un geste sec, il ralluma la lumière. Il enfila son pantalon de toile bleue, mais resta torse nu pour faire sa toilette. Après s'être lavé et rasé le visage, il passa une chemise à manches courtes et quitta sa chambre.

Dans la cuisine, le feu était éteint. Antoine alluma la lumière et regarda la pendule : quatre heures moins dix. La patronne ne descendrait pas avant une bonne heure. Rapidement, il ramassa une poignée de sarments et fit du feu pour chauffer l'eau du café.

Pendant que la bouilloire chantait sous la flamme claire, Antoine se laissa aller à réfléchir aux événements de ces derniers jours.

D'abord, il y avait eu le patron, avec sa question apparemment banale concernant son numéro de Sécurité sociale. Et puis les deux inspecteurs, qui avaient ouvertement cherché à l'intimider pour obtenir le fameux numéro. Enfin, il y avait eu ses rêves incompréhensibles dans lesquels il était seul à détenir le secret d'une séquence chiffrée dont dépendait la paix du monde entier.

Tout cela paraissait grotesque, mais Antoine sentait une cohérence derrière ces événements épars. Et surtout, il avait l'obscure certitude qu'il était au centre de tout cela, qu'il en constituait en quelque sorte la clef de voûte.

Après avoir bu son café, il mit son béret et sortit par la porte qui donnait sur la cour. Il avait presque atteint l'étable lorsqu'il aperçut une ombre remuer sur le mur, juste à côté de la porte.

« Qui est là ? » lança-t-il à voix forte.

L'ombre vint à sa rencontre.

« Ne vous inquiétez pas, monsieur Dirac, fit une voix d'homme. Je vous avais dit que je reviendrais. »

Antoine alluma son briquet. À la lumière tremblante de la flamme, il reconnut le visage blême d'un des inspecteurs qui lui avaient rendu visite quelques jours auparavant.

« Qu'est-ce que vous voulez ? demanda-t-il brusquement.

— Vous le savez bien », répondit l'homme, une nuance de sarcasme dans la voix.

Antoine sentit son sang lui monter au visage.

« Non mais, des fois, vous avez vu l'heure qu'il est ? »

L'homme parut décontenancé. Il hésita avant de répondre en cherchant ses mots :

« Vous voulez parler du fait qu'il fait encore *nuit* chez vous ? C'est que... pardonnez-nous, mais... nous travaillons sans discontinuer, chez nous. Nous ne... savions pas qu'il ferait encore nuit lorsque nous arriverions ici. »

Antoine resta bouche bée. Quelque chose dans la voix de l'homme lui disait qu'il était sincère.

« Vous voulez dire que vous ne *saviez* pas qu'il faisait encore nuit ? »

L'homme fourra les mains dans les poches de son manteau. Sa voix avait retrouvé toute son assurance lorsqu'il répondit :

« Laissons cela, voulez-vous ? Une seule chose compte, c'est que vous me donniez la séquence de sécurité. »

Antoine éteignit son briquet et le serra dans le creux de sa paume. Il avait une furieuse envie d'envoyer un solide coup de poing dans la mâchoire blême de l'inconnu.

« Vous voulez parler de mon numéro de Sécurité sociale ? »

L'homme haussa les épaules.

« Appelez ça comme vous voudrez. »

Antoine se sentit mal à l'aise. L'homme ne semblait attacher aucune importance à ce qu'il venait de dire. Il regarda autour de lui, avant de lâcher, l'air admiratif :

« Je dois admettre que la Julian est un endroit parfait. Pas étonnant que vous vous sentiez bien ici. Quelle complexité ! Je ne pensais pas qu'il aurait à ce point réussi à vous donner... »

Brusquement, l'homme se tut, comme s'il était sur le point d'en dire trop. Il revint vers Antoine et lança d'une voix qui se voulait conciliante

« Allons, monsieur Dirac, finissons-en. Plus vite vous me donnerez la séquence, plus vite vous pourrez tranquillement... travailler vos champs.

— Je ne sais pas qui vous êtes, et encore moins ce que vous voulez, grinça Antoine entre ses dents. Vous avez peut-être réussi à impressionner le patron, mais à moi, vous ne me faites pas peur. Et vous allez déguerpir en vitesse, sinon... »

L'homme émit un petit rire désabusé.

« Il vous reste encore pas mal de choses à découvrir, monsieur Dirac. Je vous conseille par exemple de faire une petite promenade, en marchant droit devant vous, pendant une heure ou deux. Lorsque vous reviendrez ici, je suis sûr que vous serez plus raisonnable. »

Antoine haussa les épaules sans répondre.

« N'oubliez pas de suivre mon conseil », ajouta l'étranger avant de se diriger vers le chemin.

Il avait presque disparu dans la nuit lorsqu'il lança d'une voix forte :

« Et soyez sûr que je reviendrai vous voir bientôt ! »

Resté seul, Antoine tendit l'oreille dans l'espoir d'entendre le bruit de la voiture dans laquelle serait monté l'étranger.

Mais rien. Rien que le silence du tout petit matin, à peine troublé par le frémissement des feuilles dans les arbres. La Julian était isolée de tout. D'où venait donc l'inspecteur ? Voyageait-il à pied, en pleine nuit, pour venir jusqu'ici lui poser des questions qui n'avaient ni queue ni tête ?

Il aurait bien voulu se persuader que l'étranger était fou. Mais quelque chose d'irrépressible lui disait en même temps que ce n'était pas le cas, que c'était peut-être lui qui était en train de perdre la tête.

Il leva les yeux vers la forêt des Juilles et vit que les étoiles se fondaient déjà dans la brume pâle de l'aube. Il respira profondément, jusqu'à sentir la première lueur du matin au fond de sa poitrine. Des gouttes de sueur tombaient de son front, roulaient sur ses joues, laissant au bord de ses lèvres un léger goût de sel.

Il avait peur. À pas lents, comme si ses muscles s'étaient vidés de leur force, il marcha vers l'étable. Au moment où il ouvrit la porte, la Rousse lui dit bonjour à sa façon, en poussant un long beuglement.

Immédiatement, toutes les vaches reprirent ce premier cri et l'étable fut bientôt agitée d'une vie joyeuse que rien, dans le silence qui précédait, n'aurait pu laisser deviner.

24.

La traite était presque terminée lorsque la porte s'ouvrit en grinçant. C'était le patron qui entrait, accompagné du vieux Pellaroque.

« Tu t'es levé avant tout le monde, ce matin, bougonna le patron.

— T'en fais pas, va, reprit Pellaroque de sa voix rocailleuse. Quand j'étais jeune, je me levais toujours deux heures devant le soleil. »

Le patron ne répondit pas. À voir ses yeux, Antoine savait qu'il était contrarié de ne pas avoir participé au travail de l'étable, comme si la litière ne pouvait être vraiment bien faite que par lui. Aussi Antoine ne put-il réprimer un léger sourire lorsqu'il vit que le patron s'emparait d'une fourche pour donner de la pointe, ici ou là, ramassant un brin de paille tombé dans la rigole, égalisant un peu plus loin la couche sous les râteliers, etc. Le vieux ne serait pas content avant d'avoir donné la touche finale au travail déjà fait.

Après le petit déjeuner, ils étaient tous les trois repartis vers l'étable. Antoine avait regretté que Juliette ne soit pas encore levée ; à la voir, simplement, il aurait eu plus de courage pour attaquer la longue journée de fauche qui les attendait au pré des Charmilles. Et puis, peut-être qu'elle l'aurait aidé à chasser le souvenir de sa rencontre du matin, avec l'inspecteur.

Ses pensées se promenaient mais le vieux poussa soudain un coup de gueule.

« Qu'est-ce que tu fous, nom de Dieu ! Fais reculer la Rousse ! »

D'une petite tape sur le front, Antoine plaça la Rousse à bonne hauteur du joug déjà sanglé au cou de Blérotte, une bonne travailleuse elle aussi. Quand ils eurent terminé de joindre les deux vaches, le patron passa devant, un bâton à la main, docilement suivi par l'attelage.

Arrivés devant le hangar, le patron fit reculer la paire vers la faucheuse, jusqu'à ce que le timon soit placé entre les flancs des bêtes ; puis, aidé d'Antoine et de Pellaroque, il fit passer le bout du timon dans l'anneau de corde tressée qui était fixé au joug. Alors seulement, il glissa une longue cheville de bois dans l'orifice de garde, jusqu'à ce que les deux extrémités passent devant l'anneau. D'un geste sûr, il renouvela l'opération avec une deuxième cheville qui, cette fois, passait derrière l'anneau.

La faucheuse était attelée.

Comme s'il venait de lui donner une leçon de savoir-faire, le patron leva un sourcil malin vers Antoine, puis il sortit sa blague à tabac pour rouler sa première cigarette du matin. Un mince filet de fumée bleue se mêla bientôt aux brumes qui montaient du sol encore endormi.

Antoine fit deux pas de côté et regarda vers le chemin. Cette cigarette venait de le mettre mal à l'aise. L'angoisse était montée vers lui en même temps que la première bouffée, à peine palpable, mais pourtant là, partout et nulle part à la fois. Il fit encore deux pas dans le chemin, jusqu'à laisser l'odeur de la fumée derrière lui. La vraie dimension de cette angoisse était insaisissable ; elle le prenait presque malgré lui, sans dire son origine ; elle était le signe de quelque chose d'incompréhensible et pourtant de mystérieusement familier, comme si la pointe brûlante de la cigarette était liée à un mauvais souvenir, perdu très loin dans la mémoire.

Pour penser à autre chose, il saisit son bâton, donna un coup sec sur le joug, et l'attelage se mit en route.

Les vaches allaient de leur pas, sûr et régulier. C'était la Rousse qui commandait le mouvement ; Blérotte, quant à elle, se contentait de suivre. De temps en temps, quand l'attelage ralentissait sa marche, il fallait donner un petit coup sec sur le joug et la Rousse comprenait, accélérant aussitôt le train.

« C'est pas le soleil qui va manquer aujourd'hui, dit le vieux Pellaroque.

— Tu vas t'en plaindre, non ? » répondit le patron en riant.

Il s'arrêta un instant pour rallumer le mégot de sa cigarette et lança à Antoine :

« Eh ! petit, tu entends ? Les vieux, c'est comme le mauvais temps. Toujours à grogner quelque part. »

Pellaroque rit dans sa moustache et leva la tête pour faire un clin d'œil à Antoine. Son bâton de marche faisait un bruit régulier sur la terre sèche.

Le soleil était déjà bien au-dessus des collines lorsqu'ils arrivèrent devant le passage qui donnait sur le pré bordé par une grande haie d'aubépines. Doucement, en veillant à ce que le porte-lame de la faucheuse ne se prenne pas dans les ronces, le patron fit avancer l'attelage. Puis il posa son bâton à terre, la pointe reposant contre le joug. Les vaches ne bougeraient plus tant que le bâton serait là.

Rapidement, ils abaissèrent le porte-lame et Antoine prit place sur le siège de la faucheuse. D'un coup de pied précis, il repoussa le petit levier qui embrayait la bielle solidaire de la barre de coupe ; désormais, à chaque tour de roue, la lame serait actionnée d'un rapide va-et-vient et chacun des trente-six couteaux trancherait dans son logement.

Pellaroque fit un signe de tête au patron qui attendait devant les vaches, puis la faucheuse s'ébranla en grinçant.

D'abord, il fallait faire deux tours à contresens, la pointe de la lame contre la haie, de façon à s'ouvrir un passage dans l'herbe haute. Ça venait bien. L'herbe n'était ni trop humide, ni trop sèche et elle se laissait couper sans bourrer le porte-lame.

Au bout du deuxième tour, la largeur du passage était suffisante pour permettre à la faucheuse de prendre le pré dans le bon sens. Docilement, l'attelage fit demi-tour, tandis que la pointe de la lame venait attaquer l'herbe haute qui se couchait derrière la faucheuse comme tranchée par une force rampante et invisible.

Juché sur son siège, Antoine n'avait pas grand-chose à faire, sinon surveiller le porte-lame afin d'éviter qu'il ne se bourre avec quelques touffes d'herbes trop épaisses. Mais comme le pré était tendre, il se laissait aller à la coupe, sous le pas régulier de la Rousse. De temps en temps, des effluves d'herbe coupée montaient jusqu'au nez d'Antoine en mille parfums subtils. Il y avait de tout dans cette odeur : celle de la rosée, des fleurs, de la terre, celle du matin et du soir, de l'été et du soleil.

Ils venaient à peine d'attaquer le dixième tour lorsque le patron, qui guidait l'attelage, mit son bâton en terre. Immédiatement, la faucheuse s'arrêta. Assis à l'ombre de la haie, Pellaroque s'était levé en gémissant pour rejoindre l'attelage.

« Pourquoi tu arrêtes ? » demanda-t-il au patron.

Sans bouger, celui-ci regardait avec insistance vers le passage. Deux silhouettes sombres avançaient à grandes enjambées vers eux. À leur démarche, on voyait tout de suite que ces visiteurs n'étaient pas des paysans ; ils levaient les pieds bien trop haut au-dessus des andains d'herbe fraîche, comme s'ils avaient peur de se salir les pantalons.

Lorsqu'ils furent à une centaine de mètres, Antoine vit que les visiteurs portaient l'uniforme bleu sombre de la gendarmerie. Qu'est-ce qui pouvait les amener jusqu'ici ?

« Ils sont pas des Juilles, ces deux-là, murmura le patron. Je les ai jamais vus. »

L'un d'eux, apparemment le chef, tenait un carnet dans sa main droite. Il s'avança vers Pellaroque.

« Monsieur Cahuzac ? » demanda-t-il d'une voix de fausset.

Le vieil Augustin eut un petit rire.

« J'ai passé l'âge de changer de nom, répondit-il. Eh ! Guillaume, c'est à toi qu'ils veulent parler. »

Le patron avait fait trois pas à la rencontre du gendarme. Ce dernier le regardait de ses petits yeux bien enfoncés dans le visage. Puis il dit :

« Nous sommes envoyés par la brigade de Lavardens. »

Le patron regarda Antoine et lança en patois :

« Encore des emmerdements ! C'est sûr qu'ils vont nous ressortir ton histoire. »

Si le vieux avait parlé en gascon, c'était parce qu'il savait que les gendarmes ne comprenaient rien à cette langue. Aussi Antoine lui répondit-il, toujours en patois :

« Qu'est-ce que vous voulez que je leur dise ? »

Le patron haussa les épaules. Cela voulait dire qu'Antoine devait se débrouiller tout seul.

À cet instant, le chef s'avança vers lui.

« Vous êtes bien Antoine Dirac ? questionna-t-il de sa voix étrangement haut perchée.

— C'est moi », répondit Antoine.

Le gendarme sortit son calepin avant de poursuivre :

« Nous avons recueilli une plainte déposée contre vous par l'Inspection du travail. Motif : vous refusez de communiquer votre numéro de Sécurité sociale et entravez le travail des agents. Nous allons donc vous entendre et dresser procès-verbal. »

Antoine souleva son béret et se gratta la tête.

« Vous ne trouvez pas que c'est bizarre de faire une histoire pareille pour un numéro de Sécurité sociale ? » demanda-t-il.

Le gendarme parut indigné.

« Sachez, jeune homme, que la loi est la même pour tout le monde. Si vous ne cotisez pas, ce n'est pas seulement vous-même que vous spoliez, mais vous volez aussi l'État. »

Le gendarme avait prononcé ces derniers mots avec une incroyable emphase. Antoine sentit qu'il était inutile de chercher à discuter.

« Je vous écoute », fit le gendarme, un stylo à la main.

Antoine fit sa déclaration, en insistant sur le fait que son numéro de Sécurité sociale n'était inscrit nulle part sur ses papiers. Il ajouta également que malgré toute sa bonne volonté, il lui était impossible de se le rappeler.

Lorsqu'il eut noté le dernier mot, le gendarme relut la déclaration à voix haute et fit signer Antoine en bas de page. Puis, avant de partir, il le regarda en plissant les yeux, comme si Antoine était déjà un malfaiteur, et dit de sa voix de fausset :

« Vous êtes dans un sacré pétrin, monsieur Dirac. Si j'étais vous, je me dépêcherais de retrouver ce numéro au plus vite. Ils ne plaisantent pas, à l'Inspection. »

Après avoir brièvement salué le patron, les deux gendarmes tournèrent les talons vers le fond du pré. Le patron, qui pendant tout ce temps n'avait pas bougé, lui lança un œil furieux.

« Tu vois ce que je te disais ? » grogna-t-il dans sa moustache.

Antoine sentit une bouffée de colère lui monter au visage, d'un seul coup.

« Et qu'est-ce que vous voulez que j'y fasse, rétorqua-t-il brusquement. Ce n'est pas ma faute s'ils ont tous perdu la tête dans ce pays. Vous avez déjà vu une chose pareille, vous ?

— Le petit a raison, lança Pellaroque. Cette histoire me paraît bizarre, à moi.

— J'ai vu pire, gronda le patron. Pendant la guerre, c'était tous les jours comme ça, pour un oui ou pour un non. Et à ce moment-là, c'était avec sa vie qu'on jouait. »

Antoine se mordit les lèvres pour ne pas répondre ; encore un mot, et ce serait le drame. La bouche tremblante, le vieux n'attendait que ça pour exploser.

« Tout à l'heure, j'écrirai à la mairie de Saint-Lary pour leur demander s'ils peuvent me donner mon numéro, dit Antoine à voix basse. On verra bien. »

Il avait surtout dit cela pour apaiser le vieux. Car il savait déjà que la mairie de Saint-Lary ne pourrait répondre à sa demande. Ce que les gendarmes étaient venus chercher, personne ne pourrait le trouver, sauf à regarder dans un trou du mur, près de la fenêtre, là où Antoine avait caché le petit bout de papier.

Après un long moment, le patron reprit enfin son bâton et l'attelage s'enfonça à nouveau dans le pré.

25.

« Asseyez-vous donc, cher ami. »

Un sourire énigmatique flottait sur le visage rondouillard du docteur Josephson tandis qu'il prenait place dans le fauteuil. En face de lui, Van Straten croisa et décroisa les jambes sans parvenir à trouver une position confortable.

« J'espère que vous ne m'en voulez pas d'interrompre votre travail, dit Josephson de sa voix calme et basse. Je suppose que vous devez être particulièrement occupé en ce moment. »

Van Straten racla sa gorge sèche.

« Pas plus que d'habitude. Mais je dois tout de même avouer que la surveillance des programmes en cours me cause quelques petits soucis. »

Un pli de malice apparut sous l'œil gauche de Josephson.

« Ah ? Et quels sont donc ces soucis ? »

Van Straten ôta ses lunettes et prit un temps avant de répondre. Il devait faire attention. Car Josephson n'était pas simplement l'un des conseillers scientifiques les plus influents au sein de l'OTAN. On disait également de lui qu'il avait des liens très étroits avec la CIA, dont il orientait les décisions dans les affaires les plus délicates. Cela faisait près d'une dizaine d'années que les deux hommes se connaissaient. Ils avaient à peu près le même âge et des carrières où ne manquaient pas les points de convergence. Pourtant, Van Straten devait avouer qu'il ne connaissait presque rien de son collègue, sinon qu'il exerçait sa spécialité d'informaticien au Massachusetts Institute of Technology.

« Vous savez sans doute que nous avons entrepris la mise au point d'un nouveau programme stratégique destiné à renforcer la sécurité et l'indépendance des pays de l'Est. Mais rassurez-vous, ajouta le fonctionnaire en poussant un petit rire, ce projet ne concerne que les domaines économiques et commerciaux. »

Josephson ne croyait pas un mot de ce qu'il entendait. Il prit cependant un air intéressé lorsqu'il répondit :

« Je comprends, cher collègue. Cependant, j'ai entendu dire que depuis quelque temps, vous aviez également orienté vos recherches vers des secteurs concernant la défense nationale. »

Une lueur désagréable passa dans le seul œil que Josephson gardait ouvert. Embarrassé, Van Straten reboutonna le dernier bouton de sa blouse.

« Heu… ce n'est pas tout à fait exact. Même si certaines applications touchent le domaine militaire, ce n'est nullement notre préoccupation principale, loin de là. »

Durant un long moment, Josephson ferma les yeux, comme il avait l'habitude de le faire lorsqu'il se préparait à énoncer quelque chose d'important.

« Je sais que depuis quelques mois, vous vous êtes beaucoup intéressé à quelqu'un qui, à première vue, n'avait aucune raison de mobiliser à ce point votre attention. Il s'agit d'un certain Antoine Dirac ! »

Rien n'avait bougé sur le visage lisse de Van Straten, excepté ses paupières qui clignèrent quatre fois. Mais dans sa poitrine, le choc qu'il avait reçu en entendant le nom de Dirac s'était mis à grandir, silencieux et invisible.

26.

Le soleil était presque à la verticale lorsque le patron arrêta l'attelage. Ils avaient dû s'interrompre deux ou trois fois pour débourrer la lame et, en comptant le temps passé avec les gendarmes, ils avaient pris du retard. Il leur restait encore la moitié du pré à faucher.

Après avoir guidé l'attelage à l'ombre de la haie, les trois hommes s'en retournèrent d'un pas rapide vers la Julian « pour ne pas faire attendre la patronne », comme avait l'habitude de dire le vieux.

Le déjeuner se passa presque en silence, comme toujours. Pendant que la patronne servait le café, Antoine regardait Juliette. Les yeux perdus dans le vague, elle semblait détachée d'elle-même, comme seule à seule avec le souvenir de ce qui s'était passé hier. Elle regardait Antoine de temps en temps, lui souriait, mais ne le voyait pas vraiment.

Ce fut Pellaroque qui rompit le silence. Tout en essuyant sa moustache, il leva les yeux vers le patron.

« Ce matin, en venant, j'ai vu Morvan qui montait aux Juilles. Quand il m'a vu, il s'est arrêté.

— Ah ? Et qu'est-ce qu'il voulait, ce grand fainéant ? » demanda le patron.

Il y eut un silence.

« Il m'a dit qu'il allait à la mairie, arranger les papiers de la commune. »

Le patron toussa un grand coup. Sa voix était pleine de mépris lorsqu'il dit :

« S'il fallait l'attendre, lui, pour s'occuper des affaires, il y a longtemps qu'il n'y aurait plus de commune du tout.

— Tout de même, dit la patronne, c'est bien lui le secrétaire de mairie, non ? »

Pellaroque hésita un instant avant de regarder Antoine pour dire :

« Il est parti en criant : "On peut fermer les yeux une fois, deux fois, mais pas trois. Y en a qui devraient faire attention." Tu vois, petit, j'ai comme l'impression que c'était pour toi qu'il disait ça. »

Antoine parut à peine surpris. Peu à peu, tout le monde semblait au courant de son histoire de Sécurité sociale. Si ça continuait comme ça, le village entier finirait par lui courir après.

« Je me demande si c'est pas Morvan qui a déclenché tout ça, rien, que pour nous faire des emmerdements, dit Pellaroque. Plus il devient vieux, plus il devient con, celui-là. »

Antoine n'était pas loin de penser la même chose. Depuis cet accident de chasse entre le patron et son père, Morvan faisait tout ce qu'il pouvait pour créer des ennuis à ceux de la Julian. Mais cette fois, Antoine le savait, Morvan ne pouvait pas être pour grand-chose dans toute cette affaire de Sécurité sociale.

Juliette, qui était restée silencieuse jusqu'ici, leva les yeux vers Antoine pour demander :

« Tu crois qu'ils vont te forcer à quitter la Julian ? »

Antoine avait perçu une inquiétude dans la voix de la jeune fille. Il lui sourit.

« Je ne crois pas. Après tout, je n'ai rien fait de mal. D'ailleurs, je vais écrire tout de suite à la mairie de Saint-Lary. »

Il s'empara d'un crayon et d'une feuille de papier. Sa main traça quelques lignes dans le silence. Puis il tendit la lettre à Germaine en disant :

« Vous la donnerez au facteur, quand il passera. »

De l'autre côté de la table, le vieux finissait de boire son café à grand bruit. D'un coup d'œil rapide, Antoine put voir qu'il était satisfait, comme si cette lettre allait tout remettre en ordre. On ne pouvait pas se tromper : plus le vieux faisait du bruit en aspirant sa soupe ou son café, plus il était content. C'était sa manière à lui d'exprimer son bien-être. Avant de se lever de table il avait même dit à sa femme : « On sera là vers cinq heures ! » ce qui, dans sa bouche, était le signe d'une délicatesse extrême, car il ne disait jamais ce qu'il faisait ni où il allait, considérant que les autres devaient le savoir par eux-mêmes.

Lorsqu'ils arrivèrent au pré des Charmilles, l'attelage n'avait pas bougé. La Rousse et Blérotte s'étaient contentées de ruminer patiemment leur foin du matin et de grands filets de mousse blanche s'échappaient à présent de leur mufle. Antoine était toujours stupéfait de la tranquillité des vaches pendant le travail ; rien ne semblait les atteindre, pas même les centaines de mouches qui couraient sur leurs flancs ou autour de leurs yeux, et qu'elles chassaient de temps à autre d'un coup de queue nonchalant.

Maintenant, il faisait chaud. L'herbe coupée pendant la matinée était déjà presque sèche, dégageant une délicieuse odeur de foin tendre. Et lorsque la faucheuse reprit son travail, la lame faisait désormais un bruit plus cassant, car il n'y avait plus de rosée dans la tige des herbes.

Le temps passa lentement, au rythme de la coupe qui diminuait à chaque tour, jusqu'à ce que le pré fût réduit à un minuscule carré que la lame emporta lors de son dernier passage.

Comme l'avait dit le vieux, car il avait le temps dans son œil, il était un peu moins de cinq heures lorsque l'attelage reprit le chemin de la Julian.

Dès qu'ils furent devant le hangar, le patron dételа la Rousse et Blérotte avant de dire à Antoine :

« Va les faire boire. Pendant ce temps, je vais commencer à préparer la faneuse pour demain. »

Déjà, les vaches s'en allaient vers l'étang, attirées par l'humidité qu'elles sentaient dans leur mufle. Antoine les suivit sur le chemin sec et poussiéreux jusqu'à ce qu'elles s'arrêtent enfin, plongeant la tête dans l'eau sombre où venaient de disparaître une dizaine de grenouilles affolées par le bruit. Antoine s'écarta du chemin et monta s'asseoir sous le grand chêne. L'ombre était tiède et, tout autour, la campagne semblait engourdie par la chaleur. Seules les feuilles du chêne bruissaient parfois dans un souffle d'air qui se taisait presque aussitôt.

Soudain, le paysage vacilla.

Antoine se leva brusquement, le cœur battant. Devant lui, la campagne semblait se tordre comme une photo que l'on jette dans le feu et qui se recroqueville lentement sous les flammes. Il fit un pas en avant, mais sous ses pieds, le sol sembla se défaire, à la manière d'une pâte que l'on étire et qui laisse apparaître des trous. Antoine voulut crier, mais le son qui sortit de sa gorge était étrangement mat, comme si l'air lui-même ne portait plus. Il reporta alors son attention sur son propre corps. Il voyait toujours ses sandales, son pantalon de toile bleue, sa chemise à carreaux, mais dès qu'il levait les yeux, le paysage paraissait affreusement transparent, laissant voir en surimpression de grandes taches noires parcourues de milliers de petits éclairs aussi brillants que des étincelles.

Antoine porta les mains à ses yeux et resta un long moment à lutter contre la peur qui serrait sa poitrine à l'étouffer. Puis il se fit violence pour regarder à nouveau devant lui.

Le paysage était redevenu normal.

À quelques mètres, la Rousse et Blérotte continuaient de boire paisiblement, comme si rien ne s'était passé. Aucun signe, dans la campagne alentour, ne pouvait laisser supposer le moindre changement depuis tout à l'heure. Il n'y avait que le grand calme de l'après-midi, à peine frôlé par un gros bourdon qui butinait tranquillement les pétales d'un coquelicot.

Malgré la chaleur, Antoine se sentait glacé jusqu'aux os. Sa poitrine lui faisait mal chaque fois que l'air gonflait ses poumons en sifflant. Il se laissa glisser sur le sol, la tête appuyée contre le tronc du grand chêne.

Pendant de longues minutes, il resta là, sans bouger, essayant de reprendre ses esprits. Est-ce qu'il était malade ? Il n'avait jamais eu de syncope de sa vie, mais s'évanouir devait bien ressembler à quelque chose comme ça.

Enfin, il se mit debout. Ayant étanché leur soif, la Rousse et Blérotte reprenaient déjà le chemin de l'étable et Antoine leur emboîta le pas.

Après les avoir attachées à leur place, il alla rejoindre le patron sous le hangar. Celui-ci était penché sur la faneuse, une burette à la main, et il versait de l'huile sur les dents sèches des engrenages et sur la grosse chaîne qui commandait les mouvements des cinq fourches mécaniques.

Dès qu'il aperçut Antoine, le patron fronça les sourcils.

« Qu'est-ce qui t'arrive, petit ? demanda-t-il. Tu es pâle comme un mort. »

Antoine écarta les bras en signe d'impuissance avant de répondre d'une voix faible :

« Je ne sais pas. Tout à l'heure, près de l'étang, j'ai bien failli tourner de l'œil. »

Cette fois, le patron posa sa burette.

« C'est vrai que tu n'as pas l'air dans ton assiette. Va-t'en trouver la patronne, dans la cuisine, qu'elle te donne un coup à boire. Et si le facteur est pas encore passé, elle lui dira d'aller chercher le docteur. »

Antoine secoua la tête.

« C'est pas la peine, s'efforça-t-il de dire d'une voix ferme. Ça va déjà mieux.

— Tu feras comme on te dit, rugit le patron. Je veux pas d'un malade à la Julian, moi. »

Antoine baissa la tête, comme il l'avait toujours fait devant les colères du vieux. D'un pas lent, se sentant vaguement coupable de laisser le patron travailler seul, il se dirigea vers la maison. Quand il entra dans l'ombre fraîche de la cuisine, la patronne était en train d'éplucher des patates avec Juliette.

« Tu en fais une tête », dit-elle en le dévisageant avec surprise.

Il lui raconta toute l'histoire en faisant bien attention de ne pas dramatiser, car elle avait l'habitude de s'affoler pour un rien.

« Tu as de la chance, dit-elle lorsqu'il eut fini de parler. Le facteur n'est pas encore venu. Je lui dirai d'aller trouver le docteur pour qu'il vienne te voir. »

Elle se leva pour lui servir un verre de vin. C'était le seul remède qu'ils connaissaient à la Julian.

« Il vaut mieux que tu ailles t'allonger, en attendant le docteur », dit Juliette.

Elle s'était levée. Les bras croisés sur sa poitrine, elle se tenait devant lui, à le regarder anxieusement. Cela agaçait vaguement Antoine, qui, tout à coup, avait l'impression d'être devenu une sorte d'objet encombrant dont les deux femmes ne savaient pas vraiment que faire.

Lentement, il ouvrit la porte de la cuisine et monta dans sa chambre. Dès qu'il était arrivé devant son lit, il s'y était laissé tomber de tout son long pour sombrer presque aussitôt dans le sommeil. La dernière image dont il se souvenait avant d'avoir fermé les yeux, c'était celle de la fenêtre grande ouverte sur le ciel bleu. Un peu de poussière dansait dans la chaleur d'un rayon de soleil.

Et puis, il y avait eu ces trois coups qui semblaient venir de très loin.

Quelque chose avait alors remué dans sa conscience. Mais ce n'est que lorsque les trois coups se firent entendre à nouveau qu'Antoine s'éveilla tout à fait. On frappait à sa porte.

« Entrez », dit-il d'une voix enrouée.

La porte s'ouvrit en grinçant devant la patronne qui se mit sur le côté pour laisser passer un gros homme serrant une mallette de cuir dans sa main droite.

« C'est le docteur qui vient te voir », chuchota la patronne en s'approchant du lit.

Antoine se redressa à demi sur ses coudes. Le fait que la patronne parle ainsi à voix basse l'avait énervé ; il ne se sentait pas malade à ce point-là.

« Alors, demanda le médecin d'une voix faussement enjouée, qu'est-ce qui ne va pas, jeune homme ?

— Maintenant ça va bien, répondit Antoine. C'est dans l'après-midi que je me suis trouvé un peu à mal aise. Peut-être à cause du soleil. »

Il se tenait sur ses gardes. Il n'avait jamais aimé les médecins. Chaque fois qu'on les voyait quelque part, c'était mauvais signe.

« Eh bien, on va voir ce qu'il y a, dit le gros homme. Si vous voulez bien enlever votre chemise… »

Par discrétion, la patronne quitta la chambre sur la pointe des pieds et le médecin commença son examen. Un quart d'heure plus tard, Antoine se rhabillait tandis que le médecin était en train d'écrire quelque chose sur une feuille de papier à en-tête.

« Alors ? » demanda Antoine vaguement inquiet.

Le médecin fit une moue indifférente.

« Je n'ai rien trouvé d'anormal, dit-il. Simplement une tension un peu haute. C'est sans doute à cause de cela que vous avez eu ce début d'évanouissement. Je vais vous donner un traitement qui va tout remettre dans l'ordre. »

Antoine poussa un soupir. Il aurait dû se trouver soulagé par les conclusions du médecin, mais l'inquiétude restait là, dans sa poitrine. Ce qu'il avait vu tout à l'heure tenait à bien autre chose qu'à un simple coup de tension, il le sentait. Sa mémoire était encore agitée par l'image de la campagne qui se défaisait devant ses yeux ; si on jette une pierre à la surface d'un lac, c'est tout le reflet du paysage qui se trouble. Et même lorsque l'eau est redevenue calme, la pierre est toujours au fond.

Le gros homme s'apprêtait à reposer son stylo, lorsqu'il demanda avec détachement :

« Ah ! vous pouvez me donner votre numéro de Sécurité sociale, s'il vous plaît ? »

Antoine se redressa brusquement pour s'asseoir au bord du lit. D'un seul coup, ça venait d'exploser en lui, tant la question que venait de lui poser le médecin lui paraissait odieuse.

« Non, cria-t-il presque. Je ne l'ai pas. Vous vous y mettez, vous aussi ? Ça fait des jours que tout le monde m'emmerde avec ça ! »

Le médecin le regarda en fronçant les sourcils, l'air surpris.

« Qu'est-ce qui vous arrive, monsieur Dirac ? demanda-t-il, une nuance de reproche dans la voix. Calmez-vous, voyons… C'est pour le remboursement des frais, tout simplement.

— Et alors ? Je ne peux pas inventer un numéro pour vous faire plaisir, non ?

— C'est embêtant, ça, reprit le docteur. Surtout pour vous. »

Antoine haussa les épaules.

« Écoutez, souffla le médecin d'une voix qui se voulait arrangeante, je vais repasser d'ici quelques jours, pour voir si tout va bien. Essayez de retrouver votre numéro. Ça vaudrait mieux pour vous, vous savez ? »

Au moment où le médecin se préparait enfin à quitter la chambre, Antoine se contenta de dire d'une voix neutre :

« Vous n'aurez qu'à prévenir la patronne que je ne descendrai pas pour la soupe, ce soir. J'ai besoin de dormir. »

27.

À présent, Van Straten ne ressentait qu'une sorte d'étonnement devant l'étendue de ce que, en acceptant la proposition du président, trois semaines plus tôt, il avait mis en mouvement. Déjà, les effets dépassaient de loin ce qu'il avait escompté, bien qu'il fût incapable de dire ce qu'il avait escompté. Quand il y pensait, il sentait que ses origines hollandaises s'agitaient en lui, au point qu'il éprouvait un vague sentiment de remords.

À cet instant, un technicien entra dans la pièce, déposant un dossier sur le coin du bureau.

« Voici les documents que vous avez demandés, dit le technicien.

— Merci », répondit simplement Van Straten en hollandais.

Par moments, il faisait exprès de dire quelques phrases dans sa langue natale, histoire de rappeler aux autres qu'il n'était pas russe et qu'il ne le deviendrait jamais. N'était sa carrière, il n'aurait jamais accepté de quitter son pays auquel il pensait souvent, sans toutefois avoir réussi à obtenir l'autorisation d'y retourner. Mais il n'avait pas perdu espoir. Surtout pas maintenant. Car s'il réussissait à résoudre l'affaire Dirac, alors il deviendrait un héros national. Le président lui avait promis que les frontières s'ouvriraient devant lui aussi facilement que pour un chef d'État. C'était essentiellement pour cela qu'il avait accepté cette mission.

Il soupira à la vue de l'épaisse liasse de papiers que le technicien venait d'apporter. Il s'assit à son bureau et se mit en devoir de les parcourir tout en se demandant à quel système de sélection recouraient les services de sécurité. L'accès à ces informations était-il déterminé à un niveau plus élevé que celui du président ? Probable, songea-t-il. Le document qui se trouvait sur le haut de la pile portait le sceau du Premier Secrétaire. La page de couverture était tamponnée de deux timbres à lisière rouge qui disaient « expédition immédiate ». L'un d'eux, non signé, était marqué « Service d'information du Bureau politique ». L'autre, qui portait le timbre CS du Conseil de Sécurité, était signé d'un gribouillis presque indéchiffrable.

Ajustant ses lunettes, il lut attentivement les documents, de plus en plus intrigué. Il y avait d'abord la transcription textuelle du dernier entretien entre Dirac et le président. Cela ne lui apprenait pas grand-chose de plus.

En revanche, le document suivant était une autre transcription, cette fois d'une communication officielle adressée par le Pentagone à la Maison-Blanche. Sur la feuille on pouvait lire en anglais : « Essayez d'apprendre par la CIA pourquoi l'Union soviétique a isolé certaines régions au-delà de l'Oural. Nous en avons confirmation par les satellites, mais aucune réponse de Moscou à nos questions. »

Van Straten remit le document dans le dossier. Plus il y réfléchissait, plus la colère montait en lui. C'était donc pour cela que le président avait fait venir Gortchev. L'un et l'autre agissaient exactement comme si l'issue de l'opération ne faisait aucun doute. Mais ces imbéciles ne comprenaient-ils pas que, tant que Dirac refuserait de parler, toute stratégie de leur part était inutile ?

D'une main qui tremblait un peu, Van Straten chercha le paquet de cigarettes dans sa cachette habituelle. Il en alluma une et pensa une fois de plus à Dirac. Il admirait cet homme, se sentant infiniment plus proche de lui que de ceux qui l'entouraient, ici, à Moscou.

Puis il éteignit sa cigarette et reporta son attention vers les symboles qui défilaient sans interruption sur l'écran de contrôle. Au lieu des simples visites, il allait maintenant employer une autre méthode pour essayer de trouver la fameuse séquence. Il n'aimait pas cela.

Car jamais il n'avait supporté de faire souffrir les autres.

28.

Le lendemain matin, Antoine n'avait pas pu se lever. Au moment où il avait posé le pied par terre, un vertige s'était glissé dans sa nuque jusqu'à lui faire perdre l'équilibre. Il avait été forcé de regagner son lit. Vers huit heures, la patronne était montée, croisant ses mains dans une attitude qu'Antoine ne lui connaissait pas. Elle semblait très soucieuse.

« Tu ne vas pas mieux, ce matin ? »

Antoine dut faire un effort pour répondre d'une voix pâteuse :

« J'ai chaud et froid en même temps. Et toute la tête me tourne.

— Des fois que tu aurais attrapé un coup de froid... Ça arrive en cette saison. »

Presque sans bruit, elle était allée à la fenêtre pour entrebâiller les contrevents. Lorsqu'elle revint près du lit, il demanda :

« Et le patron ? Il est déjà aux Charmilles ? »

Elle jeta un coup d'œil vers les volets entrouverts.

« Ils sont partis il y a une heure, avec Augustin. Il leur faudra mettre le foin en tas avant la soirée. »

Elle hésita avant d'ajouter :

« On se doutait bien que tu ne pourrais pas travailler aujourd'hui. Tu as gémi toute la nuit, à cause de la fièvre. »

Il se souleva à grand-peine pour glisser vers la droite

du lit, là où les draps étaient frais et secs. Avec tout ce travail qui attendait, c'était bien le moment de tomber malade. Aujourd'hui, avec la mise en tas, le patron et Pellaroque pourraient encore s'en sortir ; mais demain, il faudrait charger le foin et le rentrer. Malgré tout son courage, le pauvre Augustin n'y arriverait jamais, même s'il restait sur le char, pour placer le foin.

Emporté par ses pensées, il ne s'était pas aperçu que la patronne avait eu le temps de descendre à la cuisine, pour revenir avec un bol de café et un morceau de pain.

« Tu devrais boire un peu, ça te fera du bien, dit-elle.

— Tout à l'heure, murmura-t-il. Vous n'avez qu'à mettre ça à côté du lit. »

Elle posa sa main sèche sur le front avant de dire :

« Tu as la fièvre. J'ai dit au facteur d'aller avertir le docteur. »

Il l'entendit à peine lorsqu'elle referma la porte. Il avait fermé les yeux, mais dans sa tête, tout dansait. Sur le fond obscur de ses paupières, il voyait un tourbillon d'arbres, de ciel, de visages qui se formaient et se défaisaient inlassablement.

Maintenant, Antoine est là, au milieu des champs. Autour de lui, la campagne qui étincelle, la chaleur qui monte par vagues. Où va le chemin sur lequel il marche ? Il ne le sait pas.

Au loin, l'horizon est noir, menaçant. Peut-être un orage qui monte. Il y a des éclairs violets qui tourbillonnent là-bas. Antoine jette des coups d'œil furtifs, à droite, à gauche. Le regard de l'inspecteur est là derrière les buissons, caché dans les herbes, les fougères ; ce regard vide est partout, jusqu'au plus lointain de la campagne, et c'est par cet œil qu'Antoine voit maintenant la lumière.

Et Antoine a peur. Il pense à ce qu'il y a derrière l'horizon obscur et son cœur se serre. Là-bas, c'est un pays où il n'y a pas d'hommes, pas de villes, pas de champs, rien de connu. Il se sent attiré par cet horizon ; mais il sait que s'il allait jusque-là, il n'en reviendrait jamais. Il se perdrait dans cet au-delà, dans la nuit éternelle, vide, sans air.

Tout à coup, il entend des drôles de mots, des phrases incertaines, venues de loin, qui semblent sortir de terre, mêlées au froissement continu du vent dans les arbres : « Je suis venu ici en mission officielle… » Un ricanement et puis encore : « Vous êtes entre nos mains, monsieur Dirac. Croyez bien que nous sommes désolés d'en être arrivés là. »

Une angoisse intenable. Il reste immobile, assis sur un caillou au bord de la route, les mains contre ses genoux. Le soleil brûle sa peau, ses épaules, sa nuque. Quand il relève la tête, il voit qu'il est tout près de l'horizon maintenant ; sa vue est brouillée. Il fait presque noir. Quelqu'un ricane dans son dos : « Mais va donc voir. Vas-y ! » Il. doit faire un immense effort pour ne pas se lever, ne pas marcher droit devant lui jusqu'à traverser l'horizon. Ici, il n'y a plus de champs, plus d'arbres, plus d'herbes, plus rien. Seulement une lumière grise qui reste là, immobile.

Alors Antoine se lève et fait un pas en arrière, en titubant. Quand il commence à courir, il sent le vide intense et glacé dans son dos, un vide hallucinant qui lance ses tourbillons sans fin.

La peur a resserré sa gorge et c'est à peine s'il peut respirer. Il court de toutes ses forces et ses sandales claquent dans la poussière. Les deux inspecteurs le regardent fuir. L'un d'eux crie quelque chose, mais Antoine ne l'entend pas. Il veut aller plus vite, mais l'horizon le suit. Dans sa poitrine, quelque chose tressaille, à présent, comme un organe inconnu. Il sent que ça bouge au fond de lui-même, comme un secret qui veut se dire.

« Alors, ça ne va pas, monsieur Dirac ? »

Un silence. Dans la tête d'Antoine, chaque mot résonnait. Un instant, il pensa qu'il était à l'étable, en train de monter une litière et de curer les rigoles. Et puis, il ouvrit les yeux et vit le visage gras du docteur, penché sur le sien. Le médecin avait glissé sa main droite sous sa nuque et le forçait à avaler une poudre blanche mélangée à un peu d'eau. Juliette était là, elle aussi, un linge humide dans sa main. Elle sourit lorsque Antoine la regarda. Mais elle ne bougea pas.

Puis tout disparaît à nouveau. Tout se défait sans bruit. Au-dessus le ciel est très haut, très vide. L'air est sans écho. Antoine est là, au milieu de rien, il attend, les pieds dans la poussière.

Alors l'inspecteur vient à sa rencontre. Malgré le soleil, il n'y a pas une goutte de sueur sur sa peau très pâle. Il est vêtu d'un costume gris. Il s'arrête devant lui et passe le bout de ses doigts sur sa bouche, lentement, sans cesser de le regarder, sans le voir. Antoine a tout juste assez de force pour soulever sa poitrine, pour respirer. Il entend le bruit d'une voix, mais ce n'est pas l'inspecteur qui parle : « Donnez-nous la séquence de sécurité et nous vous laisserons en paix. » Antoine secoue la tête. Et encore la voix : « C'est la séquence que nous voulons. Coûte que coûte. Tant pis pour vous, si vous refusez. Vous tenez donc à mourir une deuxième fois ? »

Et Antoine court droit devant lui. Le ricanement le suit, pas à pas. Ici, le ciel est noir, sans étoiles. Il s'assied au pied d'un arbre. Personne ne peut le trouver ici, au milieu des buissons. Il frissonne parce que l'air de la nuit est humide, et ses genoux tremblent. Il a l'impression d'être ici depuis des jours, des semaines, peut-être. De temps en temps, il aperçoit le visage de Juliette penché sur le sien. Elle est assise sur le bord de son lit et lui dit quelque chose qu'il ne comprend pas. Puis elle se fond à nouveau dans la nuit, comme si elle n'avait jamais existé.

Tout d'un coup, Antoine pense qu'il y a peut-être des mois qu'il est là, à marcher dans la poussière vers l'horizon obscur. Des mois que l'inspecteur le poursuit. Il voudrait se mettre en colère, il ne peut qu'avoir peur. Surtout quand l'inspecteur le regarde, comme si ces yeux vides allaient l'effacer sur place. Antoine tourne la tête un instant, mais ses yeux reviennent vers l'inspecteur qui sourit. L'homme est grand, ses mains et ses pieds sont larges. Mais derrière cette silhouette, il y a autre chose. Comme si, par instants, un autre visage affleurait sous les traits de l'étranger, un autre corps derrière son corps ; à peine perceptible, léger, passager, provisoire. Et puis l'autre personne disparaît dans la profondeur, s'efface, laissant un souvenir tremblant.

Il y a des jours, des mois, qu'Antoine est là. Et il lui semble que sa marche vers l'horizon durera toujours.

29.

Une étincelle de fierté s'agitait dans l'œil noir du docteur Ruysberg tandis qu'il faisait les cent pas devant la console de contrôle. Depuis quelque temps, il manifestait une assurance dans ses propos qui, à plusieurs reprises, avait frisé l'insolence. Et une fois de plus, ce matin-là, il avait résolu de tenir tête à Van Straten.

« Je ne comprends pas, professeur. Jusqu'ici, tout se déroule normalement et nous sommes prêts à aborder la seconde phase. Alors pourquoi interrompre les opérations ? »

Van Straten fit semblant de griffonner quelques notes sur son carnet pour se laisser le temps de rassembler ses idées.

« J'ai fait faire une série d'analyses complémentaires sur l'état de Dirac. Celles-ci m'ont confirmé qu'il est victime de troubles graves susceptibles d'entraîner la désorganisation progressive, voire la désintégration pure et simple de son psychisme. Vous comprendrez que je me refuse à prendre un tel risque. »

Ruysberg serra sa mâchoire anguleuse, ce qui fit grincer ses molaires.

« Mais enfin, professeur, cet état de faiblesse, chez Dirac, est précisément ce que nous attendions. C'est le moment ou jamais d'effectuer une nouvelle visite. Dans l'état où il est, il parlera, je vous le garantis ! »

Van Straten ôta ses lunettes et, pour la première fois, regarda son assistant droit dans les yeux.

« Écoutez-moi bien, Ruysberg. Je suis seul responsable de ce projet devant le président. Vous n'êtes pas ici pour manifester vos états d'âme mais pour exécuter mes instructions, est-ce clair ? »

Ruysberg s'était levé, le front soudain très pâle. Avant de replonger son nez dans son carnet, Van Straten ajouta d'une voix neutre :

« Suspendez le programme des visites jusqu'à nouvel ordre. »

Il ne prit pas la peine de raccompagner Ruysberg jusqu'à la porte.

30.

Au premier coup d'œil par la fenêtre, Antoine vit que le jour était là depuis longtemps. Le soleil frappait le plancher, à côté du lit.

« Bonjour, tu as l'air d'aller bien mieux, ce matin. »

Dès qu'il reconnut la voix de Juliette, Antoine se retourna brusquement. Elle était assise au bord du lit et le regardait en souriant, tranquillement.

« Il y a longtemps que tu es là ? » demanda Antoine d'une voix rauque.

Elle fit oui de la tête. Comme il essayait de se lever sur ses coudes, elle lui mit la main sur l'épaule et le força à se recoucher.

« Reste tranquille, souffla-t-elle. Tu as encore besoin de reprendre des forces. »

Elle se leva pour remplir un verre sur la table.

« Tiens, c'est du fortifiant. Ça te fera du bien. »

Il but jusqu'à la dernière goutte. Sa soif était plus forte que le goût amer du mélange. Après avoir reposé le verre, il demanda :

« Quelle heure est-il ?

— Dix heures, peut-être un peu plus.

— Et lc patron, où il est ?

— Ils sont partis avec des coupe-haie pour élargir le passage de la moissonneuse, dans le chemin des Ronciers. »

Antoine fronça les sourcils.

« Quoi, déjà ? Pourquoi s'y prend-il si tôt cette année ?

— C'est que... »

Elle hésita avant de poursuivre :

« ... il est grand temps de s'y mettre, tu sais. »

Antoine leva la tête vers la fenêtre grande ouverte. La lumière était très blanche, très chaude aussi. Il sentit que Juliette lui cachait quelque chose.

« Le patron a déjà graissé la moissonneuse ? demanda-t-il.

— Ils doivent s'y mettre demain, avec Roger. ».

Tandis qu'elle parlait, Antoine avait remarqué qu'elle semblait gênée. Il allait l'interroger, mais elle le devança d'une voix cassée.

« Roger est ici, depuis plusieurs jours... pour aider son père. »

Aussitôt, Antoine sentit la colère monter en lui. Pourtant il se contenta de dire, sans élever le ton :

« Ah bon ? Le travail ne presse pas tellement, pourtant. »

Elle devait s'attendre à ce qu'il se fâche, car elle leva vers lui un regard étonné.

« Que si, le travail presse. Les moissons sont déjà là. »

Cette fois, Antoine eut un choc.

« Mais... je suis resté malade longtemps ? »

Elle vint se rasseoir au bord du lit et croisa ses deux mains sur les genoux avant de répondre :

« Presque un mois. Tu as eu beaucoup de fièvre les quinze premiers jours, et ensuite, quand elle est tombée, tu dormais la plupart du temps, sauf pour manger, et encore. »

Elle hésita avant d'ajouter :

« Tu nous en as donné du souci, tu sais... »

Elle soupira, tout en continuant à regarder Antoine. Puis elle se leva et dit en ouvrant la porte :

« Je vais te chercher quelque chose à manger. Maintenant que tu es guéri, tu as besoin de reprendre des forces. »

Resté seul, Antoine regardait autour de lui. Il retrouvait

tout ce qu'il avait l'habitude de voir : l'armoire en bois, la petite table bancale, l'ancien calendrier suspendu près de la fenêtre… il retrouvait tout. Et pourtant, entre ces murs, il y avait comme une angoisse insurmontable. Le souvenir de sa fièvre et de son délire collait à sa mémoire ; même sans fermer les yeux, il lui semblait voir encore le visage de l'inspecteur, entendre sa voix odieuse qui cherchait sans relâche à obtenir ce que, lors de sa précédente visite à la Julian, le mystérieux visiteur avait lui-même appelé « la séquence de sécurité ».

Brusquement, il se redressa sur un coude. Il venait de se souvenir de quelque chose. Un détail, certes, mais qui pouvait avoir son importance. Trois semaines plus tôt, lorsqu'il avait rencontré son mystérieux visiteur dans la cour, ce dernier ne lui avait-il pas recommandé « de marcher droit devant lui pendant quelques heures » ? Se pourrait-il que ceci ait un rapport avec l'invraisemblable horizon qu'il avait vu dans son délire ?

Il n'avait pas répondu à cette question lorsque la porte de sa chambre s'ouvrit en grinçant. Juliette venait d'entrer, déposant un plateau sur la petite table, à côté du lit.

« Je t'ai apporté du bouillon de légumes, dit-elle. Il faut que tu manges, tu es tout maigre. »

Elle l'aida à s'asseoir sur le lit et lui glissa presque de force le bol fumant entre les mains. Le bouillon sentait bon. Dès qu'il avala la première cuillerée, il sut qu'il avait faim, au point que la soupe descendait presque toute seule. Au bout d'un moment, entre deux gorgées, il demanda :

« Le docteur a dit ce que j'avais eu ? »

Il attendit, la cuillère en suspens. Juliette eut un geste évasif des deux mains.

« Tu sais comment sont les docteurs, ils ne parlent pas beaucoup. Mais il paraît que tu as eu une crise de paludisme. Ça donne de fortes fièvres. »

Elle haussa les épaules tout en mettant de petits morceaux de pain dans le bol.

« Avec ces maladies, on ne sait jamais. De toute façon,

maintenant que tu vas mieux, c'est plus la peine de te faire du souci. »

Antoine aurait bien voulu penser comme elle, mais il sentait que les choses étaient loin d'être aussi simples. Un lien obscur passait par les événements de ces derniers temps pour les relier tous ensemble, jusqu'à former quelque chose d'incompréhensible.

« Tu veux encore du bouillon ? » demanda Juliette.

Il fit non de la tête et la regarda. Le soleil avait hâlé sa peau et ses yeux paraissaient plus clairs encore. Elle n'avait jamais été aussi belle. Brusquement, il ne put s'empêcher de demander :

« Et Roger ? »

Elle parut gênée. Sans répondre, elle prit le bol de la main d'Antoine et le déposa sur la table. Puis elle resta debout à côté du lit.

« Qu'est-ce qu'il y a ? insista Antoine tout à coup irrité. Tu ne veux pas répondre ?

— Mais si, bien sûr. C'est que..

— Quoi… ? »

Elle vint se rasseoir sur le lit et le regarda droit dans les yeux.

« Eh bien, ça t'étonnera peut-être, mais Roger a été très gentil pendant tout le temps où tu as été malade. D'abord, il a beaucoup travaillé avec son père, et puis il s'est montré différent avec moi. Plein d'attentions, si tu veux. »

Aussitôt, Antoine sentit une forte chaleur lui gonfler le visage.

« Y en a qui ne laissent rien perdre ! murmura-t-il entre ses dents.

— Quoi ? »

Il détourna la tête pour fixer le mur, sur la gauche. Le soleil y découpait une tache de lumière blanche. Tout à coup, il aurait voulu être aussi tranquille que ce rayon lumineux, calme et étincelant à travers la fenêtre ouverte. Et puis, il se tourna à nouveau vers Juliette et lui prit la main, sans réfléchir. Aussitôt, elle eut comme un mouvement de recul ; ses doigts se contractèrent un instant, puis elle retira brusquement sa main. Antoine la regarda avec surprise.

« Qu'est-ce qu'il y a ? » demanda-t-il.

Elle baissa les yeux avant de dire, la voix blanche :

« Écoute, Antoine, je… il me semble qu'il ne faut pas continuer comme avant. »

Il se força à avaler. Sa gorge était sèche comme du bois.

« Et pourquoi tu me dis ça ?

— Ce n'est pas à cause de toi. Mais je crois que c'est mieux. À cause des autres. »

Antoine ne put réprimer un mouvement de colère.

« Dis plutôt que c'est à cause de Roger, oui. Je ne sais pas comment il s'y est pris pour te faire peur, mais il est fort. Il n'y a pas à dire… Ça, pour être fort, il est fort.

— Ce n'est pas ça, répondit-elle brusquement. Tu n'as pas compris qu'on ne sera jamais tranquilles ? »

Un silence. Puis, presque à voix basse :

« Il ne lui aura pas fallu longtemps, à Roger, pour se placer.

— Tu dis n'importe quoi.

— Oh ! que non ! répliqua-t-il. Le fait que je sois cloué au lit ne t'a pas empêchée de… »

Sa phrase se brisa au fond de sa gorge. Un grand vide grandissait à présent en lui, un vide où tournoyait l'image insupportable de Juliette et Roger dans les bras l'un de l'autre. Il se tourna alors vers la jeune fille. Celle-ci était restée debout, le visage soudain lointain, inaccessible. Comme si, tout à coup, elle ne le reconnaissait plus. Comme si elle lui en voulait d'être simplement là, en face d'elle, et de l'aimer. La main sans force d'Antoine se leva alors dans l'air.

« Juliette… je… dis-moi que… que… »

La jeune fille resserra ses lèvres tombantes sur un pli de colère. Puis elle détourna les yeux, ramassa le plateau et sortit sans un mot.

Maintenant qu'elle était sortie, Antoine regrettait ce qu'il venait de dire. Peut-être avait-elle raison. Pourtant, il ne pouvait effacer le souvenir de cette nuit, là-haut, à la lisière du bois ; il sentait encore la chaleur de sa peau sur la sienne, son souffle, les mouvements souples de son corps. Il en frissonnait. Et brusquement, la colère lui revint. Aveugle, totale. Il aurait voulu écraser Roger de ses deux mains, le casser morceau par morceau, comme on fait avec ces poupées qui vous observent avec un sourire malsain. Mais pour l'instant, il ne pouvait que rester là, sur son lit, à attendre que les forces lui reviennent. Pendant un long moment, il regarda le soleil entrer par la fenêtre ouverte. Juste sous le rebord de pierre, au loin, il pouvait voir les branches du chêne qui remuaient de temps en temps, poussées par un souffle de vent. Tout était calme.

Alors, sans même s'en apercevoir, il retomba dans un sommeil aveugle.

31.

Les cinq hommes venaient de pénétrer dans la petite salle de Conseil réservée aux débats à huis clos. En silence, ils prirent place autour de la table ovale et entreprirent d'ouvrir leurs carnets.

« Inutile, messieurs, il n'y aura pas de notes écrites. Tout ceci doit rester strictement confidentiel. »

Puis l'homme aux cheveux blancs qui venait de parler se pencha vers son voisin, un militaire de haut rang, et murmura quelques mots à son oreille. Le militaire répondit par un simple mouvement du menton.

« Messieurs, reprit alors l'homme aux cheveux striés de rayures blanches, vous n'ignorez pas que je viens de prendre la succession de William Turner à la tête du cabinet chargé des affaires de Défense, lequel cabinet dépend directement du Président des États-Unis. »

À l'autre bout de la table, quelqu'un hocha imperceptiblement la tête. Il s'agissait du docteur Edwin Josephson, l'un des meilleurs amis de William Turner. Naturellement, il regrettait amèrement le départ forcé de l'ancien chef de cabinet. Mais après les remous causés par l'affaire Dirac, pouvait-il en être autrement ?

« Docteur Josephson, pouvez-vous, s'il vous plaît, nous dire où nous en sommes ? »

Le ton qu'avait employé le chef de cabinet résonna désagréablement aux oreilles de Josephson. Cependant, il prit la parole de la voix basse et calme qui le caractérisait, quelle que soit son humeur.

« Permettez-moi auparavant de vous poser une question, monsieur Wallace. Que savez-vous au juste à propos de l'affaire Dirac ? »

Durant quelques instants, une rougeur alourdit les joues du chef de cabinet. Puis il chassa son trouble en toussant bruyamment.

« Je viens à peine d'entamer le dossier. Pour moi, Antoine Dirac a disparu et nous n'avons pas encore réussi à le retrouver. Vrai ou faux ?

— C'est exact, consentit Josephson. Mais ce que vous savez peut-être moins, c'est que les Soviétiques ont entrepris eux aussi des recherches actives. »

Wallace tapotait du bout de sa règle sur le cuir vert foncé de la table. Il paraissait agacé.

« Je sais tout cela. Mais je ne vois pas très bien comment ils pourraient réussir là où nous avons échoué. Du moins jusqu'ici.

— Détrompez-vous, monsieur le Conseiller. Tout me porte à croire que les spécialistes soviétiques ont retrouvé la trace de Dirac. À mon avis, ils sont même parvenus à entrer en contact avec lui. »

Le chef de cabinet avait l'air perplexe.

« Avez-vous des preuves de ce que vous avancez ? »

Josephson secoua la tête.

« Naturellement pas. Mais je me suis rendu aussi souvent que possible au Bureau de Recherche informatique de Moscou. J'ai la chance de connaître assez bien celui qui le dirige, ce qui m'a facilité la tâche. »

Le général assis à la gauche de Wallace lui murmura quelques mots à l'oreille. Ce dernier fit un signe de tête avant de continuer :

« Celui qui dirige ce Bureau informatique est un Hollandais du nom de... heu... Van Straten, je crois... Que savez-vous sur lui ?

— C'est un chercheur brillant, probablement le meilleur dans son domaine. Il est clair cependant que l'affaire

Dirac a provoqué en lui un conflit profond, qu'il a beaucoup de difficultés à surmonter. »

Une ombre pensive élargit un instant le regard de Wallace.

« Mais en quoi ce... Van Straten pourrait-il être concerné par l'affaire Dirac ? Je ne vois pas à quel titre il serait en mesure de le retrouver ! »

Josephson soupira.

« C'est bien là le mystère. Jusqu'à présent, je ne suis pas parvenu à mettre en évidence un lien logique entre lui et Dirac. Si tout cela a toutefois une logique.

— C'est à vous de nous le dire, mon cher. Vous savez l'importance de l'enjeu. Et vous n'ignorez pas non plus qu'il nous reste très peu de temps avant le sommet de Washington. »

Josephson ne l'ignorait pas. Mais il ne mésestimait pas pour autant l'extrême difficulté de la tâche.

« Si j'ai parlé tout à l'heure de conflit au sujet de Van Straten, c'est qu'il y a là une situation à exploiter. J'ai déjà entrepris une démarche discrète en ce sens.

— Croyez-vous que nous soyons en mesure de le récupérer ? questionna Wallace en levant un sourcil.

— N'allons pas si vite ! répliqua Josephson. Les scientifiques sont difficiles à manipuler, je suis bien placé pour le savoir.

— Il existe toujours une monnaie pour acheter quelqu'un, mon cher Josephson. À vous de trouver celle qui convient à ce Van Straten ! »

Les derniers mots du chef de cabinet firent monter un goût amer dans la bouche de Josephson. Il eut envie de répliquer mais, au dernier moment, il choisit de se taire.

32.

Il fallut trois bonnes journées pour qu'Antoine recouvre enfin ses forces. Trois journées pleines durant lesquelles il s'était promené entre la grange et le hangar, pour bricoler. Ses bras étaient passés d'un travail à un autre, par habitude, mais sa tête était restée sur une seule idée, une obsession qui le suivait partout, pas à pas. Depuis que Juliette lui avait parlé, il était comme un aveugle dont la canne ne rencontre plus rien. Plusieurs fois, à table, il avait essayé d'accrocher son regard, mais aussitôt elle baissait les yeux.

Et puis, il y avait aussi quelqu'un d'autre. Quelqu'un qui était revenu parfois durant son sommeil, porté par la fièvre ou les rêves. C'était le curé inconnu. Deux ou trois fois, alors qu'il était au fond de son lit, il avait cru entendre les lames du parquet craquer dans le couloir. Retenant son souffle, il s'était alors attendu à voir l'étrange curé entrebâiller la porte et pénétrer dans sa chambre. Et, à chaque fois, il avait été presque déçu de s'apercevoir que seul le silence respirait dans la nuit et qu'il n'y avait personne.

Il finissait de ranger les outils sur l'établi de la grange lorsqu'il vit une ombre couvrir la poussière du sol.

« Alors, le malade, ça va mieux ? » fit une voix derrière lui.

Antoine ne se retourna pas, tout de suite. Déjà, la colère lui faisait serrer les poings. Sur le sol, l'ombre grandit rapidement, et rien qu'à la façon dont les bras remuaient, il reconnut la silhouette de Roger. Ce dernier s'arrêta à côté d'Antoine pour dire :

« Remarque bien, c'est pas moi qui m'en plaindrais de te voir guéri. Parce que demain, il faut que je reprenne mon travail chez Darrieux.

— Ils ont dû te trouver de manque, au garage, lança Antoine sans dissimuler l'ironie qui passait dans sa voix.

— J'en connais d'autres qui me trouveront de manque. »

Antoine se retourna brusquement. Il avait une folle envie d'envoyer son poing à la figure de Roger. Il s'efforça pourtant de garder son calme quand il dit :

« Écoute, il faut qu'on s'explique tous les deux. Qu'est-ce que tu as été fabriquer avec Juliette, pendant que j'étais malade ? »

Roger le regarda quelques instants, puis un mauvais sourire se dessina sous sa moustache.

« Rien, finit-il par répondre. Elle a compris d'elle-même qu'il valait mieux qu'elle ne fricote pas avec l'ouvrier de la maison. »

Au ton de sa voix, on sentait que Roger était sûr de lui. Il avait fait exprès de rabaisser Antoine au rang de simple ouvrier, alors que ce dernier savait bien que le patron l'aimait plus que son propre fils.

« C'est tout, oui ? demanda Antoine. Tu es sûr de ne rien oublier ? »

Roger haussa les épaules.

« Ne fais pas trop le malin, va. De toute façon, au train où vont les choses, j'ai pas l'impression que tu resteras bien longtemps ici. »

Le cœur d'Antoine s'était mis à cogner un peu plus vite. Il regardait les outils, bien rangés devant lui. Ça l'aidait à garder un peu d'ordre dans ses pensées.

« Ah oui ? pourquoi ? »

À présent, Roger souriait franchement. Il s'approcha d'Antoine et baissa sa voix avant de répondre :

« Ne fais pas semblant de ne pas être au courant. Je

suis pas aussi con que tu le crois. La semaine dernière, la mairie des Juilles a porté plainte contre toi. »

Un frisson courut dans le dos d'Antoine. Il se frotta les mains, tira sur les pans de sa chemise pour en défaire les plis et poussa la porte de la grange. Quand il fut dehors, il lança :

« Tu peux aller trouver Morvan pour lui dire que je l'emmerde ! »

Roger fit un pas dehors. Son visage était rouge.

« D'ici quelque temps, tu auras fini de crâner, va. On verra bien la tête que tu feras quand les gendarmes te foutront dehors à coups de pied au cul !

— Pauvre con ! lâcha Antoine avec une moue de dégoût. Si tu travaillais aussi bien avec tes mains qu'avec ta langue, il y a longtemps que tu serais milliardaire, tu peux me croire. »

Il tourna les talons pour marcher vers l'étable. Quand il referma la porte derrière lui, il vit que le patron avait déjà défait une botte de paille pour monter la première litière. Sans un mot, Antoine saisit sa fourche et commença à éparpiller la paille devant lui. Les paroles de Roger lui collaient encore aux oreilles. Depuis leur bagarre, là-haut sur le chemin des Juilles, cet imbécile lui en voulait au point de faire tout ce qu'il pouvait pour aggraver ses ennuis. C'était sûrement lui qui avait demandé à Morvan de porter plainte en qualité de secrétaire de mairie. Tout ça à cause de Juliette.

« Je te dis merde quand même », grinça Antoine entre ses dents. Cette phrase lui était sortie de la gorge, sans qu'il puisse l'arrêter.

À l'autre bout de l'étable, le patron leva la tête.

« Qu'est-ce que tu dis ? demanda-t-il.

— Rien. C'est la paille qui veut pas venir où il faut. »

Puis, après un temps, il ajouta, le plus simplement possible :

« Y paraît que Morvan a porté plainte contre moi ? »

La question sembla rester suspendue juste sous les poutres de l'étable avant de tomber dans les oreilles du patron. Elle demeura dans la tête du vieux pendant une bonne minute avant de provoquer un grognement de colère.

« Ce grand salaud ! Si jamais je le vois par ici, je le sors de par le tour, à coups de fourche ! »

Il s'était mis à remuer la paille avec rage, comme si la tête de Morvan était là, devant lui. Puis il ajouta, à peine plus calme :

« Il n'a qu'à essayer. On verra bien qui est le plus fort des deux ! »

Antoine ne put réprimer un sourire. Le patron détestait tellement Morvan qu'il faisait une affaire personnelle de ce qui, après tout, ne le concernait pas directement.

Et puis, comme si l'affaire était déjà réglée dans sa tête, le patron changea brusquement de sujet. Sur son visage, il n'y avait plus de colère, mais seulement la joie de pouvoir dire tranquillement :

« Demain matin, on attaque les moissons. »

La phrase était tombée, toute simple. Sur une terre, chaque travail a sa phrase, ses mots qui le conduisent ; mais de tous ceux qu'il utilise au long de l'année, c'est le mot « moisson » que le paysan aime le plus à prononcer ou à entendre. C'est un mot qu'il faut attendre un an, pour lequel il faut donner beaucoup de travail ; c'est un mot qui se couche avec les semailles d'automne, s'endort avec l'hiver et se réveille au printemps ; il n'y a pas d'autre mot qui sente le soleil, la paille et le grain mûr ; pas d'autre mot pour lequel on se soit autant fatigué et qu'on ne prononce à pleine bouche qu'en été, dans la chaleur et la lumière.

Antoine s'appuya sur sa fourche, en silence. Il voulait laisser le patron seul avec son plaisir, sans parler. Il n'y avait d'ailleurs rien à dire.

33.

Pour la première fois, Ruysberg était ébranlé. Il était particulièrement tendu lorsqu'il s'adressa à Van Straten.

« Je ne comprends pas ce qui se passe là-bas. Ce que je vous avais indiqué se confirme. Quelqu'un d'autre tente d'établir un contact avec Dirac.

— Avez-vous pu identifier l'intrus ? demanda Van Straten, l'œil toujours rivé sur l'écran où défilaient à toute vitesse des centaines de données.

— Malheureusement pas. Mais je crois bien qu'il est déjà parvenu à rencontrer Dirac. »

Il s'épongea les mains à l'aide de son mouchoir avant de poursuivre :

« Ce qui me surprend, c'est qu'on ait pu s'introduire dans l'environnement de Dirac sans que nous ayons remarqué quoi que ce soit ! »

Van Straten secoua pensivement la tête.

« Beaucoup de choses nous échappent dans cette affaire.

— Croyez-vous que les Américains soient derrière l'apparition de l'intrus ? » demanda Ruysberg.

Van Straten frotta ses joues creuses d'une main distraite.

« Surveillez la prochaine intervention de l'espion ! Et tâchez d'en savoir plus à son sujet. »

À présent qu'il était à nouveau seul, Van Straten se demanda une fois de plus comment il avait pu faire pour se fourrer dans un tel pétrin.

34.

Le soleil n'était pas encore sorti ide terre lorsque l'attelage s'arrêta en grinçant au bord du champ de la Gourgue. L'air était très frais, à peine éclairé par une lueur rose pâle qui montait à l'horizon. Le vieux Pellaroque se moucha bruyamment, cracha dans l'herbe couverte de rosée, et passa devant la Rousse et Blérotte pour commencer à dénouer les lanières de cuir qui liaient le joug au timon. Il fallait d'abord libérer l'attelage pour mettre la moissonneuse en ligne de travail. Pendant ce temps, le patron et Antoine actionnaient la manivelle qui permettait de placer l'énorme roue motrice en position basse ; à chaque tour, la roue descendait un peu plus, jusqu'à ce que les crampons de métal viennent mordre le sol. Antoine redoubla ses efforts sur la manivelle tandis qu'à présent la moissonneuse se soulevait lentement.

« Ça va, dit le patron. Occupe-toi du timon, maintenant. »

Antoine fit le tour de l'engin et, à l'extrémité du portelame, abaissa la roue auxiliaire qui supportait le tablier de coupe. D'un geste rapide, il fit sauter la goupille et libéra le timon.

« Attends, je vais te donner un coup de main », lança Pellaroque.

Les deux hommes portèrent le timon devant la barre de trait. Le patron déverrouilla la goupille et, bientôt, le timon était en position de travail.

« Débraie la machine, que je voie si elle tourne bien. »

Le patron s'était approché de la manivelle folle qui pendait près du lance-gerbes ; son dos se voûta au moment où il appuyait de tout son poids sur la poignée. Puis la machine se mit à tourner en gémissant. La barre de coupe, le rabatteur, les toiles de portée, tout fonctionnait sous les bras du patron qui tournait et tournait encore la manivelle.

Enfin satisfait, il s'arrêta pour s'éponger le front.

« Ça va ? demanda-t-il.

— Elle tourne, répondit Antoine.

— Alors, il n'y a plus qu'à atteler. »

Les trois hommes savaient ce qu'il restait à faire. Pellaroque monterait sur le siège de la moissonneuse, pour surveiller la coupe, Antoine marcherait près du lance-gerbes, afin de dégager le passage de la machine, et ce serait le patron, comme toujours, qui guiderait l'attelage.

« On boit un coup ? demanda le patron. J'ai pris une bouteille de narrac, et sans le couper d'eau, encore. »

Le patron saisit la bouteille et enfonça le tire-bouchon dans le goulot. Le bouchon couina un peu et finit par céder dans un bruit mat.

« Y a pas à dire, il sait y faire », dit Pellaroque en riant.

Ils parlèrent du vin. Et de la récolte qui s'annonçait bonne. Et encore, ils revenaient au vin, pour mieux le goûter, car ils savaient qu'on ne boit pas une bouteille de narrac comme un simple litre de rouge.

Au moment où le patron finissait son verre, le soleil passa l'horizon. Une lame de lumière rose frôlait maintenant le champ, au ras des épis qui remuaient par vagues, encore lourds de rosée. Comme si la lumière eût donné le signal, le patron reboucha la bouteille et lança à voix forte :

« Allez, on y va. »

L'attelage s'ébranla, doucement d'abord, puis un peu plus vite, à mesure que le patron guidait la Rousse vers la haie pour ouvrir le passage d'entame à contresens. Les lattes de bois du rabatteur tournaient régulièrement pour coucher les épis par rangs devant la barre de coupe ; sectionnée presque au ras du sol, l'orge tombait sur le tablier de la moissonneuse avant que les toiles de portée du monte-paille ne l'entraînent vers la cage lieuse.

Les premières gerbes tombèrent difficilement. Elles étaient encore lourdes d'humidité et on sentait que la machine avait du mal à lier la paille. Plusieurs fois, Antoine dut dégager le tablier où des bouchons se formaient, jusqu'à passer par-dessus les toiles de portée.

« C'est parce qu'on est près de la haie, cria Pellaroque du haut de son siège. Ça ira mieux tout à l'heure. »

Au bout du deuxième tour d'entame, en effet, la coupe était devenue plus facile ; et lorsque la machine attaqua le champ dans le bon sens, les gerbes venaient régulièrement, ni trop grosses, ni trop petites, liées bien au milieu.

Antoine avait trouvé son rythme. Sa fourche bien en main, il marchait à côté de la machine, surveillant d'un œil la gerbe qui se formait dans la lieuse ; dès qu'elle était éjectée par le lance-gerbes, il piquait sa fourche dans la paille et lançait d'un seul mouvement la gerbe deux mètres sur la gauche. Sa force partait de ses reins, s'appuyait sur sa jambe droite, revenait dans les reins avant de sortir par les bras ; un mouvement bien fait demande moins de peine ; et Antoine sentait que ses gestes avaient trouvé leur place juste où il fallait.

Au cinquième tour, un énorme lièvre bondit devant la barre de coupe et détala en direction de la haie. Du haut de son siège, Pellaroque fit mine de le viser avec son bâton dont la pointe suivait la course de l'animal. Le patron stoppa l'attelage. Pour lui qui était un grand chasseur, voir un lièvre, c'était toujours un événement, une occasion de penser qu'il aurait pu l'abattre.

« Si j'avais eu le fusil avec moi, je l'aurais eu du premier coup, le capucin.

— Pas sûr, enchaîna Pellaroque en riant. Je l'ai vu avant toi, juste devant la machine.

— Avant guerre, il y en avait plein, par ici. Mais depuis la myxomatose, on n'en voit plus beaucoup.

— En tout cas, celui-là, il était beau. »

Antoine les écoutait parler, sans rien dire. Lui aussi aimait bien la chasse, mais surtout pour la marche, fin septembre, quand la campagne sent les champignons et la vendange. La plupart du temps, quand il avait une palombe, un lapin ou un lièvre au bout de son canon, il s'arrangeait pour tirer à côté.

Le patron avait ôté son béret pour s'éponger le crâne. Sur le cou et les joues, il avait des traces laissées par la sueur qui coulait de son front. La poussière que le vent faisait monter de la terre s'était déposée sur son visage, ses épaules, son large pantalon de toile.

Il faisait chaud, à présent. Pellaroque planta son bâton en terre et descendit de son siège.

« Moi, je vais pisser un coup, dit-il en marchant à petits pas vers la haie.

— En même temps, profites-en pour ramener la musette », dit le patron en défaisant sa braguette à son tour.

À nouveau la chaleur et le silence. À présent, Antoine était seul au milieu de la mer de paille. Le souffle des orges montait vers les hauteurs du ciel, parfumant le vol éternel des abeilles dans l'été. C'est alors que la cloche des Juilles tinta au loin, comme une goutte verte et fraîche dans l'air sec.

Il était déjà onze heures. L'écho du onzième coup chantait encore derrière l'horizon lorsque Antoine tourna la tête. Une ombre remuait en bordure du champ.

Le curé !

Une onde glacée serpenta entre les omoplates d'Antoine. Comment l'étranger savait-il qu'il le trouverait là ? Est-ce qu'il le surveillait depuis des semaines sans qu'il s'en aperçoive ?

La manche noire du prêtre s'agita alors par-dessus les broussailles. À demi caché derrière la haie, il lui faisait signe d'approcher. Antoine jeta un coup d'œil de l'autre côté de la moissonneuse. Le patron et Pellaroque n'étaient pas encore de retour. Alors, il planta sa fourche dans une gerbe et, d'un pas rapide, se dirigea vers la haie.

Le prêtre était là, les bras le long de sa soutane, un léger sourire frôlant son visage mince et lisse. Ses yeux étaient aussi clairs que le ciel sur le fond duquel sa tête semblait être dessinée. Encore un pas, puis Antoine s'arrêta, à l'ombre sèche de la haie, chassant du revers de sa main une goutte de sueur qui roulait dans son dos. Si l'étranger souffrait lui aussi de la chaleur, cela ne se voyait pas. Sur son front sans rides, il n'y avait pas la moindre trace de transpiration, pas même une rougeur.

« Encore vous ? questionna enfin Antoine sur un ton plein de méfiance.

— Je vous avais dit que je reviendrais, répondit le prêtre.

— Écoutez, coupa Antoine en tâchant de contrôler l'irritation qui montait en travers de sa gorge, ou bien vous vous fichez de moi ou bien vous avez perdu la tête. Mais dans les deux cas, foutez-moi la paix ! J'ai déjà bien assez d'emmerdements. »

Antoine avait crié, mais ses paroles parurent se figer dans l'air épais.

« Avez-vous revu les inspecteurs ? » continua le prêtre sans se troubler.

Antoine cassa nerveusement une branche qui lui chatouillait la joue.

« Qu'est-ce que ça peut bien vous faire ? »

Le jeune abbé secoua la tête.

« Ils ne vous lâcheront pas. Où que vous alliez, ils vous retrouveront. »

Depuis leur première visite, Antoine savait qu'il était inutile de fuir. Il serra les poings, jusqu'à ce que ses doigts soient blancs comme des cailloux.

« Que savez-vous d'eux ? demanda-t-il avec une voix desséchée.

— Tout ce que je peux vous dire, c'est qu'ils sont venus de loin. De très loin… »

Le cercle bleu de ses yeux s'agrandit sur cet ailleurs auquel appartenaient les inspecteurs. Et à cet instant, Antoine sentit qu'entre eux et lui, il y avait autre chose que les simples murailles de la vie. Quelque chose d'impensable, qui ressemblait au gouffre de la mort.

Fouetté par le soleil, un corbeau troua le champ de blé. Bientôt, ses ailes noires disparurent dans le ciel, et on n'entendit plus que ses cris venus de nulle part.

Puis, à nouveau la brise fraîche sous le feuillage ombragé. Un souffle d'air et le silence.

« Mais pourquoi… pourquoi tiennent-ils tant à ce foutu numéro ? Qu'est-ce qu'ils veulent en faire ? »

Un sourire glissa sur la face pâle du prêtre.

« Vous savez, Antoine, le monde dans lequel vous vivez, tout ce que vous voyez autour de vous… »

Il fit un geste vague et hésita.

« Ce que vous voyez n'est pas nécessairement ce qui est. La Sainte Bible nous enseigne qu'au-delà de la réalité d'ici-bas, il y a place pour un autre monde. »

Sa voix se fit plus grave au moment où il posa la main sur l'épaule d'Antoine. Un geste sans mouvement, au bout d'une main sans poids.

« Antoine, vous devez découvrir la vraie nature des choses derrière les apparences. La lumière au-delà des ombres. Je suis là pour vous y aider. »

Antoine comprenait de moins en moins ce que voulait dire son étrange compagnon. À présent, il avait envie de retourner près de la moissonneuse, pour oublier tout cela. D'autant que le patron devait s'étonner de son absence.

« Il… il faut que je m'en aille », bredouilla-t-il, de plus en plus mal à l'aise.

L'abbé le retint par la manche.

« Attendez encore un instant ! Il faut que je vous dise… »

Il s'interrompit en jetant des coups d'œil inquiets autour de lui, comme il l'avait fait la première fois près de l'église.

« Les inspecteurs reviendront, Antoine. Mais lorsqu'ils seront là, tenez bon ! Surtout, ne leur donnez jamais votre numéro de Sécurité sociale. Si vous le faites, un malheur épouvantable en résulterait. Un malheur qui dépasserait votre propre existence. »

Porté par la chaleur, un claquement d'aile passa dans le ciel. Antoine leva la tête, à la recherche de l'oiseau, mais il ne vit rien. Rien que le bleu et le vide à perte de vue. Puis il reporta son regard sur le prêtre. Il allait poser une nouvelle question lorsque la voix du patron résonna dans l'air tiède. Une voix chargée de colère.

« Allez-y, souffla l'abbé. Je reviendrai plus tard, pour vous dire une autre chose encore plus importante. Courage, Antoine… »

Au troisième cri du patron, Antoine courut à grandes enjambées vers la moissonneuse, faisant crisser les orges tendres sous la semelle de corde de ses sandales.

Le patron était en train de tirer un petit levier deux crans en arrière. Ce matin, ils avaient réglé la lieuse au plus large, de façon à ce que les gerbes puissent sécher ; mais maintenant que le soleil avait fait son travail sur la rosée, on pouvait économiser la ficelle en nouant plus court.

« C'est pas trop tôt ! fit-il en entendant le pas d'Antoine. Qu'est-ce que tu fabriquais ? ».

Antoine ne répondit pas. Quant à Pellaroque, il était déjà assis depuis longtemps à l'arrière du tablier de coupe, en train de déboucher la bouteille de vin. Il remplit deux verres, un pour lui, un pour le patron, car il savait que cette fois, Antoine ne boirait que de l'eau. Tout en le regardant porter le goulot à ses lèvres, le vieux lança en riant :

« Je me demande comment tu fais pour ne pas te rouiller l'estomac, avec toute cette flotte. »

Antoine s'attendait à cette plaisanterie. Mais sa tête était encore pleine de ce que venait de dire le curé. Un petit vent passa sur le champ, creusant des vagues régulières sur les épis d'orge. Antoine leva les yeux vers le patron et dit, pour essayer d'oublier le prêtre :

« Vous ne vous êtes pas trompé, ce matin, en partant de la maison. La bise se lève. Je me demande comment vous faites pour toujours voir juste dans le temps qu'il va faire. »

Les deux vieux se regardèrent et ce fut Pellaroque qui répondit en haussant les épaules :

« Ça, petit, ça vient avec l'âge. Ces choses-là, ça s'explique pas, ça se sent. La couleur du ciel, l'odeur de la rosée, comment on respire, je ne sais pas, moi. »

Le patron hocha la tête, pour dire qu'il était d'accord. Et à cet instant, à regarder les deux vieux, un peu d'envie passa dans les yeux d'Antoine ; il la connaissait bien, la terre. Mais à côté d'eux, il ne savait presque rien.

Il fit quelques pas en avant, jusqu'à toucher l'orge. Il en arracha une poignée pour écraser la balle entre ses doigts. La graine était tendre, bien dorée, encore un peu humide peut-être, mais d'ici le dépiquage, elle aurait le temps de sécher.

Puis il ouvrit la main, lentement, jusqu'à ce que la dernière graine se perde dans les orges. Un étrange silence était tombé sur le champ, un silence fait de mille bruits, pourtant, remué par le crissement des courtilières, le passage du vent, les insectes qui dansaient dans le soleil, mais le silence quand même. Les deux vieux aussi écoutaient ces bruits du silence, les yeux posés devant eux, à l'horizon. Son verre à la main, Pellaroque buvait à petites gorgées, moins par soif, maintenant, que par goût, parce qu'il faisait bon avaler ce vin qu'on avait fait soi-même, pour lequel on avait tant peiné, parce que le vin était encore meilleur dans la chaleur des moissons.

On aurait dit que le temps ne bougeait plus, ou à peine. Antoine se souvenait avoir vu Pellaroque dans la même position, plus de trente ans en arrière ; et le vieil homme était toujours là, comme si le travail le gardait en vie, une année après l'autre. Certains êtres ne pouvaient pas mourir. Et aux yeux d'Antoine, Pellaroque était de ces êtres.

Et puis, sans même se le dire, ils reprirent le travail. Maintenant que le soleil était plus chaud, la moissonneuse faisait un autre bruit. Un pas après l'autre, près du lance-gerbes, Antoine ne pensait plus à rien. Ni à Juliette, ni aux inspecteurs, ni au prêtre.

Dans sa tête, il n'y avait que la gerbe à envoyer deux mètres plus loin, sur la gauche. Bien huilés par la sueur, ses bras travaillaient presque sans effort.

À cet instant, il aurait pu être heureux.

35.

Le général entra sans frapper dans le bureau du président. Son ordonnance était restée derrière la porte.

« Ah ! général Sveslov, je suis content de vous voir. Asseyez-vous, je vous prie. »

Le général s'inclina légèrement, ôta sa casquette et s'assit derrière le bureau. Son regard glacial se posait devant lui sans refléter la moindre expression. On lui avait appris ça, à l'armée. Au bout d'un temps, il demanda simplement :

« Pourquoi m'avez-vous fait venir ? »

Le président s'assit à son tour et alluma une cigarette. Il attendit d'avoir soufflé un nuage de fumée loin devant sa bouche avant de répondre :

« En tant que président du Bureau des Stratégies politiques, j'ai besoin d'un certain nombre de renseignements. »

Il attendit d'avoir tiré une nouvelle bouffée avant de demander :

« Vous n'ignorez pas qu'en France, certains contestent l'identité du corps ? »

Le général hocha la tête. Il savait en effet que les services secrets occidentaux avaient laissé filtrer cette information.

« À mon sens, répondit-il, ceci n'est qu'une manœuvre politique. Le cadavre était parfaitement identifiable. Lorsque j'ai procédé au transfert, devant le pont, l'officier a refusé de l'examiner. Il s'est simplement contenté du certificat de décès.

— Je vois. »

Le président se leva pour faire le tour du bureau. Il s'assit sur le coin de la table, une jambe pendant dans le vide.

« Vous croyez que la CIA est dans le coup ? »

Sveslov leva un sourcil.

« Les rapports de nos services de renseignements ne laissent aucun doute là-dessus. Mais il est impossible de savoir si oui ou non ils détiennent la séquence de sécurité.

— Et que dit l'Office de sécurité ?

— La plupart des membres de l'ancienne équipe sont démissionnaires, refusent de parler ou mentent sur ce qu'ils savent. Mais nous savons que la CIA soutient financièrement l'Office, à raison de plusieurs millions de dollars par an. »

Le général plongea son regard froid dans les yeux du président en disant à voix basse :

« Si je puis me permettre, Président, je crois que vous avez fait une erreur en éliminant ce type. C'est exactement ce que cherchait la CIA et vous êtes tombé dans le piège. À présent, ils peuvent dormir sur leurs deux oreilles tout en exploitant politiquement la situation qu'ils déguisent en acte d'agression de la part de Moscou. »

Le président haussa les épaules.

« Nous verrons bien, dit-il. Ils ne savent pas ce que nous sommes en train de faire.

— Vous oubliez une chose...

— Quoi donc ? »

Sveslov marqua un temps.

« Tout repose entre les mains de Van Straten. Or ce type ne m'inspire aucune confiance. C'est un instable et un Hollandais, de surcroît. Qui vous dit qu'il ne va pas tout plaquer à la dernière minute ? »

Un mince sourire apparut sur les lèvres du président. Il se leva pour aller se rasseoir derrière son bureau.

« Vous me croyez naïf ? Jetez donc un coup d'œil là-dessus. »

Il poussa un dossier vers le général qui feuilleta quelques pages avant de le refermer en disant :

« Il y a longtemps que le KGB est là-dessus ?

— Bien avant que je ne décide de lancer l'opération.

— J'imagine que Van Straten n'est pas au courant...

— Bien sûr que non. Il ignore que nous le tenons. Mais au moindre signe de faiblesse, nous expulsons sa femme en Hollande pour "espionnage et atteinte à la sécurité de l'État". »

Le général hocha pensivement la tête. Il connaissait bien les méthodes des politiques. Sans un mot, il se leva, inclina légèrement la tête et quitta le bureau.

36.

Le lendemain, un peu avant midi, la moissonneuse emporta le dernier carré d'orge encore debout. Maintenant, le champ était recouvert de centaines de gerbes qui resteraient là, à sécher, avant d'être rassemblées en tas. Le patron arrêta l'attelage et prit le temps de s'éponger le front avant de lancer à Pellaroque :

« Débraie la machine. On va monter jusqu'à la Coume, pour mettre le bétail à l'ombre. »

Alors que l'attelage faisait demi-tour, Antoine passa devant pour ouvrir un chemin au milieu des gerbes. Une odeur de paille chaude montait du champ, par vagues, soulevée par le soleil ou par un souffle de vent.

Quand l'attelage atteignit la Coume, le patron guida la Rousse et Blérotte au plus près de la haie, bien à l'ombre. Puis il posa son bâton en travers du joug.

« Juliette n'est pas encore arrivée ? demanda-t-il.

— Elle va pas tarder, sans doute. »

Pour gagner du temps sur la journée, il avait été prévu que les hommes ne rentrent pas déjeuner à la maison. C'était trop loin de la Gourgue. Et le Champ du Bérin, dans lequel ils devaient aller cet après-midi, était encore plus éloigné.

Pellaroque avait commencé à dételer la Rousse lorsque Juliette franchit la trouée derrière la haie. Son visage était rouge de soleil. Elle déposa deux grands paniers près de la machine en disant :

« Le lard et le pâté sont ici, avec le vin. La patronne vous a aussi préparé un poulet à la crapaudine. Avec cette chaleur, ça ne vous pèsera pas sur l'estomac. »

Elle avait dit ça en regardant le patron et Pellaroque. Mais elle n'avait même pas levé les yeux vers Antoine. Il sentait qu'elle faisait des efforts pour l'ignorer, comme si sa présence la rendait mal à l'aise. Son comportement mettait tous les sens d'Antoine en éveil ; il l'observait avec une acuité douloureuse, attentif au moindre de ses mouvements. Délibérément, il s'avança vers elle pour l'aider à vider les paniers.

Cette fois, elle ne put éviter son regard. Il décela comme une angoisse dans ses yeux, et peut-être autre chose d'indéfinissable.

Jetant un coup d'œil par-dessus son béret pour s'assurer que le patron et Pellaroque n'étaient pas trop près, il souffla à Juliette :

« Écoute, il faut qu'on se parle. Je t'attendrai ce soir, près du hangar. »

Elle ne répondit rien et se leva brusquement avant de dire au patron :

« Milon est passé ce matin. Il a déposé dix pelotes de ficelle. Comme j'irai aux Juilles cet après-midi, je pourrai aller le voir si vous avez besoin de deux ou trois pelotes en plus. »

Le patron se gratta le crâne.

« À condition de ne pas trop desserrer la gerbe, ça devrait aller », répondit-il.

Juliette resta encore là quelques instants puis elle ramassa un des paniers en disant :

« Je vous laisse le grand pour que vous y mettiez les restes. Ne l'oubliez pas ici, surtout. »

Sans se retourner, elle disparut alors par la trouée de la haie.

Comme Antoine restait là, accroupi près du panier, sans savoir que faire, Pellaroque s'approcha en riant.

« Alors, on mange ou quoi ? »

Ils rassemblèrent quelques gerbes à l'ombre de la haie, pour s'asseoir dessus. Puis ils commencèrent à manger. Malgré les linges qui l'enveloppaient, le pain avait un peu durci. Mais il gardait son bon goût. Surtout avec les épaisses tranches de lard que la patronne avait préparées.

Antoine ne pensait à rien. Dans sa tête, il y avait bien mille choses qui s'agitaient en tous sens, mais il s'efforçait de les repousser loin, aux limites de sa conscience. Simplement, il regardait le pain et le lard, son couteau à la lame toute luisante de graisse. Il taillait des petits morceaux et avalait, lentement, par petites bouchées. À cet instant, il se sentait bien. Sur le champ brûlant, tout était tranquille, tout dormait dans le soleil. Même l'air ne bougeait plus.

Après avoir mangé, ils se mirent en route vers le champ du Bérin. Il fallait d'abord descendre le chemin de la Coume, qui serpentait entre une friche, sur la hauteur, et un talus plongeant à une vingtaine de mètres dans les ronces. Plusieurs fois, le porte-lame faillit s'accrocher aux arbustes qui poussaient le long du talus ; mais la moissonneuse atteignit sans encombre l'endroit où le chemin devenait plus large.

Antoine et Pellaroque marchaient derrière la machine. Ce dernier, montrant les bois du bout de son bâton, sur la droite, dit :

« Tu vois, petit, ça gagne de partout. Cet hiver, il faudra revenir ici pour éclaircir le bois. »

Comme Antoine ne répondait pas, Pellaroque le regarda en ajoutant :

« C'est ton histoire qui te tracasse ? »

Antoine haussa les épaules.

« Peut-être, oui.

— Laisse-les, va. De toute façon, qu'est-ce que tu veux qu'ils te fassent ? »

Antoine regarda le vieux Pellaroque, mais se retint de parler. Il ne pouvait pas lui dire que ce qu'il craignait, c'était tout autre chose. Ses rêves, les visites du prêtre, ses étranges visions, ou ce que dissimulait son numéro de Sécurité sociale. Tout cela, il devait le garder pour lui. Aussi se contenta-t-il de répondre :

« Vous avez peut-être raison. »

Comme encouragé, le vieux enchaîna aussitôt :

« Oh ! que oui. Tu peux me croire. Et puis le patron m'en a parlé, l'autre jour. Il ne laissera personne venir t'emmerder pour un bout de papier. »

Antoine sourit. Il aurait bien voulu le croire. Mais il savait que le patron était impuissant à lutter contre ce qui se préparait. Et l'avertissement du curé résonnait comme une menace. À présent, le chemin montait vers le champ du Bérin. Le vieux quitta sa casquette et tira de sa poche un grand mouchoir à carreaux pour essuyer son crâne où la sueur collait ses derniers cheveux blancs.

« Bon Dieu, ça grimpe ! J'ai plus les jambes pour marcher aussi vite. Va devant, petit. Moi, je vais souffler un peu. »

Antoine décida de couper par la friche pour arriver le premier sur le plateau. Il marchait en respirant profondément. Arrivé sous le bouquet de chênes qui dominait l'autre versant, il s'arrêta pour chercher des yeux l'horizon.

Aussitôt, il fronça les sourcils.

Le temps était clair, mais au-delà des champs de la Borderie, le paysage se perdait dans une brume opaque, presque noire. On aurait pu penser à un orage qui bouchait l'horizon ; pourtant, rien dans l'air n'annonçait la pluie. Comme le patron allait le rejoindre, il se retourna vers lui.

« On dirait que le temps va changer », dit-il.

Le patron se mit à rire.

« Ça m'étonnerait. Tant que mes rhumatismes ne me font pas mal, tu peux être sûr que ça restera au beau.

— Oui, mais… vous avez vu ? insista Antoine en montrant l'horizon.

— Bah ! C'est de la brume sèche. Les champs de la Borderie font cuvette. Il y a toujours eu de la brume par ici. »

Antoine chercha un moment dans sa mémoire et se souvint brusquement que le patron avait raison. Maintenant qu'il y pensait, il lui était impossible de décrire la campagne au-delà des champs de la Borderie ; tout simplement, parce qu'il ne l'avait jamais vue. Aussi loin qu'il remontait dans le passé, la brume avait toujours été là, comme faisant partie du paysage.

Et puis, tout à coup, un malaise se mit à grandir dans sa poitrine. Il se revoyait, marchant vers l'horizon obscur derrière lequel menaçait le néant. Et là, devant lui, l'horizon de la Borderie ressemblait à celui de son délire, presque aussi gros de mystères.

Antoine gonfla sa poitrine. Des gouttes de sueur ruisselaient, s'accrochant à ses poils.

« Alors, tu rêves ou quoi ? demanda le patron. Ouvre le passage, donc ! »

L'entrée du champ était fermée par deux barreaux en bois dont les extrémités étaient nouées avec du fil de fer aux bords de la haie. C'était la seule façon d'empêcher le bétail de Morvan de piétiner l'avoine. Antoine fit glisser les barreaux vers l'intérieur de la haie et l'attelage entra dans le champ.

« C'est bien beau, tout ça, mais il faut rattraper le temps perdu », grogna le patron.

Pour lui, le temps qu'on ne passait pas à travailler c'était du temps gaspillé.

Ils avaient déjà mis la machine en ligne de travail lorsqu'ils entendirent Pellaroque sur le chemin. Sa respiration sifflait au travers de l'asthme qui traînait dans sa poitrine depuis plus d'un demi-siècle. Antoine lui sourit, puis regarda le patron.

Tant bien que mal, Pellaroque grimpa sur son siège et la machine s'enfonça en tanguant comme un bateau dans le champ d'avoine.

37.

Dans l'avion privé qui le ramenait à Moscou, le président inclina le dossier de son fauteuil et coupa le plafonnier. Puis il appuya sa tête contre le hublot. Très loin en dessous, de petites lumières éclairaient la nuit brumeuse du continent canadien d'une faible lueur, d'une immobilité argentée par transparence, vaporeuse et pleine de mystère.

Depuis plus d'une heure que le Tupolev 630 avait décollé, le président ressassait la conversation qu'il avait eue avec le chef de la Maison-Blanche, au début de l'après-midi. On l'avait fait entrer dans le bureau ovale pendant que le Président John Mac Crae était encore occupé par un conseil. Tout de suite, il avait été impressionné par le fameux bureau dont l'histoire imprégnait tout l'espace autour de lui. Nombre de décisions capitales avaient été prises en ce lieu, et il semblait en demeurer quelque chose dans les murs. La table de travail devant laquelle il se tenait avait été offerte à Rutherford B. Hayes par la reine Victoria. La toile de Dominique Serres suspendue sur le manteau de la cheminée avait été, disait-on, une des œuvres favorites de John F. Kennedy. La console qui se trouvait près de la fenêtre avait été commandée et utilisée par James Monroe en 1817, et le fauteuil sur lequel il était assis faisait partie de la même commande.

Au moment où Mac Crae était entré, ce fauteuil lui avait fait l'effet d'une chaise électrique. L'entretien n'avait duré que quelques minutes, durant lesquelles le Président des États-Unis lui avait clairement déclaré qu'il souhaitait voir Moscou cesser de soutenir politiquement certains pays d'Afrique, en particulier l'Éthiopie et l'Angola ; même chose pour d'autres pays d'Amérique du Sud, comme le Nicaragua ou le Salvador. Mac Crae lui avait fait comprendre que les récents développements de l'affaire Dirac avaient renversé le rapport de force au profit de l'Amérique et que, naturellement, Moscou devrait se plier à ses exigences.

Un banc de nuages masqua momentanément le paysage en dessous de l'avion. Le président demanda un verre d'eau au steward et jeta un coup d'œil vers le fauteuil de droite. Le général Sveslov s'était endormi, la tête appuyée contre le hublot. En le regardant si tranquillement assoupi, le président songea que les militaires étaient tous les mêmes : depuis le plus obscur soldat jusqu'aux chefs d'état-major, ils arrivaient toujours à dormir pendant les voyages, comme si savoir reposer son corps à la demande faisait partie de l'entraînement destiné à l'entretien du matériel de guerre.

Après avoir vidé son verre, le président installa un coussin derrière ses reins et ferma les yeux. Il les rouvrit presque aussitôt car il savait que le sommeil ne viendrait pas. Les paroles de Mac Crae revenaient à ses oreilles, fortes, pleines d'une odieuse assurance. Savait-il qu'ils avaient réussi à entrer en contact avec Dirac ? Impossible de répondre avec certitude, car même s'il n'en avait rien laissé paraître, le mensonge pouvait faire partie de la stratégie. En tout cas, ce qu'il ne pouvait pas savoir, c'était la nature de leurs « relations » avec Dirac. Il restait plus d'une semaine avant le sommet de Washington, date à laquelle, selon la demande de Mac Crae, Moscou devrait annoncer officiellement son retrait d'influence des pays qu'il avait cités.

Mais d'ici là, bien des choses pouvaient se passer. Dirac pouvait céder à tout moment et leur livrer la séquence. Dans ce cas, le sommet de Washington n'aurait plus du tout le même visage.

38.

Le repas du soir se passa en silence. Les muscles étaient fatigués et même les cuillères semblaient lourdes au bout des doigts. Deux ou trois fois, Antoine risqua un coup d'œil vers Juliette, sans même lever la tête de son assiette. Mais elle ne le regardait pas. Impossible de savoir si elle viendrait tout à l'heure au rendez-vous qu'il lui avait fixé.

Aussitôt sa cigarette allumée, Pellaroque eut une forte quinte de toux.

« Vous devriez vous arrêter de fumer, mon pauvre Augustin, fit la patronne sur un ton de reproche.

— Un peu plus, un peu moins, répondit-il, de toute façon, il faut bien mourir de quelque chose. Et comme c'est un des derniers plaisirs qui me restent…

— Peut-être, mais ce n'est pas une raison », coupa la patronne en se levant pour servir le café.

Pellaroque haussa les épaules et commença à boire son café. Quand il eut fini son verre, il se leva dans un grand bruit de chaise.

« La journée a été assez longue comme ça, dit-il. Je vous souhaite la bonne nuit. »

Il sortit. Ses pas s'éloignèrent dans le couloir puis ce fut à nouveau le silence. Juliette se leva, commença à desservir tandis qu'Antoine essayait de déceler une expression, un signe, sur le visage fermé de la jeune fille. Il roulait nerveusement un morceau de papier journal entre ses doigts.

Mais rien. Rien que des yeux, une bouche immobiles.

D'un geste sec, Antoine jeta la boule de papier dans la cheminée. Il resta là, à regarder un mince filet de fumée qui montait lentement de la cendre froide avant de se lever à son tour.

« Bonsoir, dit-il en sortant. C'est moi qui vais attacher la chienne. »

Le patron leva un œil vers la fenêtre.

« Laisse-lui un peu de corde, autrement, elle va aboyer toute la nuit. »

Antoine hésita un instant, regarda Juliette encore, puis referma la porte derrière lui. Une fois dehors, il siffla deux ou trois fois pour appeler la chienne. Elle courut vers lui en faisant de petits sauts de droite à gauche.

« C'est encore toi la plus heureuse, va », dit-il en caressant la chienne.

Après l'avoir attachée à sa niche, il alla vers le hangar. Il faisait si noir qu'il devinait à peine l'énorme masse de la bâtisse. Il s'assit au bord du talus et commença à attendre.

La nuit pesait. Même les grillons se taisaient ; ils ne feraient pas entendre leur chant avant au moins une heure, quand la chaleur serait un peu retombée. En regardant la nuit, Antoine se demandait comment elle finirait par tirer une aube de derrière cette terre qu'il devinait à peine.

Au bout d'un moment, il se retourna vers la maison. À travers les branches du chêne, il vit que les lumières de la cuisine étaient maintenant éteintes. En haut, la chambre des patrons était éclairée et les épaules du vieux se découpaient dans la fenêtre ouverte. Des ombres remuèrent encore pendant quelques instants, puis la lumière s'éteignit. La maison était maintenant entièrement noire, à peine distincte de la grande nuit qui la prenait de partout.

Antoine soupira avant de continuer à regarder devant lui, sans rien voir. Longtemps, il attendit, guettant un bruit, un frôlement dans l'herbe. Plusieurs fois, il se retourna, croyant reconnaître le pas de Juliette, mais ce n'était qu'un souffle de vent venu de nulle part, allant nulle part. Le temps s'écoula encore, aussi confus que la nuit, sans qu'il puisse le compter. Une heure, ou deux peut-être, puis il se surprit à murmurer :

« Plus la peine d'attendre… »

Le son de sa propre voix le surprit. À peine lâchés dans un souffle, ces mots avaient vibré avec une étrange force dans le silence. Alors il se leva et fit demi-tour vers la maison.

Il monta lentement l'escalier de bois en essayant de ne pas faire craquer les marches. Aussitôt dans sa chambre, il se déshabilla et se coucha en laissant la fenêtre grande ouverte. Il essaya de s'endormir, mais il y avait en lui trop de colère. Ce n'était pas la même colère qui l'avait jeté contre Roger, le jour où il lui avait cassé la figure ; c'était une colère triste, impuissante, qui ne pouvait pas s'en aller avec des coups. Il s'en voulait surtout à lui-même, parce qu'il ne savait pas rester indifférent à Juliette, parce qu'il la désirait furieusement, alors qu'elle avait décidé de l'ignorer.

À plusieurs reprises, il se retourna dans son lit, cherchant une place fraîche qui s'enfuyait dès qu'il croyait l'avoir trouvée. Il se força alors à rester immobile, mais le sommeil ne venait pas.

À travers les murs et les portes fermées, il entendit la pendule de la cuisine sonner onze heures, puis la demie, puis minuit. Et le sommeil ne le trouvait toujours pas. Plus les minutes passaient, plus il s'agitait. Dans sa tête, tout se bousculait. Juliette, les inspecteurs, ses cauchemars, tout tournait en désordre sans que le temps avance.

Puis brusquement, il tomba dans la nuit qui le mena d'une seule traite jusqu'à l'aube.

39.

Durant trois jours, ils moissonnèrent les orges et les avoines. La récolte avait déjà tellement donné que plus de sept pelotes étaient passées dans les gerbes. Au matin du quatrième jour, quand ils attaquèrent les blés, le patron avait demandé à Milon de lui livrer encore de la ficelle. « Sans quoi on n'arrivera jamais au bout », répétait-il en riant.

Pellaroque, lui aussi, était de bonne humeur. Perché sur le siège de sa machine, il plaisantait tout le temps, disant qu'avec des jeunes comme lui, les blés n'avaient qu'à bien se tenir. Alors le patron riait en accélérant le pas devant la Rousse et Blérotte.

Seul Antoine ne parvenait pas à entrer dans la joie du travail. Ces derniers jours, une angoisse indéfinissable lui avait collé à la peau, comme la sueur. Juliette le suivait partout. Il lui semblait maintenant que son refus de lui parler, et même de le regarder, ne faisait que renforcer les mauvais rêves qui le hantaient pendant la nuit. Il retardait le plus longtemps possible le moment où il allait se glisser dans son lit, de peur que ses cauchemars ne le prennent, toujours de la même façon. Il se voyait marchant dans la campagne vers l'horizon obscur. À côté de lui, il y avait l'inspecteur au visage blême qui marchait du même pas, sans rien dire. Et puis lorsqu'il arrivait près de l'horizon, l'étranger lui demandait de lui donner son numéro de Sécurité sociale. Alors Antoine se réveillait, tremblant et couvert de sueur.

Depuis que Juliette n'était pas venue au rendez-vous, près du hangar, cela faisait quatre jours, il dormait à peine. Et cela commençait à se faire sentir dans le travail ; il jetait la gerbe moins loin et les andains n'étaient pas aussi droits qu'ils auraient dû l'être. À un moment, le patron avait même dû arrêter l'attelage et attendre qu'il dégage la gerbe du passage de la moissonneuse. Toute la matinée avait été comme ça, lourde et pénible ; aussi Antoine avait-il accueilli avec soulagement le moment où ils étaient rentrés à la Julian pour déjeuner.

Ils avaient presque terminé leur repas lorsqu'un bruit de souliers se fit entendre près de la porte. Aussitôt, les bouches cessèrent de mâcher. Antoine sentit une chaleur envahir sa tête. La patronne s'était approchée des volets mi-clos et souffla à voix basse :

« C'est Morvan, avec les gendarmes. »

À ces mots, le patron releva la tête. Il n'avait rien dit, mais sa moustache tremblait. On frappa à la porte.

Antoine plongea son regard dans les yeux de Juliette. Cette fois, elle ne détourna pas la tête et le fixa longtemps, sans ciller.

Hésitante, la patronne regarda la porte avant d'approcher sa main de la poignée. On frappa encore, plus fort cette fois.

Comme dans un rêve, Antoine semblait voir la scène au ralenti. Tous ses muscles prêts à jaillir d'un seul mouvement, il avait follement envie de monter l'escalier, de traverser le couloir, d'entrer dans la chambre des patrons et, de là, s'enfuir par la fenêtre de derrière. Il pourrait filer jusqu'à la Gourgue, en passant par la friche. Personne n'arriverait à le suivre. Mais il resta là, sans bouger.

Lorsque la patronne ouvrit la porte, il jeta un coup d'œil en bout de table, vers le vieux. À la seule vue de Morvan, ce dernier avait changé de visage, comme si les anciennes rancœurs reprenaient brusquement leur place.

« Entrez donc », fit la patronne, visiblement mal à l'aise.

Morvan entra dans la cuisine, suivi de deux gendarmes. Ils avaient enlevé leurs képis, comme pour faire comprendre qu'ils venaient ici en amis.

« Bonjour », dit Morvan de sa voix aiguë.

Personne ne lui répondit. Au bout d'un moment qui sembla interminable, Pellaroque se retourna pour lancer :

« Et alors ? Tu avais peur de venir ici tout seul ? »

Morvan jeta un coup d'œil aux gendarmes avant de répondre :

« C'est pas moi qui décide. »

L'un des gendarmes fit un pas en avant.

« Vous savez, nous ne demanderions pas mieux que de rester chez nous », dit-il comme pour se justifier.

Morvan l'interrompit en disant :

« Au point où en sont les choses, il fallait qu'ils obéissent aux ordres de la brigade. »

À cet instant, un bruit de fourchette se fit entendre en bout de table. Très calmement, le vieux s'était remis à manger comme si Morvan et les gendarmes n'avaient pas été là.

« Passe-moi le pain », dit-il simplement à Pellaroque qui, lui aussi, avait recommencé à manger. Antoine surprit une étincelle de colère dans les yeux de Morvan. Il s'avança vers le patron et lança :

« Tu ferais bien d'écouter, si tu veux pas avoir d'emmerdements. Après tout, c'est bien ton ouvrier qui… »

Brusquement, le patron avait relevé la tête.

« Je n'ai de conseil à recevoir de personne, coupa-t-il. Et surtout pas de toi. »

Le vieux avait serré les poings. Les muscles de sa mâchoire roulaient sous sa peau tandis qu'il regardait Morvan fixement.

« On ne le dirait pas, ricana Morvan. À cause de toi, c'est toute la commune qui trinque. Si tu avais fait ce qu'il fallait pour mettre tes ouvriers en règle, on n'en serait pas là, aujourd'hui. »

Cette fois, le patron explosa.

« Mais nom de Dieu, qu'est-ce que c'est que cette histoire de Sécurité sociale ? Tu n'as donc rien d'autre à foutre, toi, que de venir m'emmerder avec des conneries pareilles ? »

Surpris par ce coup de colère, Morvan leva un bras pour dire :

« T'énerve pas comme ça, donc. On peut parler sans… »

Le vieux frappa violemment du poing sur la table.

« Je gueulerai si je veux ! Je suis encore chez moi, que je sache. »

Le patron s'était levé et dominait Morvan de toute sa taille. Ce dernier fit un pas en arrière, vers les gendarmes qui tortillaient leurs képis entre leurs mains. Celui qui devait être le chef prit alors la parole.

« Écoutez, monsieur Cahuzac, dit-il. Nous ne voulons pas vous faire d'ennuis, mais comprenez que… »

Il hésita avant de poursuivre :

« … il y a plainte contre vous et votre ouvrier. Déposée par l'Inspection générale du travail. »

Les mains du patron se mirent à trembler.

« Plainte contre moi ? Non mais, tu entends ça, Augustin ? »

Il s'avança d'un pas vers Morvan et continua d'une voix très dure, où filtrait le mépris :

« Et où tu étais, toi, pendant la guerre ? On te voyait plus, tellement tu étais occupé à faire du trafic avec les frisés. Même qu'il paraît que tu parles mieux l'allemand que le français. Quand on a finalement réussi à renvoyer les Boches chez eux, on racontait que tu chialais tellement que tu avais même plus de quoi pisser ! »

Morvan avait pâli sous l'insulte. Un tic nerveux agitait sa paupière gauche. La patronne qui, jusque-là, était restée silencieuse, leva les yeux vers son mari.

« Écoute, tu vas pas ressortir encore ces vieilles histoires. Si ces messieurs ont quelque chose à dire, qu'ils le disent. »

Pendant quelques secondes, le silence retomba sur la cuisine. Enfin, le chef se racla la gorge.

« On est seulement venus vous avertir, dit-il. Il est normal que vous sachiez qu'une procédure de plainte est engagée contre vous.

— Et ça veut dire quoi ? demanda la patronne.

— Si vous ne faites pas le nécessaire pour mettre votre ouvrier en règle, un de ces jours vous recevrez une convocation au tribunal.

— Au tribunal ?

— Oui. Et vous risquez d'être condamnés à une forte amende. Une histoire comme ça peut même vous forcer à vendre la propriété.

— Sans compter que la commune est responsable, elle aussi, enchaîna Morvan qui semblait avoir retrouvé son aplomb. L'Inspection accuse la mairie de ne pas avoir fait son travail. »

Le patron allait parler, mais sa femme se retourna et l'interrompit d'un geste. Elle demanda :

« Et il n'y a rien à faire, pour ne pas en arriver là ?

— Bien sûr que si, répondit le gendarme. Il suffit que votre ouvrier aille à la mairie pour déclarer son numéro de Sécurité sociale. Aussitôt, la plainte tombera d'elle-même. »

Pendant tout ce temps, Antoine n'avait pas ouvert la bouche. Cette conversation semblait se dérouler en dehors de lui, alors qu'il était le principal intéressé. Comme le silence s'épaississait, il sentit qu'il devait dire quelque chose.

« Comment se fait-il que l'Inspection s'occupe de moi seulement maintenant ? Ça fait des années que je travaille ici, et personne n'est jamais rien venu me demander. »

Le gendarme écarta les bras, comme s'il ne connaissait pas vraiment la réponse.

« Que voulez-vous, finit-il par dire, les lois changent. Autrefois, on pouvait employer tous les ouvriers qu'on voulait, sans les déclarer. Rappelez-vous tous ces réfugiés espagnols qui sont venus ici, avant guerre… Mais maintenant, c'est plus pareil. Il faut être en règle. »

Antoine soupira. Le gendarme ne lui avait pas appris grand-chose. Il demanda encore :

« On veut me forcer à quitter la propriété, ou quoi ?

— Pas du tout. Ça n'arrangerait rien, bien au contraire. Votre patron serait poursuivi pour vous avoir employé au noir pendant toutes ces années. En votre absence, il serait même accusé de vous avoir renvoyé sans respecter vos droits. »

Morvan sortit son mouchoir et poussa bruyamment sur ses narines. Il avait le sourire aux lèvres, comme s'il ne pouvait dissimuler sa joie de voir le patron acculé à des ennuis.

« Je sais que c'est emmerdant pour toi, dit-il, mais ça ne pouvait pas durer de cette façon. Tout le village est au courant. Je n'y peux rien, moi, si tu n'as pas fait ce qu'il fallait. »

Le patron ne répondit pas. Son visage était crispé. Sans desserrer les dents, il finit par murmurer :

« Si tu savais comme je t'emmerde… »

Morvan n'avait rien entendu. Il s'était retourné vers Antoine pour lui dire :

« À l'Inspection, ils savent que tu as ton numéro. Je sais pourquoi tu veux pas leur donner : comme ça, le patron évite de payer les charges, et la différence va dans ta poche, c'est pas vrai ? »

Cette fois, le patron ne put se contenir. Il bondit en avant.

« Tu vas me faire le plaisir de foutre le camp d'ici. Et en vitesse, encore. Sans quoi, je te sors à coups de pied dans le cul. Et tu passeras la porte sans que j'aie à l'ouvrir, nom de Dieu ! »

Aussitôt, Morvan recula entre les gendarmes. Antoine savait qu'il était aussi froussard que sournois. Jamais il n'aurait osé tenir tête au patron. Ce dernier continuait d'avancer.

« C'est pas la peine de te cacher entre les gendarmes ! Fous le camp de chez moi, espèce de salopard ! »

Morvan glissa alors vers la porte et dit avant de sortir :

« Puisque tu le prends comme ça, ne compte pas sur moi pour arranger les choses. On verra bien la gueule que tu vas faire au tribunal. »

Le patron se précipita vers la porte et la claqua furieusement. Puis il regagna sa place en grommelant :

« Non mais des fois, pour qui se prend-il, celui-là ? C'est pas lui qui fait la loi chez moi, non ?

— Peut-être, répondit Pellaroque, mais il peut nous faire bien des emmerdements. Il signe ce qu'il veut, à la mairie. »

La patronne se retourna vers les gendarmes qui n'avaient pas bougé. Ils savaient trop qu'il valait mieux ne pas se mêler aux querelles des paysans. Bien souvent, ces haines remontaient à un temps où ils n'étaient même pas nés. Le chef bredouilla, comme pour s'excuser :

« On vous comprend bien, monsieur Cahuzac, mais mettez-vous à notre place. Nous ne faisons qu'appliquer la loi.

— La loi ? Quelle loi ? J'ai la conscience tranquille, moi. Je n'en dirais pas autant de tout le monde, sur la commune.

— Je veux bien vous croire, reprit le gendarme. Mais le juge ne l'entendra peut-être pas de cette façon…

— Alors ils n'ont qu'à me foutre au tribunal ! J'ai rien à me reprocher. »

Il s'assit devant son assiette, attrapa son verre pour le vider d'un seul trait. Puis il murmura en secouant la tête :

« Non mais des fois, il ferait beau voir… »

La patronne alla alors vers l'armoire, sortit des petits verres et les mit sur la table.

« Vous prendrez bien une goutte d'armagnac ? » dit-elle.

Sans attendre la réponse, elle servit les gendarmes et leur mit les verres dans la main avant de demander :

« Et si on va au tribunal, ça mettra combien de temps ?

— Oh ! pour ça, vous avez le temps, répondit le chef. Parce qu'on entre dans les vacances judiciaires. Vous ne recevrez pas la convocation avant l'automne. »

Il avala une gorgée d'armagnac avant de poursuivre :

« Non. Ce qu'il faut, c'est régler tout ça avant que vous ne receviez la convocation. Après, il sera trop tard.

— Mais nom de Dieu, qu'est-ce que je peux faire, moi ? cria le patron. Je ne demande pas mieux que de déclarer Antoine, mais il n'a pas de numéro.

— C'est vrai, enchaîna Antoine. J'ai même écrit à la mairie de Saint-Lary, là où je suis né, mais je n'ai pas reçu de réponse. »

Le gendarme fronça les sourcils.

« Vous êtes sûr d'avoir bien cherché dans vos papiers ? »

Il haussa les épaules.

« Pour être sûr, je suis sûr. »

Il se tut. Au fond de lui-même, il savait bien que le fameux numéro se trouvait près de sa fenêtre, dans un trou du mur. Il ne pouvait pas se tromper. C'était bien ça qu'on cherchait à lui extraire par tous les moyens. Mais plus l'acharnement des inspecteurs, de Morvan, de Roger et des autres grandissait, plus sa volonté de garder son secret se faisait forte.

Le gendarme venait de poser son verre vide sur la table, imité par son collègue. Ensemble, ils mirent leurs képis sur la tête. Puis le chef annonça ;

« Eh bien, je crois que nous vous avons tout dit. À votre place, monsieur Dirac, j'écrirais de nouveau à la mairie de Saint-Lary. C'est pas normal qu'ils ne vous répondent pas. Peut-être que la lettre s'est perdue...

— Peut-être, répondit Antoine. En tout cas, je vais envoyer une autre demande.

— Bon. Allez, on y va. Au revoir, et bon après-midi. »

Les gendarmes quittèrent la cuisine en laissant derrière eux l'odeur propre de leur uniforme.

Il y eut un long silence. Chacun restait avec ses pensées dans sa tête. Puis la vieille se leva pour servir le café. Lorsque les cuillères firent sonner les verres, Pellaroque roula sa cigarette et dit à voix basse :

« Quand ils veulent vous emmerder, ils savent toujours comment s'y prendre. »

Le patron ne répondit pas tout de suite. Les mains cramponnées à son verre fumant, il regardait sur la gauche, à l'endroit où se trouvait Morvan quelques minutes auparavant. Puis il secoua la tête deux ou trois fois, avant de dire :

« Vous n'avez pas compris, donc ?

— Qu'est-ce qu'on n'a pas compris ? demanda la patronne.

— Que tout ça, c'est un coup monté par ce salopard de Morvan. »

La patronne allait répondre mais Juliette l'interrompit.

« Je ne le connais pas beaucoup, mais je suis sûre qu'il est bien capable de faire ce que vous dites. Il n'y a qu'à regarder sa figure. Une fouine serait plus honnête que lui. »

Elle avait dit ça en regardant le patron. Puis, quand elle eut fini de parler, elle leva les yeux vers Antoine. Pour la première fois depuis longtemps, il sentait qu'elle le regardait vraiment.

À cet instant, plus rien d'autre ne comptait.

40.

Lorsque le président entra dans le bureau du Premier Secrétaire, il se sentit immédiatement mal à l'aise. Gortchev le regardait en clignant les yeux encore plus fort que d'habitude. C'était mauvais signe.

« Vous avez demandé à me voir, monsieur le Premier Secrétaire ? »

Silence. Gortchev continuait à le regarder comme s'il n'avait rien entendu. Enfin, au bout d'un très long moment il dit :

« J'ai lu votre rapport sur votre entretien avec Mac Crae. Vous me décevez, mon cher Président. Je pensais que le Bureau des Stratégies politiques avait à sa tête un homme susceptible d'obtenir des résultats plus rapides. »

Gortchev marqua une pause, imperceptible, juste assez pour faire comprendre au président qu'il ne plaisantait pas. Puis il poursuivit d'une voix sèche :

« Le sommet de Washington a lieu dans dix jours. Si nous n'avons pas obtenu la séquence de sécurité avant cette date, il est même inutile que nous y participions. L'Amérique veut nous ridiculiser. »

À nouveau il prit un temps.

« D'autre part, continua-t-il de sa voix lente, presque monotone, vous n'ignorez pas que l'Amérique tire parti de toute cette affaire pour nous discréditer auprès des Nations unies. Les forces de l'OTAN ont déjà réagi en déclarant que nous avons pris l'initiative d'une crise internationale. »

Le président se cala dans son fauteuil, essayant de donner une sorte d'assurance à sa voix.

« Tous nos agents s'accordent pour dire qu'il s'agit là d'un chantage pur et simple exercé par les États-Unis pour renforcer leur influence sur le tiers-monde. N'oubliez pas que le rapport des forces entre l'OTAN et l'ancien Pacte de Varsovie est aujourd'hui en notre faveur. L'armée atlantique ne pèse pas lourd en face de la nôtre. »

Gortchev eut un mouvement d'agacement.

« Le problème n'est pas là. Tant que le programme de sécurité sera en place, nous ne pouvons même pas nous poser la question de l'emploi ou du non-emploi éventuel de notre armement. Tout est conditionné par cette fichue séquence, et vous le savez bien. »

Le président n'avait rien à répondre à cela. Il pouvait sentir l'hostilité sourdre du silence, de l'autre côté du bureau. Gortchev dardait sur lui un regard plus persuasif que n'importe quel ordre.

« Je ne veux plus entendre parler de retard, continua Gortchev. Vous m'aviez promis la séquence pour hier, et je ne vois toujours rien venir. Tâchez d'être plus efficace, sans quoi nous serons peut-être amenés à nous interroger sur les méthodes que vous employez. »

La menace était à peine voilée. Le président savait qu'on pourrait lui ôter ses responsabilités d'un jour à l'autre, sans la moindre explication. Il connaissait le scénario par cœur : un matin, lorsqu'il irait à son bureau, un planton serait là et l'empêcherait d'entrer tandis que deux ombres du KGB glisseraient en silence vers lui pour le prendre gentiment par le bras et l'emmener « parler un peu », comme ils disaient. Il se leva lentement et dit à voix basse :

« Ne vous inquiétez pas, monsieur le Premier Secrétaire. Je vous donne ma parole que vous aurez la séquence avant le sommet de Washington. »

De retour à son bureau, il s'affala dans un fauteuil, celui-là même où tous les jours il s'installait pour être tenu informé des menées de la CIA, des ministres britanniques qui divulguaient les secrets de l'OTAN entre les bras d'agents féminins à la solde du KGB ou du développement des innombrables autres crises internationales, grandes ou petites. Il ferma les yeux. À l'arrière-plan de sa conscience, il pouvait encore entendre les paroles du Premier Secrétaire. Un télétype cliquetait sur son bureau. Il n'y prêta pas la moindre attention. Il n'avait d'yeux que pour une petite carte bleu et rouge, plastifiée, parfaite imitation d'une carte de crédit. Elle portait l'inscription : « Système d'Authentification » et une suite codée de chiffres et de lettres. Elle identifiait son porteur comme celui qui pouvait libérer les armes. Elle reposait, mollement serrée, entre deux doigts de sa main droite.

Il remit la carte dans sa poche. Pour l'instant, elle ne valait rien. Tant qu'il n'aurait pas obtenu la séquence qui permettrait de libérer le Réseau de l'Est, aucune arme nucléaire ne pourrait être utilisée. Et le pire, c'est qu'à l'Ouest, on le savait.

Le président réfléchit encore quelques instants puis appuya sur une touche de l'interphone pour dire :

« Faites venir immédiatement Van Straten dans mon bureau. »

41.

Antoine dormait profondément lorsqu'un bruit, quelque part dans la maison, le tira de son sommeil.

À peine un frôlement, une latte de plancher qui craque, mais c'était suffisamment près de sa chambre pour qu'il s'éveille. Il alluma son briquet pour regarder sa montre.

Minuit passé.

Abruti par la longue journée de moisson, il s'était couché presque tout de suite, sans même boire son café. Pendant le repas, Juliette l'avait longtemps regardé, comme elle l'avait fait à midi, lors de la visite de Morvan et des gendarmes. Et puis, elle était montée se coucher, et Antoine n'avait plus eu de raison de rester encore dans la cuisine.

Il avait l'impression d'avoir dormi longtemps.

À nouveau, un craquement. Antoine se redressa sur un coude, prêt à se lever pour aller voir. La porte de sa chambre s'ouvrit en grinçant. Le cœur battant, Antoine vit une ombre remuer sur le mur. Il marqua un temps et demanda à mi-voix :

« Qu'est-ce que c'est ? »

L'ombre s'approcha.

« C'est moi. Il fallait que je te voie. »

Juliette ! Antoine se redressa brusquement dans son lit. Son cœur battait très fort.

« Tu voulais me dire quelque chose ? »

Elle s'assit sur le lit. Il y eut un silence, puis elle murmura :

« Je suis venue te demander pardon.

— Pardon ? Mais de quoi ?

— De ce qui s'est passé, depuis ta maladie. »

Il lui prit la main et serra très fort ses doigts contre les siens.

Il y eut un silence. La lueur des étoiles entrait par la fenêtre ouverte et il voyait nettement Juliette. Elle portait une longue chemise de nuit et ses cheveux tombaient sur ses épaules. Il avait du mal à croire qu'elle était bien là, tout près de lui dans cette nuit claire.

Antoine soupira. Il ne voulait pas parler. Pas tout de suite. La présence de Juliette lui suffisait. Il se rappelait ce qu'il avait vécu avec elle ; dans sa chair, il gardait le souvenir de cette nuit, là-haut, près du petit bois. Le reste ne comptait pas.

Enfin, au bout d'un moment, il demanda :

« C'est à cause de Roger que tu ne voulais plus me parler ?

— Oui. Mais tu sais, je… Il ne s'est jamais rien passé avec lui. Tu me crois ? »

Juliette hésita un instant avant d'ajouter :

« Il s'était aperçu de ce qu'il y avait entre toi et moi. Ça ne lui plaisait pas. Pendant que tu étais malade, il m'a demandé de ne plus te voir. »

Antoine se redressa.

« Et tu lui as obéi, comme ça, sans rien dire ?

— Oui.

— Mais pourquoi, nom de Dieu ! »

Antoine se força à respirer profondément. La colère venait en lui, en même temps qu'il comprenait mieux les manœuvres de Roger. Il finit par dire :

« Il t'a fait du chantage, quoi. »

Elle lui serra la main un peu plus fort.

« Roger m'avait dit que si je continuais à te voir, il s'arrangerait pour te faire chasser de la Julian.

— Et tu l'as cru ?

— Je ne pouvais pas faire autrement. Il m'avait promis qu'il s'occuperait de tes ennuis avec l'Inspection du travail.

— Ce que dit Roger ou rien, c'est pareil.

— Je le sais, maintenant. Il m'a menti. J'ai tout compris quand j'ai vu arriver Morvan et les gendarmes. »

Antoine demeura longtemps les yeux fixés sur un point vague, quelque part dans l'ombre du mur. C'était comme si deux mondes se touchaient, luttant l'un contre l'autre, avec des ruses infinies. D'un côté, tout ce qui lui était arrivé semblait logique. Il n'était pas en règle, Roger était jaloux, et il avait demandé à Morvan de porter l'affaire devant le tribunal.

Cela semblait parfaitement clair.

Puis il se rappela les paroles du curé. Il sentait que la véritable cause de ses ennuis était ailleurs, dans un monde qu'il ne pouvait pas comprendre. Il ne pouvait en saisir que des bribes incohérentes au travers de ses cauchemars, de ses angoisses ou de ses hallucinations. Quelque chose d'autre était là, autour de lui, peut-être même en lui, sans qu'il puisse en saisir le contenu. La nuit qui était dehors collait au mur encore chaud, s'infiltrait partout. Il pensa alors que cette nuit s'était coulée jusqu'au fond du trou où était toujours caché le petit bout de papier. Là, dans ce trou, il y avait la preuve tangible que toute cette affaire plongeait dans un monde inaccessible. Mais cette preuve était floue, difficile à interpréter. Ce n'est pas en regardant les bulles crever à la surface d'un étang qu'on peut être renseigné sur ce qui s'agite dans les profondeurs, loin des regards.

Il fut tiré de ses pensées par un mouvement de Juliette. Elle s'était penchée vers lui et ses cheveux frôlaient ses épaules. Il pouvait sentir la chaleur de son corps à travers le drap. Dans le silence, il n'entendait plus que leurs respirations mêlées l'une à l'autre.

Il ne voyait pas son visage, mais il savait qu'elle souriait ; il y avait comme un rayonnement dans cette ombre claire entourée de cheveux. Et puis, avant même qu'il n'y pense, ses lèvres trouvèrent celles de Juliette. Ils se parlèrent en s'embrassant. Des mots qui avaient la forme de leurs baisers, des mots qui n'appartenaient pas au langage mais à la chair des lèvres proches.

Bientôt, il n'y eut plus de limites entre eux. Les draps et leurs habits gardaient quelque chose de la chaleur de leurs corps, mais ils étaient déjà loin du lit.

Antoine attira Juliette contre lui. Elle était nue. Plus chaude que l'air de la nuit qui entrait par la fenêtre ouverte. Entre eux, il n'y avait plus de doutes, plus de ces tristesses qui séparent, il n'y avait que le désir.

Leurs gestes ne leur appartenaient plus tout à fait, leurs corps non plus. Ils étaient traversés par une force première, née dans un temps où la vie n'avait pas encore la forme d'un homme ou d'une femme ; lentement, cette force pénétrait en eux, déposait sur leur peau une fine couche de sueur, comme une rosée brûlante.

À cet instant, la nuit semblait n'avoir été faite que pour Antoine et Juliette ; elle était à eux seuls, entièrement à eux. Elle les protégeait de sa clarté obscure, elle les gardait l'un contre l'autre dans son silence intime. La nuit seule entendit leurs soupirs qu'elle mêla aussitôt à l'interminable chant des grillons.

42.

Sans en tirer une fierté particulière, Van Straten considérait son laboratoire, installé en sous-sol, comme une merveille d'ingéniosité. À lui seul, il avait conçu toute l'implantation et le câblage de l'ordinateur et des divers périphériques dans la pièce. Comme il avait reçu des moyens supplémentaires lorsque l'opération Dirac avait été envisagée, il avait pu perfectionner à l'extrême certains éléments de la machine avec laquelle il travaillait plus de douze heures par jour.

Il éprouvait une fascination hypnotique à s'asseoir devant l'écran d'affichage pour voir les instructions des programmes défiler sur le fond vert sombre. Son cerveau et celui de la machine se rejoignaient sur la membrane de l'écran. Il avait parfois l'impression que ses mains, au pupitre de l'ordinateur, créaient des enchaînements de calculs dans sa tête, ou encore, au contraire, que les symboles abstraits qui étaient dans son imaginaire apparaissaient ensuite comme par miracle sur l'écran.

En somme, il avait l'impression de ne faire qu'un avec sa machine.

Pour l'instant, il fouillait dans un secteur très précis de la mémoire périphérique, à la recherche de certaines informations qui lui permettraient de mieux comprendre la vie de Dirac. Ses doigts faillirent faire une fausse manœuvre sur le clavier lorsque le planton pénétra dans le labo en annonçant que le président souhaitait le voir de toute urgence. Il programma rapidement plusieurs routines d'interférences et quitta le laboratoire.

L'accueil du président fut glacial. Van Straten n'osait pas le regarder. Il reporta son attention sur les plis des rideaux qui le narguaient près de la fenêtre. Il remarqua pour la première fois qu'ils étaient incrustés de poussière.

« Que se passe-t-il dans votre labo ? demanda le président d'une voix dure. Je vous avais demandé de me tenir informé de minute en minute. »

Van Straten leva timidement la tête.

« Mais… tout se déroule normalement, monsieur le Président.

— Alors comment se fait-il que vous n'ayez encore obtenu aucun résultat ? »

Un sourire gauche apparut sur les lèvres de Van Straten.

« Ce n'est pas tout à fait comme cela que je poserais le problème, monsieur le Président. N'oubliez pas que nous sommes confrontés à quelque chose de tout à fait inconnu ; jamais auparavant une telle expérience n'avait été tentée. »

Un grand bruit de chaise. Le président se leva brusquement pour dire :

« Je me fiche pas mal de participer à une grande première scientifique. Ce que je veux, c'est un résultat. »

Comment peut-il dire cela ? pensa Van Straten. En face de lui, il avait la confirmation de ce qu'il avait toujours pensé à propos des politiques : la suffisance et l'aveuglement.

« Écoutez-moi bien, Van Straten, poursuivit le président d'une voix à peine moins dure. À partir de maintenant, vous êtes réquisitionné vingt-quatre heures sur vingt-quatre dans votre laboratoire. Vous prendrez vos repas sur place et j'ai donné des ordres pour qu'on vous installe un lit de fortune. »

Van Straten se redressa brusquement.

« Mais… et ma femme ? Que va-t-elle dire ?

— Ne vous inquiétez pas pour elle. Nous l'avons déjà prévenue. »

D'un geste sec, le président appuya sur une touche tandis qu'un planton entrait, signifiant par là que l'entretien était terminé.

Lorsque Van Straten revint au labo, ce fut pour y découvrir deux plantons en train d'installer un lit de fortune contre le mur. Quelques minutes plus tard, à midi, on lui apporta un plateau contenant un solide repas pour lui et Ruysberg. Pendant qu'ils mangeaient tout en surveillant de temps en temps l'écran, l'assistant demanda :

« Vous avez décidé de dormir ici, professeur ? »

Van Straten se contenta d'approuver de la tête tout en suçant une cuisse de poulet caucasien. Puisque Ruysberg avait formulé la question ainsi, il préférait lui laisser croire que c'était lui seul qui avait pris la décision de passer la nuit dans le labo. Il recracha un morceau d'os qui s'était fiché entre ses dents et finit par dire :

« Oui, je... je préfère surveiller l'opération sans interruption. Quoique... »

Ruysberg leva la tête.

« Oui ?

— Eh bien, si mes calculs sont bons, tout devrait être terminé dans l'après-midi.

— À cause du différentiel ?

— Exactement. »

Il avala rapidement une tasse de café puis se remit au travail.

43.

Ils terminèrent les moissons sous un soleil de plomb. Les champs de blé dur se trouvaient dans une cuvette où l'air surchauffé ne bougeait pas. Il n'y avait pas un souffle de vent pour apporter un peu de fraîcheur ou chasser la poussière qui collait au corps.

Antoine se fatiguait beaucoup plus que dans les champs d'orge ou d'avoine, d'abord à cause de la pente, et aussi parce que les gerbes de blé dur étaient bien plus lourdes. Quand la machine était inclinée du côté de la coupe, les gerbes retombaient presque sous le tablier ; il fallait les piquer juste au moment où elles sortaient du lance-gerbes, sinon elles risquaient de bourrer la moissonneuse.

Mais le plus pénible, c'était quand l'attelage descendait face à la pente. Entraînées par le poids de la machine, Blérotte et la Rousse accéléraient l'allure à un point tel qu'Antoine avait à peine le temps de suivre ; à certains moments, il était obligé de piquer deux gerbes à la fois, sinon il voyait la machine s'éloigner et il devait alors redoubler d'efforts pour la rattraper.

« À ton âge, je courais devant la machine, disait Pellaroque. Qu'est-ce que ce sera quand tu auras atteint le mien ? »

Chaque midi, ils rentraient dans la cour pour s'asperger à grands seaux d'eau, près de l'abreuvoir. Puis ils rejoignaient la fraîcheur de la cuisine où la patronne leur avait préparé un solide repas. Antoine s'approchait alors de l'évier pour aider Juliette à finir de mettre le couvert. Il ne lui parlait pas, mais se bornait à observer ses gestes ; parfois elle le frôlait de ses bras nus et cela suffisait à le faire frissonner. Comme c'était le temps des moissons et qu'il y avait toujours une machine à réparer quelque part dans un champ, Roger ne rentrait presque plus coucher à la maison ; aussi, chaque soir, vers onze heures, quand tout dormait, Juliette venait rejoindre Antoine dans sa chambre. Elle y restait jusqu'à l'aube et partait toujours la première, bien avant que les patrons ne se lèvent.

Ces nuits étaient vraiment les seuls moments où Antoine parvenait à ramener un peu de tranquillité en lui. À côté de Juliette, tout devenait calme, tout s'apaisait. Pendant le jour, le travail tenait ses bras, mais pas sa tête. Et il ne pouvait s'empêcher de penser à ce qui menaçait, sous la forme énigmatique d'une suite de chiffres et de signes. Ils n'avaient pas revu Morvan depuis sa visite à la cuisine, sauf un matin, de loin, alors qu'ils passaient devant chez lui pour rejoindre la coupe. Mais Antoine sentait que quelque chose se préparait.

Après les moissons, il avait fallu mettre la récolte en tas, pour la protéger de l'humidité ou de la pluie, en attendant de la rentrer sous le hangar. Cette fois, la patronne et Juliette s'étaient mises à l'ouvrage, elles aussi. Le matin, elles arrivaient vers neuf heures et repartaient plus tôt, pour préparer le déjeuner. L'après-midi, elles rentraient avec les hommes car, de toute façon, elles avaient largement le temps de faire la cuisine pendant qu'ils s'occupaient de l'étable.

Antoine s'arrangeait toujours pour travailler près de Juliette. Il lui semblait alors que les gerbes étaient plus légères à monter en tas. Chaque fois qu'il la regardait, il pensait aux nuits qu'ils passaient l'un contre l'autre et alors, ses muscles s'enflammaient.

Et puis, un soir, alors qu'ils rentraient à la maison, Juliette s'arrangea pour traîner le pas jusqu'à ce que le patron, sa femme et Pellaroque soient loin devant. Toute la journée, elle avait paru soucieuse, regardant Antoine avec une expression qu'il ne lui avait jamais vue. Alors que les trois vieux avaient disparu derrière un tournant du chemin, elle s'arrêta brusquement, les yeux perdus à l'horizon, dans les lueurs rouge sang du soleil couchant. Antoine sentit qu'elle ne s'était pas arrêtée seulement pour se reposer.

Il hésita. Puis, comme Juliette se remettait à marcher, il posa sa fourche en terre et la retint par le bras en demandant :

« Tu m'as l'air drôle, ce soir. Tu n'es pas malade, au moins ? »

Elle secoua la tête mais continua à le regarder d'une étrange façon.

« Alors qu'est-ce qu'il y a ? » insista Antoine.

À nouveau elle leva lentement la tête pour plonger ses yeux dans ceux d'Antoine. Ses lèvres tremblaient légèrement lorsqu'elle ébaucha une espèce de sourire comme pour dire :

« Ne te fais pas de souci. Ce n'est pas grave. »

Antoine la saisit alors par les épaules et la regarda sans rien dire pendant quelques instants. Puis il souffla à voix basse :

« Dis-moi ce qui ne va pas. »

Tout à coup, des larmes coulèrent des yeux de la jeune fille, dessinant des sillons brillants sur ses joues. Elle baissa la tête un instant, parut se reprendre et murmura enfin :

« C'est bête de pleurer comme ça… c'est bête.

— Mais qu'est-ce qu'il y a, donc ? » insista Antoine brusquement inquiet.

Elle le regarda droit dans les yeux.

« Promets-moi de ne pas te mettre en colère », dit-elle.

Puis, comme si elle eût redouté de ne pouvoir aller jusqu'au bout de ce qu'elle avait à dire, elle ajouta, très vite :

« Je crois que j'attends un enfant. »

Pendant un instant, Antoine n'éprouva rien qu'un immense soulagement, tant il avait redouté qu'elle lui annonce quelque chose de terrible. Et puis, ce fut la joie qui trouva son chemin en lui. Une joie qu'on ne vit peut-être jamais deux fois, un bonheur fait de fierté et d'orgueil. Pendant un instant, il ne respira plus tout à fait comme les autres hommes.

Et puis, comme une grande vague qui retourne à la mer, ce sentiment se retira pour faire place à autre chose. Une inquiétude. Il la sentait grandir à chaque instant, sans nuances, dispersant au loin le bonheur de tout à l'heure.

« Tu es sûre ? »

Cette question lui était tombée des lèvres lentement, presque en tremblant.

« Je crois bien, oui », répondit-elle. Puis elle ajouta :

« Mon pauvre Antoine, qu'est-ce qu'on va faire ? »

Il ne savait que répondre. Après avoir réfléchi, il finit par dire :

« J'en sais trop rien. La patronne, passe encore. Mais c'est lui qui m'embête. Qui sait comment il va prendre la chose ?

— Pas bien, sûrement.

— Et quand est-ce que ça commencera à se voir ?

— Pas avant novembre. Peut-être même décembre.

— Au moins, ça nous laisse un peu de temps pour réfléchir. »

Lentement, ils s'étaient remis à marcher. À présent, il ne savait plus que dire. La joie de tout à l'heure était encore là, mais elle s'était enfermée dans un tout petit coin de son être. Ce qui l'emportait, maintenant, c'était la peur, une peur qui avait le visage du patron, mais aussi une peur plus diffuse, qui touchait une fois encore aux dangers invisibles qui rôdaient dans l'avenir et devant lesquels il se sentait impuissant.

Tout cela lui paraissait irréel. Il ne pouvait tout simplement pas être libre d'être heureux alors que *quelque chose* attendait sournoisement de bouleverser sa vie.

Ses jambes lui paraissaient lourdes, tout à coup. Mais Antoine savait que ce n'était pas seulement à cause de la longue journée de travail qu'il laissait derrière lui.

44.

Depuis le début de l'après-midi, l'équipe dirigée par Ruysberg travaillait sans relâche. Soudain, alors qu'il allait sortir pour rejoindre Van Straten dans son laboratoire, une main s'agita vers le fond de la salle.

L'instant d'après, Ruysberg se mit à lire le rouleau de papier que lui tendait l'opérateur. Soudain, il pâlit et, sans dire un mot, quitta la pièce en toute hâte.

« Professeur, voulez-vous jeter un coup d'œil là-dessus ? »

Van Straten leva les yeux sur son assistant encore essoufflé par sa course à travers les couloirs. Ajustant ses lunettes, il reporta son attention sur le document puis, avec un léger sourire, invita Ruysberg à s'asseoir.

« Alors, vous avez fini par le remarquer vous aussi ? » commenta-t-il avec un petit rire.

Instinctivement, Ruysberg eut un mouvement de recul.

« Je... je ne comprends pas, bégaya-t-il. Vous étiez au courant de son existence ? »

Van Straten hocha sa tête chauve.

À présent, Ruysberg se rongeait anxieusement les ongles de la main droite.

« Mais comment... comment s'est-elle introduite à la Julian ? Nous n'avons pourtant jamais relâché notre surveillance ! »

Van Straten considéra le visage tendu de son assistant. Voilà qu'à son tour, le jeune homme était dérouté par les événements.

« Il y a encore quelque chose que vous ignorez. Je dois avouer que j'ai été réellement surpris lorsque j'ai découvert ça ce matin. C'est toujours à propos de la jeune fille…

— Quoi donc ? demanda Ruysberg l'air anxieux.

— Figurez-vous qu'elle est *enceinte* ! » laissa tomber Van Straten avec un sourire que Ruysberg ne lui connaissait pas.

Ce dernier était resté bouche bée pendant quelques instants. Enfin, il protesta en bousculant ses mots :

« Mais… mais une chose pareille est rigoureusement impensable ! Cela ne peut se produire ! »

Van Straten ouvrit grand les bras en signe d'impuissance.

« Et pourtant, cela s'est produit, je suis formel. Je vous demande donc de renforcer la surveillance interne. Chaque minute induit des événements nouveaux que nous devons connaître, à défaut de pouvoir les contrôler. Préparez une visite immédiatement. »

45.

Pendant les jours qui suivirent, Antoine ne pensa qu'à ce qui grandissait dans le ventre de Juliette. La nuit, elle s'endormait presque toujours avant lui, et il la regardait longtemps, à la lueur des étoiles, comme si cela pouvait l'aider à trouver une réponse aux questions qu'il se posait.

Dans la journée aussi, il y pensait, mais avec moins de force. Le travail, la chaleur rendaient son inquiétude plus lointaine ; il fallait marcher, rassembler des gerbes, boucler le tas et recommencer. Encore et encore, tout au long du champ. Chaque matin, vers neuf heures, Juliette et la patronne arrivaient et invariablement, Pellaroque disait :

« Elles en ont mis du temps, pour venir. J'espère qu'elles n'ont pas oublié la bouteille à la maison. »

Alors on faisait une pause pour boire le vin bien frais que la patronne avait enveloppé dans un linge humide, et on se remettait au travail presque sans parler. Et puis un matin, un peu avant midi le patron avait bouclé le dernier tas. Sortant son grand mouchoir à carreaux de sa poche, Pellaroque s'essuya le front et lança :

« Cette fois, ça y est. Tu crois pas qu'on devrait boire un coup de narrac, pour fêter ça ? »

La bouteille attendait déjà à l'ombre de la haie. Comme on était près de la fin du champ, les femmes n'étaient pas venues, mais la patronne avait mis une pinte de narrac dans la musette de son homme.

« Une récolte comme cette année, ça vaut bien qu'on boive pour elle », dit Pellaroque en s'asseyant dans l'herbe, à l'ombre de la haie.

Tandis que le patron débouchait la bouteille et remplissait les verres, Pellaroque continua :

« Il y a longtemps que j'avais pas remué autant de gerbes. Ça va couler, derrière la batteuse. Au moins du vingt pour un. »

Le patron secoua la tête. Il était resté debout, sa main gauche sur la hanche, et buvait à petites gorgées en regardant le champ. Pour lui, à regarder la récolte bien montée sur le champ en tas réguliers, c'était le meilleur moment. Enfin, il s'assit à son tour pour nouer plus large les lacets de ses souliers et dit :

« Cet après-midi, on va nettoyer le hangar. Il faudra faire de la place jusqu'au fond.

— De toute façon, on pourra jamais y mettre toute la récolte, répondit Pellaroque. Il faudra monter une gerbière sur le sol.

— Demain matin, on commencera par rentrer les avoines. C'est le plus pressé. La gerbière, ce sera pour le blé dur. Il craint pas grand-chose dehors. »

Il y eut un long silence. Maintenant que les hommes se taisaient, seule la nature parlait, à travers un souffle de vent, à travers les insectes. Le chant des courtilières était partout, comme versé par le soleil sur la campagne.

Enfin, le patron se leva. Après avoir remis la bouteille dans la musette, il regarda Antoine pour dire :

« Toi qui as de bonnes jambes, tu vas monter jusqu'au passage, pour prendre les fourches des femmes. Augustin et moi, on va partir devant. Tu auras vite fait de nous rejoindre. »

Antoine hocha la tête et se mit en route vers le passage. Il suivit la haie jusqu'en haut, pour profiter de l'ombre, puis il coupa par le champ. Ses sandales faisaient un bruit sec en frôlant à chaque pas la paille coupée au ras du sol.

Lorsqu'il atteignit le passage, il trouva les fourches presque tout de suite, appuyées contre la haie. Il les mit sur l'épaule et commença à redescendre.

Il marchait déjà sur le chemin de traverse lorsqu'il entendit un bruit derrière lui. Il se retourna. Son cœur cogna plus fort.

Juste au coin de la haie, tout embroussaillée, il y avait deux hommes. Ils étaient là, immobiles, et semblaient attendre quelque chose. Antoine fut d'abord surpris de penser qu'au moment où il était passé au même endroit, quelques secondes avant, il ne les avait pas vus.

Puis il fronça les sourcils. Ces deux-là, il les aurait reconnus entre mille. C'étaient les inspecteurs qui déjà lui avaient rendu visite. Le curé avait eu raison. Ils étaient revenus.

Il resta un moment sans bouger, regardant au fond du chemin. Pour une raison inexplicable, ces deux hommes lui faisaient peur. Il savait qu'à cause d'eux, tout ce qui était là, devant lui, pouvait être changé.

Il regarda autour de lui. À part le chemin sur lequel ils se trouvaient et qui était à cheval entre le coteau et la friche, il n'y avait aucun moyen d'arriver jusqu'ici sans marcher presque une heure. Une fois de plus, Antoine se demanda comment les deux hommes avaient fait pour se trouver là, en pleine campagne, dans leurs costumes parfaits qui allaient si mal avec les broussailles environnantes.

Lentement, ils marchèrent vers lui. Ils ne faisaient aucun bruit, comme s'ils touchaient à peine le sol. Lorsqu'ils s'arrêtèrent à sa hauteur, il vit que leurs visages ne portaient pas la moindre trace de fatigue. Sur leur peau très blanche, il n'y avait même pas une goutte de sueur, comme s'ils ne sentaient pas la chaleur versée par le soleil.

« Bonjour, monsieur Dirac », fit celui qui marchait devant.

C'était toujours lui qui parlait, comme lors de leur première visite, dans la cuisine. L'autre se contentait de le regarder sans rien dire.

« Je vous avais dit que je reviendrais vous voir. Vous vous souvenez ? »

Antoine posa ses fourches sur le sol. Il se sentait mal à l'aise. La phrase que l'homme venait de lâcher faisait un bruit étrange, à la fois sourd et chuintant, comme si sa voix ne parvenait pas à faire vibrer l'air surchauffé.

Brusquement, Antoine demanda :

« C'est Morvan qui vous envoie ? »

Le visage de l'homme resta impassible.

« Morvan ? Qui est-ce ? Un de vos amis, peut-être ? »

Antoine ne répondit pas. Un instant, il avait nourri l'espoir que Morvan pouvait être mêlé aux visites des deux hommes, mais il était clair qu'ils ne connaissaient même pas son existence. Il demanda encore :

« C'est vous qui avez porté plainte contre moi et le patron, au tribunal ?

— Porter plainte ? questionna l'homme. Qu'est-ce que ça veut dire ? »

Les deux hommes se regardèrent puis celui qui n'avait pas encore parlé dit à son compagnon :

« C'est sans doute une stratégie interne. Peut-être que nous devrions laisser l'appel d'informations se préciser avant de…

— Ceci n'empêche rien, coupa l'autre sèchement. N'oubliez pas qu'ici, les échanges sont beaucoup plus rapides. Rien ne nous interdit d'explorer toutes les possibilités, en modifiant les données de base. »

Antoine essayait de se maîtriser, mais son cœur battait à toute volée dans sa poitrine. Il ne comprenait pas un mot de ce que disaient les deux hommes. Lorsqu'il les regardait, il ne voyait que le vide derrière leurs yeux. Que l'immobilité. Dans le son de sa voix, il y avait quelque chose de changé lorsqu'il demanda :

« Mais *qui êtes-vous*, exactement ? »

L'homme eut un sourire étrange.

« Mais je crois vous l'avoir déjà dit, monsieur Dirac. Nous sommes des inspecteurs du travail. »

Le silence revint. L'air crissait de tout un va-et-vient d'insectes. Et au loin, dans les champs, toujours les courtilières.

« Vous avez parlé d'une… plainte au tribunal, reprit l'homme. Si vous voulez éviter qu'une telle chose n'arrive, vous n'avez qu'une seule chose à faire. Une toute petite chose. »

En un éclair, Antoine revit le petit morceau de papier roulé en boule dans un trou du mur, près de la fenêtre.

« Vous donner mon numéro de Sécurité sociale, c'est ça ?

— Exactement. Nous ne demandons rien de plus. »

Rien de plus ! Antoine haussa les épaules en soupirant.

« Et ensuite ?

— Ensuite ? nous vous avons déjà dit que vous n'entendrez plus parler de nous. »

Antoine laissa ces mots faire leur chemin dans sa tête, bien au-delà de ses oreilles. Ils laissaient derrière eux une trace, un écho désagréables. Sans qu'il puisse expliquer pourquoi, cette phrase suscitait l'angoisse, la peur à l'état pur. « Ne leur donnez jamais votre numéro de Sécurité sociale », avait dit le prêtre.

« Alors ? demanda l'homme.

— Je vous ai déjà dit que je ne peux pas vous répondre.

— Écoutez, monsieur Dirac, continua l'homme. Ne jouez pas au plus fin avec nous. La séquence est en vous, nous le savons. Si vous continuez à refuser… »

La phrase resta en suspens, pleine de menaces. Jamais Antoine n'avait connu de vraie peur. Seulement, il y avait soudain quelque chose qui venait de se mettre à remuer en lui. Quelque chose qu'il reconnaissait à peine, mais qu'il n'arrivait pas à calmer. Comme s'il avait déjà vécu cette scène, *ailleurs*, dans une vie lointaine, dont l'image confuse venait de s'imposer.

Il respira profondément et regarda devant lui. Le chemin dansait dans la chaleur. Toute la campagne faisait entendre son interminable bruissement d'insectes ; et encore les courtilières qui crissaient sous le soleil, en vagues sonores jusqu'aux limites du bruit, jusqu'à l'évaporation même du bruit.

Antoine s'appuya un peu plus sur ses fourches. Son

visage était pâle, ses mains tremblaient. Il y eut encore un silence, puis l'homme demanda :

« Vous n'avez donc rien compris, monsieur Dirac !

— Comment, pas compris ? »

Antoine avait crié, mais il s'arrêta net. Il baissa les yeux, demeura un instant immobile, son regard dans la poussière. Près de la pointe de sa fourche, une fourmi luttait pour entraîner une graine beaucoup plus grosse qu'elle dans un trou du sol. Chaque fois qu'elle était sur le point d'y parvenir, la graine lui échappait pour rouler sur le côté. Alors la fourmi recommençait, encore et encore. Curieusement, l'acharnement du petit animal était comme une leçon de courage. Antoine releva la tête et dit :

« Laissez-moi encore un peu de temps. Je suis sûr que je finirai par me rappeler de mon numéro.

— Ça vaudrait mieux pour vous », répondit froidement l'homme.

Antoine sentait la sueur couler le long de son dos. Sous ses mains, le bois des fourches était mouillé au point d'en être glissant. Malgré cela, son corps demeurait dans la position du repos, légèrement appuyé sur le manche des fourches, comme s'il était parfaitement détendu. Dès qu'il avait le manche d'un outil entre les mains, Antoine prenait toujours la même attitude lorsqu'il parlait ; simplement parce que son corps retrouvait une pose très ancienne. Mais c'était tout. À l'intérieur, la peur était là.

« Au revoir, monsieur Dirac. Nous reviendrons bientôt. Et cette fois, nous voulons une réponse. »

L'homme hésita un instant avant d'ajouter :

« Au fait, la dernière fois que je suis venu, je vous avais conseillé d'aller faire une promenade, en marchant droit devant vous aussi loin que possible. Vous vous rappelez ? »

Des images confuses se bousculèrent dans la mémoire d'Antoine. Il se rappelait surtout ce qui l'avait hanté pendant sa maladie, cet horizon obscur qui semblait toujours au bout de sa route.

« Il y a quelque temps, vous avez été très malade, monsieur Dirac. Je n'ajouterai qu'une seule chose : si vous continuez à vous montrer si peu coopératif, vous risquez d'être encore plus gravement atteint.

— Comment savez-vous que j'ai été malade ? demanda brusquement Antoine.

— Il y a beaucoup de choses que nous savons sur vous. Beaucoup plus que vous ne pouvez même l'imaginer... du moins pour l'instant. »

Alors les deux hommes tournèrent les talons et disparurent derrière la haie. Longtemps, Antoine resta là, le cœur battant, à écouter cette chose qui était entrée en lui depuis quelques instants et qui devenait de plus en plus précise. Puis il s'avança vers la trouée de la haie, là où les deux hommes avaient disparu. Derrière, il y avait le champ de blé dur, recouvert de tas. Plusieurs fois, il tourna la tête, fouillant chaque coin du champ à la recherche des deux hommes, mais il n'y avait personne.

Une fois encore, les étrangers avaient mystérieusement disparu.

Antoine se redressa lentement. Ses mains, toujours moites, se crispaient sur les manches de ses fourches, les serraient très fort pour ne pas trembler. Parce que la peur était là. Brusquement il eut envie de partir. Tout laisser, ses outils, Juliette, le patron, la maison, tout. Filer à travers champs, jusqu'aux bois, et toujours tout droit.

Mais pour aller où ? Il avait l'impression que les deux hommes le suivraient partout, où qu'il se trouve.

Pendant plusieurs minutes, il resta devant la trouée, sans un geste, serrant les mâchoires pour ne pas claquer des dents, suant sa peur à grosses gouttes. Puis, toujours très lentement, il mit ses outils sur son épaule droite et commença à marcher vers la Julian.

Le bruit des courtilières le suivait pas à pas, mais il ne l'entendait plus.

46.

La voix du chef de cabinet délégué à la Défense caquetait dans le téléphone. À l'autre bout du fil, le docteur Josephson opinait du menton, émettant à intervalles réguliers des petits grognements approbateurs destinés à calmer son interlocuteur.

Enfin, il put parler à son tour.

« À mon avis, nous ne risquons pas grand-chose. Je viens d'avoir une conversation avec William Murphy, le nouveau responsable du Réseau informatique de défense. Selon lui, les Soviétiques n'ont aucune chance d'obtenir la séquence de sécurité. Seul Dirac lui-même la connaissait.

— Mais ne serait-il tout de même pas possible de modifier cette sacrée séquence ? » insista Wallace.

Josephson secoua la tête.

« Impossible, monsieur le Conseiller. Pour y parvenir, il faudrait supprimer l'ancienne, ce qui nous est, hélas, interdit par le fait que nous ne la connaissons pas.

— Mais enfin, il y a bien une solution pour sortir de là ! » rétorqua Wallace en tambourinant de ses petits poings sur le combiné téléphonique.

À vingt mille kilomètres de là, Josephson formula sa réponse.

« La seule solution, c'est de retrouver Dirac. Peut-être y serions-nous déjà parvenus si nous n'avions pas hésité à déployer les moyens nécessaires.

— Ce n'est pas seulement une question de moyens mais une affaire de principe, mon cher Josephson. Je vous le dis tout net, je ne crois pas qu'il sera un jour possible de mettre la main sur lui. »

Au lieu de répliquer immédiatement, Josephson se contenta de fermer les yeux durant quelques secondes, afin de contenir l'irritation qui montait en lui. Comment Wallace pouvait-il se montrer à ce point borné ?

« Mes nombreux entretiens avec différents théoriciens du laboratoire d'informatique expérimentale m'incitent à penser le contraire, monsieur le Conseiller. En fait, avec le peu de moyens dont ils disposent, ils ont déjà délimité la région où se trouverait Dirac. Reste bien entendu à nous y rendre, ce qui est, de loin, le plus compliqué. »

Bien calé dans son fauteuil de cuir bleu sombre, Wallace fit basculer le dossier d'un cran avant de demander :

« Quelle est votre suggestion, Josephson ?

— Dans un premier temps, mobiliser toutes les équipes disponibles pour prendre les Soviétiques de vitesse. Et ensuite, s'il y a lieu, introduire un programme-espion dans le Réseau informatique de défense. Au moins, il pourra toujours nous renseigner sur les éventuels mouvements de nos adversaires. »

De sa main légèrement tremblante, Wallace se saisit d'un mouchoir et s'épongea le front. Malgré l'air conditionné, il faisait assez chaud dans son vaste bureau.

« Ce genre de décision est du ressort du Président. De votre côté, ne vous bercez pas trop d'illusions. À bientôt, Josephson. »

Un déclic sec. Wallace avait raccroché.

47.

Le lendemain matin, pendant le déjeuner, Pellaroque arriva avec celui que tout le monde appelait par ici le Grand Maurice. C'était le petit-neveu de Pellaroque, un garçon long et maigre qui finissait son service militaire.

« Il a quelques jours de permission, dit Pellaroque. Alors comme il n'a pas grand-chose à faire pendant ses journées, il va venir nous aider à rentrer la récolte. »

Le patron eut un sourire.

« Assieds-toi, dit-il. Tu tombes bien. Comme ça, on pourra prendre les deux chars. »

Maurice salua tout le monde et s'assit pendant que la patronne lui servait un grand bol de café.

« Et le régiment ? demanda le patron, c'est pas trop dur ? »

Maurice haussa les épaules.

« Ça peut aller, répondit-il en s'essuyant le coin de la bouche. Il y a seulement que, depuis qu'on a fini l'entraînement, les journées sont un peu longues.

— Chez nous, elles le sont jamais assez, reprit le patron.

— Moi, j'aimerais bien être à ta place », dit Pellaroque en riant.

Ils continuèrent ainsi à plaisanter sur tout et sur rien, quand une ombre passa devant la fenêtre ouverte. La patronne leva les yeux tandis qu'un large sourire apparaissait sur son visage, creusant un peu plus ses rides au coin des yeux et de la bouche.

« Entre donc, Lucie », fit-elle.

La porte s'ouvrit sur l'imposante silhouette de Lucie que tout le monde appelait la Bajon, sauf lorsqu'on s'adressait à elle. C'était la sœur de lait de la patronne avec laquelle elle avait tout partagé : l'enfance, l'école à Biran, et, plus tard, le travail. Depuis leur mariage, chacune vivait de son côté, mais elles continuaient de se voir régulièrement.

La Bajon s'assit et dit à la patronne :

« Alors, ils ne te donnent pas trop de peine, tous ces hommes ?

— Oh ! que si ! Je serai bien contente quand on aura fini le dépiquage.

— Chez moi, c'est pareil. Avec tout ce qu'il y a à faire, j'ai même plus le temps d'aller m'occuper des lapins. »

La Bajon but un grand bol de café, puis, après l'avoir reposé sur la table, demanda à Antoine :

« Dis-moi, c'est vrai ce qu'on raconte au village ? »

Antoine fronça les sourcils. En bout de table, le patron s'était arrêté de manger.

« Qu'est-ce qu'on raconte sur Antoine ? questionna-t-il.

— Mais qu'il va partir de la Julian, tiens ! À cause d'une histoire de papiers ou de tribunal, je sais pas trop. »

Comme si elle était tout à coup gênée d'avoir abordé le sujet, la Bajon se tourna vers Antoine en disant :

« Tu sais, il faut pas toujours croire ce que disent les gens. Ils parlent souvent sans savoir, alors…

— Et qui est-ce qui vous a dit ça ? demanda Antoine.

— Tout le monde et personne. Tiens, hier soir, en allant à la boulangerie, Lucien m'en a parlé, et puis d'autres gens encore.

— Il y en a qui n'ont rien d'autre à faire que de discuter, fit Pellaroque. C'est comme quand je fréquentais la Marguerite. Pour tout le monde j'étais déjà marié avant même que je le sache. Quand elle a appris ça, elle s'est mise tellement en colère, la pauvre, qu'elle voulait même plus m'ouvrir la porte. Et maintenant... »

Pellaroque n'acheva pas sa phrase. Chaque fois qu'il parlait de sa femme, morte depuis plus de dix ans, les larmes lui venaient aux yeux. Le vieil homme avait sorti son mouchoir et poussa bruyamment sur son nez.

Il y eut un silence. Puis la Bajon se leva pour aller rejoindre la patronne près du fourneau. Elles parlaient à voix basse et riaient de temps en temps.

Le patron regarda Pellaroque.

« Ces deux-là, elles ont toujours quelque chose à se dire. On dirait deux fillettes, tellement qu'elles rient quand elles sont ensemble. »

Puis le patron vida son bol d'un seul trait, essuya ses moustaches et se leva, bientôt suivi des hommes. Avant de refermer la porte, Antoine jeta un coup d'œil à Juliette qui lui souriait. Il lui fit un petit signe de la main et sortit.

Au-dehors, le soleil n'avait pas encore essuyé la rosée. L'air sentait bon la nuit.

« On va faire un premier attelage avec Blérotte et la Rousse. Elles se connaissent bien. Et on va joindre aussi la Couloume et Cardie », dit le patron en se dirigeant vers l'étable.

Lorsque les deux paires de vaches furent attelées, le patron et Pellaroque ouvrirent la marche, conduisant chacun leur char vers la Gourgue. Antoine jeta un coup d'œil à Maurice qui marchait à côté de lui. Le garçon ne portait qu'une chemisette à manches courtes.

« Tu n'as pas froid, comme ça ? demanda-t-il.

— Ça va. En marchant, on se réchauffe.

— Il te reste longtemps à faire, au régiment ?

— Encore trois mois. Ce sont toujours les derniers jours qui passent le plus lentement.

— Et après, qu'est-ce que tu vas faire ? »

Maurice cracha dans l'herbe avant de répondre :

« J'ai déjà ma place qui m'attend chez Fourcade. Tu le connais ? »

Antoine secoua la tête.

« Il est maçon, à Biran, continua Maurice. Je resterai chez lui trois ou quatre ans, et plus tard, quand j'aurai mis de côté, je m'installerai à mon compte. C'est pas le travail qui manque, par ici. »

Ils parlèrent ainsi de choses et d'autres. Antoine posait des questions et répondait, mais ses lèvres formaient des mots en dehors de lui. Sa tête n'était pas là. Il ne cessait de penser à la visite des deux hommes, à l'angoisse qu'ils avaient réveillée en lui. Il avait l'impression qu'ils l'observaient à distance, surveillant chacun de ses gestes, prêts à surgir devant lui à n'importe quel moment. Plusieurs fois, il sursauta, croyant même les apercevoir au détour du chemin ou derrière un buisson. Il devait alors prendre une profonde respiration pour se calmer.

Lorsqu'ils atteignirent le champ de la Gourgue, le patron arrêta l'attelage et s'approcha du tas le plus proche. Il enfonça son bras dans la paille et dit :

« Ça va. La gerbe n'est même pas humide à la tête. »

Puis il regarda Antoine avant d'ajouter :

« Toi et Maurice, vous allez charger. Nous, on va placer la gerbe.

— Eh oui, dit Pellaroque en riant, Pour une fois, nous les vieux, on a la meilleure place. »

Le patron et Pellaroque montèrent chacun sur leur char. Ayant chacun choisi leur rang, les deux attelages s'éloignèrent l'un de l'autre et on commença à charger.

Antoine piquait la gerbe puis la faisait passer au patron, d'un mouvement tournant. Alors le vieux l'attrapait à mains nues puis la plaçait sur le tablier du char, parallèlement aux ridelles, l'épi tourné vers l'intérieur. Dès qu'un tas était chargé, Antoine allait devant Blérotte et la Rousse et, du manche de sa fourche, donnait un petit coup sec sur le joug pour faire avancer l'attelage. Puis il s'arrêtait à la hauteur du prochain tas et recommençait à faire passer la gerbe.

Les premières couches demandaient toujours moins d'efforts. Mais à mesure que la charge grandissait, il fallait envoyer la gerbe plus haut. Et puis maintenant que le soleil avait bien pris sa place au-dessus de l'horizon, il commençait à faire chaud. Antoine se débarrassa de sa chemise et la noua à l'une des ridelles.

Tout en lançant la gerbe, il admirait la façon dont le patron alignait son chargement. Aucune jambe ne dépassait et les couches montaient bien droit le long des ridelles. Au moment où ils allaient aborder la pente, le patron cria :

« Serre un peu les freins, sinon on va descendre jusqu'au fond. »

Antoine passa derrière le char pour serrer la mécanique. À chaque tour de manivelle, deux mâchoires s'approchaient du cercle de métal qui entourait les roues en bois. Quand il eut bien vissé les freins, il rejoignit les bêtes et l'attelage commença la descente.

Dans la pente, ils passèrent à la hauteur de plusieurs tas sans s'arrêter. Même avec les freins bloqués, cela demanderait trop d'efforts à Blérotte et à la Rousse pour retenir la charge.

Arrivés au fond, le patron lança :

« Allez ! Fais-moi passer des longues. Je vais faire la clef. »

Cela voulait dire que là-haut, il allait bloquer le chargement en alignant seulement deux rangées de gerbes, l'épi vers l'extérieur cette fois. Puis il monterait un dernier alignement qui prendrait la crête à cheval.

« Envoie la corde », cria à nouveau le patron.

Antoine décrocha le câble tressé qui pendait à l'arrière du char. Puis, d'un mouvement tournant, il l'envoya vers le haut. Une première fois, le câble glissa le long de la paille et retomba au sol. Mais à la deuxième tentative, Antoine vit le câble filer tout seul vers le haut.

« Je passe devant », cria-t-il au patron.

Antoine sauta pour attraper le bout de la corde qui pendait par-dessus les ridelles. Puis il la noua au crochet avant de revenir à l'arrière. Là, il fit passer l'œillet du câble dans la cheville du treuil et commença à tourner. Le câble se tendait lentement.

« Ça va ? demanda-t-il.

— Serre encore. »

Antoine pesa de toutes ses forces sur le levier. La mécanique gémissait.

« Ça suffit ! cria le patron. Elles vont plus s'échapper. »

Le patron se laissa alors glisser le long du câble jusqu'à ce que ses pieds touchent le sol. Il enleva son béret et le frappa plusieurs fois contre sa manche pour en faire tomber la poussière. Puis il regarda son chargement avec fierté. Les gerbes étaient montées sur douze rangs sans une seule fuyarde au tirant.

« Tu vois, petit, le jour où tu monteras la gerbe sans regarder les ridelles, c'est que tu seras devenu un vrai paysan », dit le patron en se mouchant.

Antoine allait répondre, mais aucun son ne sortit de sa gorge. Son cœur se mit à battre. Il recula jusqu'à ce que son dos vienne s'appuyer contre l'arrière du char. Sa main agrippa la corde qui montait le long de la gerbe et il resta là, comme un noyé prêt à s'accrocher désespérément à la moindre épave.

Car sous ses yeux, le patron venait de disparaître dans un halo d'étincelles bleuâtres qui frémissaient autour de son corps, comme des milliards d'insectes lumineux. À chacun de ses gestes, les crépitements redoublaient d'intensité, avec un bruit comparable à un feu de sarments bien secs.

Antoine regarda alors devant lui. Là où il aurait dû voir le char de Pellaroque, il n'y avait qu'une tache floue qui semblait flotter sur le fond à peine plus clair du champ. Le paysage tout entier semblait s'estomper, comme si chaque détail était progressivement gommé par une main monstrueuse.

Les mâchoires serrées, Antoine sentit que ses jambes ne le soutenaient plus. Sa main trempée de sueur glissa le long de la corde tandis qu'il lui semblait que tout son corps s'enfonçait dans le vide.

Puis, sans faire de bruit, l'obscurité se referma sur lui.

Un choc. Quelque chose remua, loin, très loin, au bord de sa conscience.

Encore un autre choc.

Cette fois, des mots montèrent jusqu'à lui.

« Hé ! où est-ce que tu vas, comme ça ? Réveille-toi, donc ! »

Cette voix, c'était celle du patron, avec de l'inquiétude. Antoine ouvrit les yeux. D'abord le flou indiscernable de la couleur du ciel. Puis des visages, penchés sur lui. Le patron, Pellaroque, et Maurice, qui était là, lui aussi.

« On peut dire que tu nous auras fait peur », dit le patron en le soutenant par les épaules.

Pellaroque plongea la main dans la musette et sortit la bouteille d'eau. Il mouilla le linge qui l'enveloppait et fit couler quelques gouttes sur le visage d'Antoine.

« C'est sans doute le soleil qui t'a fait ça. Avec des chaleurs comme aujourd'hui, c'est pas étonnant, toi qui relèves à peine d'un coup de fièvre. »

Dans la tête d'Antoine, chaque mot résonnait, comme à l'intérieur d'une grande cuve. Il fit un énorme effort pour s'asseoir.

« Tiens, bois un coup », dit Pellaroque en lui tendant la bouteille d'eau.

Antoine but quelques gorgées puis s'aspergea le visage et les épaules. Autour de lui, tout était redevenu normal. La campagne respirait régulièrement sous le soleil et, là-bas, près de la haie, les arbres se balançaient dans le petit vent.

« Alors, ça ira ? » demanda le patron.

Antoine se leva. Ses jambes étaient encore lourdes, mais elles le soutenaient.

« Je suis resté combien de temps par terre ? » demanda-t-il.

Le patron fit tourner son béret sur sa tête.

« Oh ! pas longtemps. Peut-être une minute ou deux, pas plus : même que tu parlais. Mais Augustin et moi, on n'arrivait pas à comprendre.

— Ah bon ?

— Oui. Tu disais des mots bizarres que j'ai jamais entendus. Comme si tu avais récité une leçon par cœur.

— Et vous vous rappelez pas d'un seul mot ? »

Le patron secoua la-tête et regarda par terre, comme si la réponse était quelque part au sol, dans une des petites crevasses ouvertes par la sécheresse.

« Attends, dit-il, il me semble que tu disais souvent “électromatique” ou quelque chose comme ça. »

Pellaroque leva un sourcil comme pour signifier qu'il n'en savait rien. L'air gêné, Maurice se contentait de se curer les ongles.

Antoine fit un pas de côté pour se mettre dans l'ombre du char. Étrangement, le mot que venait de prononcer le patron s'installait dans son oreille comme s'il avait été chez lui ; il y avait quelque chose de familier dans ces sons, même s'ils ne menaient à rien de connu.

« Tu crois qu'on va pouvoir y aller ? » demanda Pellaroque.

Antoine se racla la gorge et cracha dans la paille.

« Oui, ça va, maintenant. Je marcherai derrière le char. »

Pellaroque regarda encore Antoine avant d'ajouter :

« Toi, petit, tu devrais prendre quelque chose pour les nerfs. Quand il avait des crises, mon pauvre père avalait tous les soirs un bol de tisane de queues de cerises mélangées à du miel d'acacia. Ça le calmait. »

Antoine ne répondit pas. Il fixait maintenant l'arrière du char où s'entrecroisaient les gerbes, par rangs réguliers. Son angoisse restait comme lui, immobile et attentive ; elle était là, au fond de son ventre, prête à jaillir à la moindre occasion. Ce qu'il avait vécu, tout à l'heure, n'avait rien à voir avec les nerfs. Il y avait quelque chose de *réel* dans cette image du patron dévoré par une myriade d'étincelles. Quelque chose d'inexplicable mais de « vrai » dans ce paysage qui s'effaçait lentement, comme un tableau attaqué par un dissolvant, jusqu'à ce que la trame apparaisse derrière les couleurs.

« Tu devrais en rouler une, en attendant. C'est un mélange spécial qui donne pas mal à la tête. »

Le patron venait de lui tendre sa blague à tabac. Les mains encore tremblantes, Antoine secoua la tête. Les autres roulèrent leurs cigarettes et Pellaroque sortit son briquet pour allumer.

« C'est vrai qu'il est doux, ce tabac, dit Maurice pour remercier le patron.

— Je pense, oui, approuva le vieux. Celui-là, je ne le fume qu'en été, pendant les moissons. C'est Boisieau qui me le prépare tout exprès. »

Antoine fit deux pas de côté. Au moment où le patron avait allumé sa cigarette, la pointe de tabac s'était mise à rougeoyer. Et alors, avec cette petite boule de feu, quelque chose avait vacillé dans sa mémoire. Il avait regardé la cigarette, et une image très lointaine lui était venue, comme le résidu d'une scène énigmatique, où culminaient la peur et l'angoisse. Il chercha un peu d'air dans sa poitrine. Depuis toujours, la peur de la cigarette avait été là. Mais maintenant, elle faisait partie d'une peur plus vaste dont le centre lui-même n'était qu'un souvenir insaisissable, subsistant là, non pour irradier des images précises, mais pour donner à tout le mouvement de ses pensées l'appui d'un vide central où, pourtant, il y avait quelque chose. Devant lui, le patron tira deux ou trois bouffées avant de dire :

« Toi, Maurice, tu vas passer devant et aller jusqu'au passage. Tu mettras quelques gerbes pour combler le fossé, à gauche, là où c'est le plus profond. Ce serait pas le coup qu'on se verse le chargement. »

Tandis que Maurice partait vers le passage, le patron et Pellaroque firent le tour de leurs chars pour passer devant chaque attelage.

« J'y vais en premier », cria le patron.

Lentement, le char se mit en route. Les roues s'enfonçaient profondément dans la terre, creusant deux longs sillons parallèles. Tout en marchant, Antoine écoutait les bois qui gémissaient sous la charge. Et il lui semblait que tout son corps gémissait lui aussi sous un poids invisible, quelque chose d'énorme et de très lourd qui était là, et qu'il devait porter.

48.

Le président du Bureau des Stratégies politiques appuya sur la touche de l'interphone. Son doigt était légèrement humide.

« Mettez-moi immédiatement en communication avec Van Straten. C'est urgent. »

Quelques minutes auparavant, il avait appris que les pays membres de l'OTAN venaient de constituer une commission d'enquête destinée à faire la lumière sur l'affaire Dirac. D'ici à quelques jours, il les aurait sur le dos. À moins, bien sûr, de déclencher une crise diplomatique sans précédent. L'Union des pays de l'Est serait toujours en mesure de refuser une intervention présentée comme une intolérable ingérence dans sa politique intérieure. Mais quelles seraient les conséquences d'un tel refus ?

Le président balança lentement la tête de droite à gauche. En d'autres temps, il aurait probablement apprécié ce climat de crise larvée au sein duquel il était plongé depuis quelque temps. Mais l'affaire Dirac prenait des proportions de plus en plus inquiétantes. Bientôt, il ne serait plus possible de dissimuler au reste du monde ce qui s'était passé. Pour gagner, il aurait fallu agir très rapidement. Alors, ils auraient pu prendre leurs adversaires par surprise.

À cet instant, l'interphone grésilla sur son bureau.

« Ah ! Van Straten ? je vous donne jusqu'à ce soir

minuit pour que vous m'apportiez un résultat concret. Passé ce délai, vous me verrez dans l'obligation d'appliquer les dispositions prévues par le Plan rouge. Vous m'avez bien compris ? »

Le président coupa sèchement la communication.

49.

Jour après jour, la récolte prenait lentement le chemin de la Julian. Après les orges et les avoines, ce fut le tour de l'étoile-de-Choisy, le blé tendre. Et enfin, lorsque le hangar fut plein jusqu'aux poutres, on monta la gerbière de blé dur sur le sol. Le travail le plus pénible consistait à charger, sur le champ, surtout à cause de la chaleur et de la poussière ; sous le hangar aussi on prenait de la peine, mais c'était plus facile. On travaillait à l'ombre, et même sous les poutres, il y avait toujours un peu d'air qui courait pour vous rafraîchir les épaules.

Chaque journée, on rentrait six chars bien pleins. Pendant qu'il remuait la gerbe, Antoine n'avait pas le temps de se laisser faire par ses pensées, par la peur qui s'était assise en lui depuis la visite des inspecteurs et son étourdissement. Mais chaque fois qu'il marchait derrière le char vide, en montant aux champs, ou bien chaque fois qu'il en revenait, son angoisse était de nouveau là, collée à ses pas, sans qu'il puisse la laisser derrière lui. À plusieurs reprises, il avait été sur le point d'en parler à Pellaroque, mais au dernier moment, il s'était toujours tu, ne sachant trouver les mots qui lui auraient permis d'expliquer ce qui lui arrivait. Comment faire comprendre au vieux que tout ceci n'était pas normal ? Comment lui dire que cette recherche de numéro n'était qu'un leurre derrière lequel il y avait *autre chose* de bien plus inquiétant ?

Souvent, il passait en revue les événements qui s'étaient produits depuis le début de l'été. Mais cet effort ne le conduisait nulle part. À peine croyait-il tenir un début d'explication que tout sombrait la minute suivante dans la plus grande incohérence. Tous les soirs, avant de se coucher, il s'assurait que le morceau de papier était bien là, dans le mur. Il n'avait même plus besoin de chercher. Tout de suite ses doigts s'enfonçaient dans l'étroite crevasse, dégageaient le caillou et trouvaient le petit carré de papier bien plié. Et ce contact lui faisait du bien.

Un soir, alors que Juliette ne l'avait pas encore rejoint, Antoine avait déplié le papier. Il était resté longtemps à regarder son écriture et les signes incompréhensibles qu'il avait tracés. Il avait eu envie, un instant, de fourrer le papier dans sa poche et de courir dans la nuit, jusqu'à la ferme de Morvan, pour le lui donner. Mais il avait remis le papier dans sa cachette en se rappelant les paroles de l'inspecteur :

« Après, nous vous laisserons tranquille... définitivement. »

Le matin, lorsqu'il se réveillait de bonne heure, il lui semblait parfois que toute son angoisse n'était due qu'à son imagination. En suivant le petit jour avancer derrière les volets, il avait alors l'espoir que tout allait s'arranger, comme ça, d'un seul coup, et qu'ensuite, il n'aurait même plus à y penser.

Mais cette tranquillité ne durait jamais très longtemps. Dès qu'il se levait, il retrouvait sa fatigue, dans chaque muscle. Et en même temps, son angoisse revenait. Ces derniers jours, il s'était arrangé pour travailler le moins longtemps possible en plein soleil, de peur que ses malaises ne le reprennent ; il ne parvenait pas à calmer les battements de son cœur lorsqu'il se rappelait ce qui lui était arrivé, l'autre matin, quand il avait vu le patron disparaître dans un halo d'étincelles bleuâtres. Pourtant, le soleil ne lui avait jamais fait peur, pas plus que l'effort. Mais maintenant, il doutait de tout.

Ses rêves, la visite des inspecteurs, d'autres visions encore, le tout formait un immense marécage dans lequel il avait l'impression de s'enfoncer tous les jours un peu plus. Et puis, un matin, un peu avant midi, le patron boucla la gerbière à la hauteur du toit, devant le hangar. Avec ce dernier char de blé dur, toute la récolte était maintenant à la Julian.

« C'est pas trop tôt », soupira Pellaroque en allant chercher l'échelle pour permettre au patron de descendre de la gerbière.

Sans attendre le vieux, Antoine marcha vers l'abreuvoir, pour se débarrasser de la poussière. Pendant qu'il faisait couler l'eau du robinet, il vit que Juliette était derrière la maison, près du prunier. Il restait un peu de temps avant que tout le monde passe à table ; aussi décida-t-il de la rejoindre.

Elle était à genoux dans l'herbe, ramassant une à une des prunes bleues qu'elle mettait dans un grand panier. À l'aide d'un couteau, elle coupait les parties abîmées par les oiseaux. Quand Antoine arriva près d'elle, elle mit ses deux mains sur les genoux et lui fit un sourire. Mais au regard qu'elle leva vers lui, Antoine comprit qu'elle gardait quelque chose dans sa tête.

Il resta debout, une main appuyée contre le tronc du prunier. Dans le silence, il n'y avait que le bourdonnement des guêpes qui tournaient autour des prunes.

« Fais attention à ne pas te faire piquer », dit Antoine en chassant une guêpe qui volait près de son béret.

Silence.

Antoine fit un pas pour ramasser un brin d'herbe. Juliette se leva et dit :

« Vous avez fini de rentrer la récolte ?

— Oui. Il n'y a plus qu'à dépiquer tout ça, maintenant.

— Tant mieux. Avec ce qui risque d'arriver... »

Antoine venait de sentir sa gorge se nouer. Il dut faire un effort pour demander :

« Qu'est-ce que tu veux dire par là ? »

Juliette baissa le regard dans l'herbe. Elle hésita un moment avant de murmurer :

« Ils sont venus ce matin, pendant que vous étiez aux champs. »

Antoine serra la mâchoire. Il cracha le brin d'herbe qu'il mâchait entre ses dents.

« Qui ça, ils ? demanda-t-il brusquement.

— Les inspecteurs de l'autre jour. Ils voulaient te voir. Comme tu n'étais pas là, ils sont repartis presque tout de suite. »

Antoine fit deux pas en avant, s'arrêta, hésita un instant avant de se retourner vers Juliette.

« Et ils ont dit quelque chose ?

— Rien. Tu sais...

— Quoi donc ? »

Elle marqua un temps. Puis les mots s'enchaînèrent très vite sur ses lèvres.

« Ces deux-là me font peur. Ils sont vraiment bizarres. Tu as vu comment ils marchent ? On dirait qu'ils glissent sur le sol, sans le toucher. Et puis leur façon de s'habiller, de parler, tout quoi. »

Elle ramassa son panier, fit quelques pas, puis porta soudain la main droite à son ventre.

« Tu n'es pas bien ? demanda Antoine.

— Si... Ça va aller. »

Elle s'efforça de sourire avant d'ajouter :

« Ce qui m'arrive est normal, tu sais...

— Assieds-toi un moment. »

Il s'assit à côté d'elle et, tout naturellement, chercha à lui prendre la main. Au moment où leurs doigts se frôlèrent, une curieuse expression passa sur le visage de la jeune fille. Ses lèvres étaient pincées comme si elle retenait quelque chose, un mot difficile à dire. Brusquement, elle retira sa main.

Il leva les yeux vers elle, vaguement surpris. Elle s'était raidie dans une attitude lointaine, laissant ses yeux flotter sur l'herbe haute, devant elle.

« Juliette... »

Elle ne répondit pas. À cet instant, il semblait que l'été se fût soudain épaissi. Les guêpes n'étaient plus qu'un bourdonnement continu qui montait très haut au-dessus des arbres, dans la grande chaleur.

Alors il se leva et fit quelques pas vers le prunier. Le regard perdu dans le vague, il ne voyait rien. Sauf les guêpes qui venaient bêtement tourner autour de son béret. Il sentait la présence de Juliette derrière lui, elle devait sans doute le regarder. Depuis le jour où elle lui avait annoncé qu'elle attendait un enfant, il avait vainement cherché à savoir ce qu'il devait faire, pour lui, pour elle, pour ce bébé qui allait naître à la fin de l'hiver prochain.

Mais les semaines s'étaient écoulées sans qu'il trouve la moindre réponse. Et à présent, les choses tournaient de telle sorte qu'il n'osait même plus penser à ce qui risquait d'arriver demain. Tout ce soleil qui était sur la campagne, pour lui, c'était de la lumière gaspillée. Il ne voyait plus rien. Comme s'il marchait en plein brouillard, découvrant son chemin à chaque pas, sans rien deviner des obstacles qui l'attendaient.

Il s'aperçut à peine que Juliette venait de se lever pour marcher vers la cuisine. Jamais encore il n'avait à ce point éprouvé jusqu'au fond de lui ce sentiment que quelque chose allait bientôt se produire.

Quelque chose qui menaçait de bouleverser sa vie.

50.

Cette nuit-là, Juliette avait dormi dans sa chambre. Antoine l'avait entendue monter l'escalier, guettant le moment où elle viendrait le rejoindre, mais au bout d'une heure il comprit qu'il était inutile d'attendre plus longtemps. Pendant le repas, il avait senti qu'elle évitait de le regarder, exactement comme elle l'avait fait trois semaines plus tôt. Et il s'était endormi avec la mauvaise pensée qu'elle lui en voulait.

Et cette pensée était encore là, le lendemain matin, quand il se leva pour ouvrir les volets derrière lesquels le jour pointait à peine. Près de l'abreuvoir, Pellaroque était déjà en train de se laver au robinet.

« Alors, tu es prêt ? demanda le vieil homme en s'essuyant le visage avec son mouchoir.

— J'arrive », répondit Antoine.

La veille, pendant le dîner, il avait été convenu qu'Antoine partirait à Engalin, chez Pellaroque, pour l'aider à rentrer sa récolte. La ferme du vieux n'était pas bien grande, tout au plus quatre hectares, en comptant le bois et la friche ; mais c'était sa terre, et le vieux y tenait. Chaque année, il travaillait les deux petits champs qui étaient entre la maison et le bois en disant que c'était la meilleure terre du pays. Malgré son âge, il labourait, hersait et semait lui-même. Quant à la moisson, c'était toujours Samaran qui s'en chargeait, dans la mesure où ses terres touchaient celles d'Engalin.

En descendant à la cuisine où la vieille avait déjà fait chauffer le café, Antoine songea qu'il était comme soulagé de partir quelque temps de la Julian. Il lui semblait qu'il laisserait un peu de ses soucis derrière lui. Et puis Juliette viendrait les rejoindre dans la soirée, pour préparer le repas. Ce serait une bonne occasion pour qu'ils se retrouvent un peu seuls. Ils avaient besoin de se parler, de chasser le malaise qui grandissait entre eux, comme une mauvaise herbe.

Aussitôt après le déjeuner, ils attelèrent Blérotte et la Rousse au grand char. Ils étaient sur le point de partir, lorsque Maurice sortit de la petite chambre qui faisait coin avec la grange. Il avait dormi là pendant ces quinze derniers jours.

« Alors, tu t'en vas ? » demanda Pellaroque.

Maurice haussa les épaules.

« Eh oui ! Ma permission s'arrête ce soir. Je prendrai le train à deux heures, cet après-midi.

— Dommage que tu ne puisses pas rester encore un peu », dit Pellaroque.

Le garçon eut un sourire, avant de dire :

« Allez, on se verra à l'automne. Je vous aiderai à faire votre bois pour cet hiver. »

Après avoir salué, le garçon partit vers la cuisine. Antoine et Pellaroque montèrent sur le bord du char, jambes pendantes. Avec son aiguillon, Pellaroque piqua les jarrets de la Rousse et l'attelage se mit en route.

Des restes de nuit traînaient dans les buissons ou au creux des fossés. Tout allait doucement, comme le pas des vaches qui tiraient régulièrement le char. La pointe de sa casquette au ras des sourcils, Pellaroque ne quittait pas des yeux la croupe des bêtes fouettée par leur queue, comme par un balancier.

Lorsqu'ils arrivèrent dans la cour de la ferme, les premiers rayons rasaient la pointe des deux cyprès qui flanquaient la maison.

« Si la pauvre Marguerite était encore là, dit Pellaroque, elle nous aurait déjà préparé un bon déjeuner. »

Antoine ne dit rien. Il était un peu comme à l'église, au moment où il faut baisser la tête. Il savait combien le vieux était sensible au souvenir de sa Marguerite ; il la voyait partout, il l'attendait, parfois même il lui parlait, murmurant des mots tout bas que personne ne pouvait entendre.

« C'est comme ça », soupira Pellaroque en descendant du char.

Puis, après un silence, il rajouta :

« Allez, petit. On va dételer et conduire ces deux-là au pré. Il nous faudra une bonne journée pour faire de la place sous le hangar. »

Pendant qu'ils remontaient du pré, Antoine mit la main devant ses yeux pour mieux voir le chemin qui serpentait vers la ferme. Le soleil était sorti de derrière la colline et éclairait maintenant tout le paysage. Chaque fois qu'il tournait la tête vers les deux petits champs qui flanquaient le chemin, Pellaroque disait :

« Y a pas à se plaindre. La terre a bien donné, cette année. »

On marchait encore un moment puis le vieux ajoutait :

« Un jour, quand j'aurai assez mis de côté, il faudra que je pense à acheter le champ de Samaran. Comme ça, tout le versant sera à moi, d'un seul tenant. »

Et Pellaroque riait. L'idée d'acheter ce bout de terre coincé entre les siennes le remplissait de joie. En l'écoutant, Antoine se demandait ce qui poussait ainsi le vieil homme en avant. À son âge, lorsqu'on avait travaillé toute une longue vie, on pensait plutôt à se reposer. Mais non. Pellaroque, lui, songeait encore à agrandir sa propriété. La vieillesse, la mort, ce n'était pas pour lui. Il avait le temps.

À un moment, le vieux s'arrêta pour regarder sur la gauche, comme s'il comptait les gerbes sur le champ.

« Tu vois, petit, j'ai eu raison de semer du Choisy. Avec la sécheresse qu'on a eue cette année, une autre variété n'aurait pas rendu autant. »

Antoine sourit. Il aimait entendre le vieux parler de la terre. Il la connaissait bien. Et à l'écouter, on avait toujours quelque chose à apprendre.

À cet instant, un énorme lièvre bondit de la haie, s'immobilisa devant eux, sur le chemin, puis se détendit brusquement pour monter d'un trait vers le petit bois. Pellaroque fit un clin d'œil à Antoine en disant :

« Tu vois, les plus beaux sont chez moi. Ils savent bien qu'ici, ils peuvent manger mieux que partout ailleurs. »

Ensemble, ils se laissèrent aller d'un bon rire. Et lorsqu'ils atteignirent le hangar, le vieux avait encore un reste de sourire dans sa moustache. Pendant toute la matinée, ils dégagèrent la travée centrale, juste sous les poutres maîtresses. Antoine n'arrivait pas à imaginer comment Pellaroque avait pu accumuler un tel bric-à-brac depuis la dernière récolte. Il y avait de tout. Des rouleaux de fil de fer pour la vigne, des cercles de barriques, des piquets, des outils, le fouloir à vendange, des baquets, tout ce qui pouvait servir, à un moment ou à un autre, était là, dans le plus grand désordre.

« Moi, je ne jette rien. On ne sait jamais », répétait tout le temps Pellaroque.

À un moment, Antoine avait voulu vider une vieille boîte pleine de clous et de boulons rouillés lorsque le vieux s'était presque mis en colère.

« Tu n'y penses pas ! dit-il. On peut en avoir besoin, un jour. Et alors, on sera bien contents de les trouver. »

Antoine avait souri. Puis il avait délicatement remis toute la ferraille dans la vieille boîte avant de continuer son travail de nettoyage.

Vers midi, le plus dur était fait. Maintenant que le rouleau, la herse et le semoir avaient été rangés dans le fond, il ne restait plus qu'à mettre les débris et la poussière dans un sac pour le vider ensuite dans le vieux puits, derrière la maison. Ça faisait des années que Pellaroque essayait de le remplir, ce puits, avec tout ce qu'il pouvait y mettre ; les ordures, les déchets, tout ce qu'il ne voulait pas allait dans ce trou.

Antoine se baissa pour ajuster le sac à ses épaules. Puis, d'un mouvement brusque, il poussa fort sur ses genoux pour relever sa charge. Il marcha alors d'une seule traite jusqu'au puits, en passant par la ravine qui faisait le tour de la grange.

Lorsqu'il déposa enfin le sac sur la margelle, il se laissa tomber dans l'herbe pour vider son corps de la fatigue. Puis il se releva et commença à dénouer le sac. Ses mains s'arrêtèrent net sur la ficelle.

Distraitement, il venait de jeter un coup d'œil au fond du puits. Et tout de suite, il avait cherché le fond sans rien déceler d'autre que le vide, l'obscurité.

Il se pencha un peu pour mieux voir. Des plantes poussaient entre les pierres et des veines de mousse vert clair couraient dans les fissures, comme portées par l'ombre circulaire du puits.

Mais à quelques mètres en dessous, le noir gagnait jusqu'à engloutir les parois. Antoine avait beau cligner les yeux, il ne voyait rien. Pas même une petite tache un peu plus claire qui aurait indiqué le fond.

Il ramassa alors un petit caillou qu'il retint un instant au centre du puits, à égale distance du cercle formé par la margelle. Puis il ouvrit les doigts et commença à compter.

Rien. Le silence. Comme si la pierre avait disparu dans les entrailles du sol, sans que rien arrête sa chute.

Surpris, il ramassa un autre caillou, bien plus gros, et le jeta à nouveau dans la gueule ouverte du puits. Cette fois, il se pencha le plus loin possible au-dessus de la margelle dans l'espoir d'entendre le bruit de la pierre touchant le fond.

Mais toujours rien. Rien qu'un silence total qui semblait naître de l'obscurité immobile au fond.

Dix fois, peut-être, Antoine recommença. Sans jamais rien entendre, comme si les cailloux qu'il lançait n'en finissaient pas de tomber dans le vide. Ses doigts étaient un peu plus nerveux lorsqu'il finit de dénouer la ficelle pour basculer le contenu du sac dans le puits. Prenant appui de ses genoux sur la margelle, il entoura le sac bien au milieu et laissa filer les détritus vers le fond. Puis, saisissant les deux oreilles du sac, il bascula toute la charge. Un nuage de poussière dansa au-dessus de la margelle avant de s'en aller avec le vent.

Déposant le sac vide sur la pierre, Antoine se pencha à nouveau vers le fond. Il venait d'y jeter au moins quatre-vingts kilos de détritus, mais cette fois encore, il n'entendit rien. Une poussière grise remuait dans le puits, mais aucun bruit ne remontait jusqu'au jour.

Bon Dieu ! Ce n'était pas normal. Comme tous les puits, celui-ci devait bien avoir un fond. Comment se faisait-il que le vieux Pellaroque ne se soit jamais étonné de n'avoir pu le remplir, depuis le temps qu'il y jetait toutes les ordures de la ferme ?

Il resta là, appuyé à la margelle, en essayant de chasser la pensée qui venait de naître en lui. Car tout à coup, ce puits ne lui paraissait plus naturel. Dans ce trou qui plongeait droit au cœur de la terre, il y avait autre chose qu'un puits. Le néant était dans cette fosse. Il remontait de partout, comme cette obscurité aussi solide qu'un bloc et que même le grand soleil de midi n'arrivait pas à éparpiller.

Il hésita encore un moment, jeta un nouveau coup d'œil vers le gouffre, fit un pas en avant, s'arrêta pour murmurer :

« C'est pas croyable ! Non, ça, c'est pas croyable. »

Puis il ramassa le sac, le mit sur son épaule et marcha rapidement vers la maison.

Quand il entra, il eut du plaisir à retrouver la vieille cuisine dont la fenêtre tenait toute la lumière. Une bonne odeur montait de la cheminée. Pellaroque avait mis une casserole sur le feu et faisait chauffer un des pots de confit que la patronne savait si bien préparer. Tout en remettant du bois sur la braise, le vieux grommela :

« Tu en as mis, du temps. J'allais finir par croire que tu étais tombé dans le puits. »

Antoine ne répondit pas tout de suite. Il mit deux assiettes sur la grande table en chêne avant de demander :

« Dites, ce puits, il m'a l'air bien profond, non ? »

Pellaroque leva un œil vers lui sans cesser de piquer la braise.

« Profond ? Ça tu peux le dire. Pour être profond, il est profond ! »

Il eut un petit rire et ramassa une bûche qui venait de rouler hors du foyer. Puis il se leva pour ajouter :

« Allez, à table. On va attaquer le lard fumé du temps que la viande prenne le feu. »

Le début du repas se passa en silence. On coupait le lard, on le mettait sur une tranche de ce bon pain apporté de la Julian, et on mangeait. À plusieurs reprises, Antoine vit que le vieux laissait traîner son regard vers le coin de la table, là où Marguerite s'était assise pendant si longtemps. Dans cette cuisine, le passé tenait chaque objet à sa place, depuis le calendrier vieux de trente ans accroché au mur, jusqu'aux sandales de Marguerite qui étaient encore près du four.

À un moment, Pellaroque se leva pour aller chercher la casserole sur le feu. Lorsqu'il déposa le confit au milieu de la table, l'odeur de la viande bien grillée monta d'un seul coup aux narines.

« Y a pas à dire, je connais personne qui sait faire le confit comme la patronne », dit Pellaroque.

Antoine ne répondit pas. Il voulait saisir l'occasion de revenir à ce qui le tracassait depuis tout à l'heure : le puits, là-bas, derrière la maison. Il coupa une tranche de pain, la tendit au vieux, en lui demandant :

« Et le puits de derrière, vous en connaissez la profondeur ? »

Pellaroque attendit d'avoir avalé avant de dire :

« Non. D'ailleurs, personne ne serait fichu de te répondre.

— Ah bon ?

— C'est comme je te le dis. Ce puits existait bien avant mon grand-père. Et il n'a jamais donné une goutte d'eau. »

Antoine servit à boire.

« C'est dommage, dit-il. Mais vous n'avez jamais descendu un câble au fond, pour le mesurer ?

— Oh ! que si. Mais je n'ai pas encore trouvé de corde assez longue. Il paraît que le puits est creusé pendant trente mètres dans le roc, et puis qu'après, il s'ouvre sur une grotte souterraine. Je tiens ça de mon pauvre grand-père. »

Le vieux marqua un temps, soupira, et puis reprit :

« On en a raconté des choses, sur ce puits. Autrefois, on disait qu'il ne fallait pas passer à côté, les nuits de pleine lune, sans quoi… »

Il secoua la tête deux ou trois fois avant de recommencer à manger. Antoine l'imita, mais quelque chose l'empêchait de goûter vraiment ce qu'il avalait. En écoutant parler Pellaroque, il venait d'avoir la même impression que lorsqu'il s'était trouvé en face des inspecteurs ; une sorte de malaise indéfinissable allait et venait en lui, sans s'installer vraiment, mais sans s'éloigner non plus.

Le reste du repas se passa presque en silence. Déjà Pellaroque ne pensait plus qu'aux gerbes de Choisy qu'ils allaient mettre en tas, tout au long de l'après-midi.

51.

Ruysberg pénétra dans l'antichambre menant au bureau du président des Stratégies politiques. Il resserra le nœud de sa cravate. C'était la première fois qu'il rencontrait le président. Deux heures auparavant, il avait simplement reçu une convocation par courrier, sans un mot d'explication.

Un panneau coulissa derrière lui. Un homme de haute taille, sans doute le secrétaire particulier du président, l'invita à pénétrer dans le bureau.

« Monsieur Ruysberg ? Il était urgent que je vous voie ! »

Le président venait d'entrer par une autre porte. Embarrassé, Ruysberg se mit debout, détaillant cette large silhouette qu'il avait tant de fois aperçue à la télévision. Et il fut inondé par un immense sentiment de fierté lorsque le président lui dit en tapotant son épaule :

« Asseyez-vous, mon ami. J'ai entendu parler de vous et je dois vous poser certaines questions. Naturellement, cette conversation ne doit pas quitter les limites de ce bureau.

— Cela va de soi, monsieur le Président. »

Le président alluma un cigare puis demanda brusquement :

« Quels sont vos rapports avec Van Straten ? »

Le jeune chercheur s'attendait plus ou moins à une question de ce genre. Mais il fit tout de même semblant de réfléchir avant de répondre :

« Satisfaisants d'un point de vue strictement scientifique. Néanmoins... »

Il hésita.

« Parlez sans crainte, enchaîna le président avec un geste d'encouragement.

— Eh bien, je ne partage pas toujours les points de vue du professeur Van Straten quant à l'évolution du projet. »

Un rond de fumée bleuâtre engloutit un instant le visage du président.

« Pouvez-vous préciser votre pensée ? »

Le chercheur esquissa un sourire.

« Selon moi, si nous n'obtenons pas de résultats, c'est parce que Van Straten est trop conciliant. Je suis partisan de méthodes plus radicales. »

Le président écrasa son mégot dans le cendrier. Il paraissait satisfait.

« Et vous êtes certain d'obtenir un résultat ? »

Un large sourire éclaira alors la face de Ruysberg.

« J'ai découvert quelque chose que Van Straten ignore encore. Nous pouvons agir indirectement sur Dirac par l'intermédiaire de quelqu'un que j'ai identifié dans son entourage et que je suis parvenu à contrôler. Si tout va bien, nous aurons ce que nous cherchons au cours des prochaines heures. »

Le président se leva, l'air réjoui, puis posa sa main sur l'épaule de Ruysberg.

« Dites-moi, reprit-il à voix basse, si Van Straten venait à... disons à disparaître du projet, est-ce que cela compromettrait son déroulement ultérieur ? »

Ruysberg plissa les yeux.

« Il y a encore un certain nombre d'éléments qu'il est seul à connaître. Mais je pourrais m'arranger pour compléter mes informations sur ces sujets. Van Straten m'a toujours fait confiance. »

Ruysberg était sans doute trop jeune ou trop ambitieux pour se rendre compte que c'était loin d'être le cas. Néanmoins, le président fit un petit signe de tête qui montrait toute sa satisfaction face au jeune informaticien. Il ouvrit alors l'un des tiroirs de son bureau et en retira une enveloppe qu'il remit à Ruysberg.

« C'est pour vous. N'en prenez connaissance qu'après minuit, au cas où nous n'aurions pas obtenu la séquence de sécurité. Vous connaîtrez alors les nouvelles dispositions relatives à l'exécution du Plan rouge. »

Puis il tendit sa large main à Ruysberg. L'entretien était achevé.

52.

La journée du lendemain avait commencé avant le soleil. Le jour frôlait à peine les tuiles que Pellaroque avait réveillé Antoine en disant :

« Debout, petit. Le soleil n'attendra pas. Il faut qu'on rentre toute la récolte avant la soirée. »

Après avoir avalé un bol de café, ils avaient attelé Blérotte et la Rousse et étaient partis aux champs.

Antoine avait eu du mal à retrouver les gestes qu'il fallait pour hisser la gerbe sur le char. Il avait mal dormi. Hier soir, lorsque Juliette était arrivée, il l'avait trouvée encore plus lointaine. Pendant qu'elle faisait la vaisselle, il s'était approché d'elle pour demander :

« Mais qu'est-ce qui t'arrive ? Tu as l'air tout drôle. »

Elle n'avait rien répondu. Le robinet de l'évier s'était mis à goutter dans une casserole et ce bruit prit une ampleur étonnante. Alors il avait dû lutter contre l'envie soudaine de la prendre dans ses bras, comme si ce geste avait pu suffire à chasser ce malaise qu'il ne comprenait pas vraiment. Mais elle s'était éloignée de lui et l'avait regardé. Ses yeux avaient reflété comme une sorte de grande peur. Puis elle avait posé son éponge et s'était retournée très vite pour sortir. Sans réfléchir, il avait couru derrière elle pour lui demander :

« Tu ne restes pas ? »

Comme elle ne répondait pas, il lui avait alors pris le bras pour la forcer à se retourner.

« Où vas-tu comme ça ? »

Elle s'était brusquement dégagée en serrant son bras contre sa poitrine, comme si elle avait été blessée, puis elle avait répondu :

« Je rentre à la Julian.

— Mais pourquoi ? Tu ne veux pas rester avec moi ? »

Rien. Elle n'avait rien répondu. Comme si elle s'était barricadée en elle-même, gardant tout derrière ses yeux, sans rien laisser venir du dehors, sans rien laisser paraître non plus. Puis elle était partie, marchant très vite, jusqu'à n'être plus qu'une ombre simple mêlée au crépuscule. Il était resté là, fixant l'endroit du chemin où elle avait disparu, comme s'il attendait quelque chose, son retour, peut-être. Mais elle n'était pas revenue, et il était monté se coucher.

Il était resté longtemps allongé sur son lit, fixant le rectangle de la fenêtre à peine plus clair que la nuit opaque de la pièce. Il s'était obligé à ne pas penser, mais toujours Juliette revenait, insaisissable, différente, hors de lui et peut-être hors d'elle-même.

Puis il s'était endormi, et aussitôt, le puits avait occupé tout son sommeil. Il y avait d'abord eu ces voix qui montaient des profondeurs, ces mots qu'Antoine distinguait à peine mais qui lui étaient adressés. Lorsqu'il s'était approché de la margelle, il avait alors reconnu la voix de l'inspecteur qui disait :

« Venez donc, monsieur Dirac. Nous vous attendons de l'autre côté. Arrêtez de vous leurrer. Vous êtes des nôtres. Et puis, vous retrouverez Juliette. Vous voulez donc qu'elle vous quitte ? »

La voix se faisait insistante. Et lorsque Antoine s'était penché pour regarder au fond, il était tombé. Tout doucement, comme si un fil invisible le retenait dans sa chute. Il avait vu nettement les herbes, sur les parois de la margelle, puis le rocher, et enfin plus rien. Il tombait dans le néant. Longtemps, longtemps. Sans rien voir, sans rien entendre d'autre que la voix de l'inspecteur qui semblait le guider dans sa chute invraisemblable.

Et puis il avait senti une secousse. C'était Pellaroque qui l'avait remué pour le forcer à ouvrir les yeux.

Ce cauchemar l'avait suivi toute la matinée. À plusieurs reprises, il lui avait même semblé entendre la voix de l'inspecteur, portée par quelque souffle de vent jusqu'à un buisson proche. Et chaque fois que quelque chose remuait dans le lointain, il se demandait si on n'était pas en train de le surveiller.

Pellaroque, lui, plaçait la gerbe avec son humeur égale, toujours content quand ses bras travaillaient. Il avait trop attendu le moment de rentrer sa récolte pour laisser retomber cette joie que l'on voyait partout sur lui, dans sa façon de piquer sa fourche, d'aligner les rangs ou de commander de la voix à la Rousse, quand elle traînait le char un peu trop vite entre les tas. Il ne cessait de plaisanter en répétant :

« Des gerbes comme celles-là, on pourra aller loin avant d'en trouver de pareilles. »

Alors il riait dans l'air sec et piquait de plus belle la paille chaude qui crissait sous sa fourche. À midi, après avoir rentré deux chargements sous le hangar, ils s'étaient arrêtés pour déjeuner. Pellaroque avait fait chauffer les restes de la veille et ils avaient mangé en parlant encore de la récolte et du grain qu'elle promettait.

Mais pendant qu'il mangeait, Antoine pensait surtout à Juliette. Depuis avant-hier, il la reconnaissait à peine. Pour la deuxième fois, elle s'éloignait sans raison apparente. Et il se retrouvait seul, avec l'angoisse d'être seul, cherchant dans l'immense zone d'ombre qui montait vers lui un mince filet de lumière qui aurait pu le guider.

Il se leva pour remettre une bûche sous la cafetière qui chantait moins fort. Il le fit lentement. Ce n'était pas qu'il voulût se donner le temps de réfléchir. Il n'y avait pour l'instant aucune réponse à apporter au comportement de Juliette. Mais il se laissait descendre dans l'intraduisible, là où tout se mêlait au fond de lui, laissant parfois remonter des lueurs qui n'éclairaient rien mais qui signalaient simplement une direction à suivre. Il aurait fallu qu'il puisse descendre plus loin encore, comme dans ce puits, derrière la fenêtre, pour distinguer peut-être une réponse.

Il avança son bras pour gratter les braises et écarter les cendres. Puis, ayant suspendu le pique-feu au clou de la cheminée, il le regarda se balancer. Lorsque le café fut passé, il se releva pour remplir les verres. Pellaroque se tourna lentement vers lui, toussota un peu, et dit d'une voix mal assurée :

« Je sais à quoi tu penses. Mais ne t'en fais pas trop, va. À son âge, ce sont des choses qui arrivent. Ça lui passera. »

Antoine le regarda, cherchant un moment une réponse, mais comme rien ne venait, il se contenta de remuer le sucre au fond de son verre.

Dès qu'ils furent dehors, Antoine avait conduit l'attelage à la côte de Roquelongue, le dernier champ qui restait à faire. Là, c'était la fournaise. La chaleur venait autant de la terre que du ciel. La sécheresse était là depuis si longtemps que des crevasses avaient fendu le sol.

Quand ils étaient arrivés au bout de la première ligne, avant de retourner le char, Pellaroque avait dit :

« Pas possible ! Avec cette chaleur, il faudra bien que l'orage vienne, ou je m'y connais plus. »

Piquant sa fourche en terre, Antoine avait alors regardé le ciel, sans rien voir d'autre qu'une brume sèche, très blanche, presque sans couleur, qui restait là, sans bouger dans le soleil. Et puis vers quatre heures, ils étaient revenus sous le hangar. Pendant que Pellaroque plaçait le char entre les piliers, il dit à Antoine :

« Va nous chercher un coup à boire, ou on va sécher sur pied ! »

Antoine entra dans la cuisine où il faisait frais. De la cheminée montait un courant d'air qui sentait la cendre froide. Il ouvrit le placard et prit la bouteille de vin. Il rajouta un peu d'eau, juste assez pour que le vieux ne puisse pas s'en apercevoir.

Au moment de partir, il ne put s'empêcher de jeter un coup d'œil par la lucarne qui donnait sur l'arrière de la maison. Le puits était là, immobile, profond. Même en plein jour, il gardait quelque chose d'inquiétant, comme dans son rêve. Un puits qui n'a pas de fond, c'est comme une maison sans toit.

Il contourna la table et, tout à coup, se figea sur place. Il y avait quelqu'un dans l'encadrement de la porte, une ombre noire, impossible à distinguer à cause du soleil. Il fit un pas de côté et mit sa main en visière pour mieux voir. Devant lui, la silhouette sembla onduler un instant puis s'avança dans la cuisine. Antoine poussa un soupir et déposa la bouteille sur la table. Il venait de reconnaître le jeune curé qui faisait, des yeux, le tour de la pièce.

« Bonjour, dit le prêtre.

— Bonjour, monsieur l'abbé », répondit Antoine. Il se sentait soudain très calme, comme si la présence du prêtre le réconfortait.

Le curé sourit et poursuivit :

« Je ne vais pas rester longtemps, mais il fallait que je vous voie. »

Il y eut un silence. Le curé avait fini d'examiner la pièce et son regard plongea dans celui d'Antoine.

« Vous avez revu les inspecteurs depuis la dernière fois que nous nous sommes parlé, au champ ? »

Antoine hocha la tête.

« Ils sont venus me voir toujours pour la même raison.

— Et vous ne leur avez rien dit, j'espère ?

— Non. »

Le prêtre baissa la tête un moment et, lorsqu'il la releva, son regard était plus intense.

« Ils reviendront. Mais vous devez tenir bon. Coûte que coûte, vous comprenez ? »

Il hésita, puis comme Antoine ne se décidait pas à parler, ce fut lui qui reprit.

« Vous avez confiance en moi ? »

Antoine leva les yeux vers le prêtre. Il avait été surpris par la question et cherchait une réponse. Pour échapper à l'émotion qui venait de l'étreindre il eut un petit rire et répondit :

« Oui, je crois. »

Le regard du curé se fit plus grave.

« Bon, alors dans ce cas, vous allez m'écouter. La prochaine fois que les inspecteurs viendront, vous leur donnerez ceci. »

Le prêtre fouilla dans la poche de sa soutane et en retira un petit livre qu'il posa sur la table. La couverture était brillante et on pouvait y lire le mot *Adam*, écrit en grosses lettres. Juste au-dessous, en petits caractères, il y avait trois lettres, A, D, M, qui semblaient constituer l'abréviation d'*Adam*. Le prêtre ouvrit le livre, prit un crayon et une feuille de papier dans sa poche, et commença à griffonner une suite de signes tout en jetant des coups d'œil dans le livre, comme s'il en copiait un passage.

Lorsqu'il eut terminé, Antoine lui demanda :

« Qu'est-ce que c'est que ce livre ? »

Le prêtre parut hésiter un instant avant de répondre :

« Ça ? C'est... ma Bible ! le nom Adam ne vous dit rien ? »

Antoine chercha dans sa mémoire. Autrefois, au catéchisme, l'abbé Supervielle lui avait enseigné qu'Adam avait été le premier homme créé par Dieu avant d'être chassé du Paradis terrestre. Mais il y avait aussi, dans ce nom, quelque chose de très lointain qu'il n'arrivait pas à faire revenir. Au lieu de répondre, il demanda :

« Qu'est-ce que vous avez écrit sur ce papier ? »

Le prêtre plia soigneusement la feuille et la tendit à Antoine.

« Quand les inspecteurs viendront vous voir, vous leur donnerez ça en disant que c'est votre numéro. Ils ne s'apercevront pas tout de suite qu'il s'agit d'autre chose. »

Antoine prit la feuille et la déplia pour lire ce que le prêtre avait écrit. Elle ne contenait que trois lignes de lettres et de chiffres auxquels il ne comprenait rien.

« Ceci ne doit pas être très clair pour vous, dit le curé.

Mais faites-moi confiance. Donnez-leur ce papier et laissez-les repartir. »

Antoine fourra le message dans la poche de sa chemise et fit le tour de la table pour être bien en face du prêtre. Il l'observa quelques instants avant de demander :

« Mais qui êtes-vous ? »

Le curé eut une sorte de sourire étrange, presque irréel.

« Je suis celui qui baptise et qui enterre. Celui des premiers moments et de la dernière heure. Le nouveau-né me voit, mais aussi le mourant, lorsque je l'aide à passer de l'autre côté. »

Antoine eut envie de hausser les épaules, mais il se retint. Le prêtre avait eu une intonation particulière lorsqu'il avait dit qu'il « aidait les mourants à passer de l'autre côté ». Cette phrase éveillait quelque chose de particulier chez Antoine, comme si elle était venue là pour lui tout seul. En regardant encore le prêtre, il sentait toute la bonté de cet être et aussi quelque chose d'infiniment proche, une fraternité indéfinissable, comme si le curé le connaissait depuis toujours.

Ils s'observèrent encore un moment. Le regard du prêtre était comme un appel et Antoine sentit qu'il devait faire ce qu'il lui avait demandé.

« Plus tard, vous comprendrez tout, dit le curé. Vous découvrirez pourquoi je suis venu. »

Le prêtre eut encore un regard qui semblait dire « courage ». Puis il fit brusquement le tour de la table et disparut dans la lumière de la porte.

Lorsque Antoine revint sous le hangar, le vieux attendait toujours en haut de la gerbière. Assis sur sa récolte, il respirait la bonne odeur du blé plein de soleil. Antoine grimpa sur le char et lui tendit la bouteille. Le vieux en vida presque la moitié, puis s'essuya les moustaches en disant :

« On boirait la mer avec les poissons dedans, tellement qu'il fait chaud aujourd'hui.

— C'est sûr », répondit Antoine. Mais il pensait à autre chose.

Il retourna ses mains pour cracher dedans, de façon à avoir prise sur le manche patiné de sa fourche. Puis il enfonça la pointe dans la première gerbe et commença à lancer vers le haut. Il y eut alors ce crissement incessant de la paille qu'on remue, des gerbes que l'on soulève, que l'on arrache à d'autres gerbes et qui retombent plus loin.

Une heure plus tard, le char était vide. Maintenant que toute la récolte du vieux était à l'abri, ils pourraient reprendre le chemin de la Julian. Pendant qu'il plaquait l'échelle contre la gerbière, Antoine pensait qu'avec une échelle bien plus longue, il pourrait descendre au fond du puits et voir ce qu'il cachait, dans son trou de nuit.

Mais il se força à chasser cette pensée. Elle devait rejoindre toutes les autres, celles qui l'avaient tourmenté depuis le début de l'été, le numéro, les inspecteurs, ses malaises ou ses cauchemars. Il tâta alors le petit renflement que faisait le bout de papier, dans la poche de sa chemise. Pourquoi le mystérieux curé s'intéressait-il tellement à lui ? Et comment savait-il ce qu'il fallait faire pour lui venir en aide ? Et encore une fois *qui était-il* ?

Un bruit le força à se retourner. Pellaroque venait de mettre le pied à terre et regardait vers la côte de Roquelongue, comme s'il écoutait attentivement la sourde rumeur qui montait du lointain.

« Ça, c'est l'autobus de Resseyre. Il passe tous les soirs vers cinq heures », murmura-t-il.

Pour dire quelque chose, Antoine demanda :

« Ah ? et où il va ? »

Le vieux haussa les épaules.

« Il charge aux Juilles, et ensuite il file vers l'Isle-en-Aubiet. Il paraît qu'il va plus loin encore, mais je ne l'ai jamais pris jusque-là. »

Antoine tenta un moment de se représenter le voyage du vieil autobus dans la campagne. Mais son cœur se mit à battre un peu plus vite au moment où il songea que lui-même n'avait jamais été plus loin que les Juilles. À trente-sept ans il ne connaissait en tout et pour tout que les terres de la Julian et le village des Juilles. Rien de plus.

Il fit quelques pas dans la cour, brusquement mal à l'aise. La chaleur était là, immobile et lourde, sillonnée des milliers d'insectes qui vibraient dans le ciel comme une toile transparente. Rien ne bougeait mais ce n'était pas le calme.

Il se baissa pour ramasser un brin d'herbe sèche qu'il mit dans sa bouche, comme chaque fois qu'il était énervé. Il venait de découvrir un sentiment nouveau, désagréable, qui le dérangeait vraiment. Comment se faisait-il que jamais encore l'idée de voyager ne lui soit venue à l'esprit ? Tout ce qu'il savait sur son pays, il l'avait appris autrefois dans ses livres de géographie. Était-il normal de rester si longtemps au même endroit sans jamais avoir eu le désir de découvrir autre chose ?

Il s'arrêta près du mur à moitié écroulé qui tenait les anciens penons de l'étable. Ses mains s'appuyèrent sur la pierre chaude et son dos se voûta un peu, comme si ses épaules pesaient plus lourd. La brume de chaleur qui montait du sol en vagues inégales ressemblait au flou qui était dans sa tête ; dans cette vapeur qui déformait le paysage au ras de la terre, une angoisse diffuse s'agitait, insaisissable dans ses formes, mais partout présente.

Comme Antoine était resté torse nu, jetant seulement sa chemise sur son épaule, le vieux s'approcha en disant :

« Reste pas comme ça, tu vas attraper un coup de soleil sur la nuque. »

Il ne répondit pas. Il luttait contre une envie soudaine de marcher à travers champs, droit devant lui, aussi loin que possible. L'idée qu'il ne s'était jamais aventuré à plus de dix kilomètres de la Julian lui paraissait tout à coup insupportable. Il avait fallu cet autobus pour que le désir de voir ce qu'il y avait à cent, même à deux cents kilomètres de la Julian s'impose à lui avec force.

Il entendit à peine Pellaroque qui disait :

« Allez, on ferme la maison et on s'en retourne à la Julian. »

53.

Comme chaque année, une quinzaine de jours environ s'étaient écoulés entre le moment où la récolte avait été rentrée et celui qui marquait le dépiquage, après les fêtes du 15 Août. Pendant cette période, les hommes et la terre avaient vécu plus lentement. On avait surtout préparé le dépiquage. Sous le hangar, il avait fallu vider et nettoyer toute une travée pour entreposer les bottes de paille qui sortiraient de la presse. Ensuite, on s'était attaqué au grenier. Cette année, la récolte donnerait beaucoup. Il avait été nécessaire d'agrandir tous les foudres qui séparaient le blé de l'orge et de l'avoine. Et puis on avait également passé beaucoup de temps à rapiécer les sacs afin que la graine ne coule pas à terre entre le moment où on chargeait le sac, derrière la batteuse, et celui où on le vidait, dans le grenier.

Pendant tout ce temps, Antoine n'avait pas vraiment réussi à chasser l'angoisse sourde qui l'accompagnait partout où il allait, dans tout ce qu'il faisait. Jour après jour, il avait vécu avec la vague impression que quelque chose se préparait, sans qu'il puisse dire quoi. Depuis quinze jours, Juliette n'avait cessé de l'éviter, regardant droit devant elle, avec la même expression tendue et concentrée. Un soir, il s'était approché d'elle, pendant qu'elle mettait la table, et alors qu'il lui frôlait le bras, elle avait presque sursauté, comme si ce seul contact la plongeait dans un profond malaise. Il n'avait pas oublié l'expression de son visage où se mêlaient indistinctement l'angoisse et l'étonnement. Comme si elle lui était devenue totalement étrangère. En même temps, son comportement envers les autres n'avait pas changé ; il la surprenait souvent en grande conversation avec la patronne, plaisantant et riant, mais reprenant aussitôt son masque d'exaspération dès qu'elle l'apercevait. Il avait essayé de se dire que le bébé qu'elle attendait était la cause de ce bouleversement, mais il n'arrivait pas à y croire vraiment. Comme si elle avait brusquement été possédée d'une force mystérieuse qu'il ne pouvait ni saisir ni même connaître.

Il s'était fait violence pour tenter de s'habituer à cela, un peu comme on essaie de vivre avec des rhumatismes ou un mal chronique. Mais chaque fois qu'il la voyait, à la fois si proche et si lointaine, ses forces s'en allaient pour le laisser là, le cœur battant, à attendre.

Et sans qu'il pût se l'expliquer, l'attitude de Juliette lui semblait renvoyer à une trame beaucoup plus profonde où s'enracinait l'ensemble de ses problèmes. Souvent, il s'était même demandé si elle n'était pas manipulée par les inspecteurs. Derrière la trame autrefois si rassurante de ses gestes, de son travail, un autre monde se dessinait parfois en transparence. Un monde qui le cherchait, qui lui faisait signe au travers des inspecteurs, de ses rêves, de tout ce qui s'était produit depuis le début de l'été.

Parfois, en repensant à certaines choses, une foule de détails envahissait sa mémoire ; alors il lui semblait qu'il allait tomber, attiré par des profondeurs insondables, comme dans le puits de Pellaroque. Dans ces moments de chute vertigineuse, une seule pensée réussissait à lui donner un peu de courage, celle du curé. Il se remémorait leur conversation, là-haut, dans la maison de Pellaroque, essayant de retrouver chaque mot, chaque détail de leur étrange tête-à-tête. Grâce au prêtre, il se sentait plus fort, et aussi beaucoup moins seul.

Souvent, il dépliait le message que le curé avait tracé sur la feuille de papier, le lisait sans comprendre avant de le remettre dans sa poche. Il ne voyait toujours pas pourquoi il était si important de remettre ce message aux inspecteurs, mais il devait avoir confiance dans son mystérieux allié. Aussi espérait-il maintenant que les inspecteurs reviendraient vite.

En attendant, il s'était imposé de ne plus penser à rien d'autre qu'à son travail. À mesure que le dépiquage approchait, il pouvait s'abriter derrière tout ce qu'il y avait à faire sans se laisser dissiper par ses inquiétudes. Et le jeudi soir, vers cinq heures, lorsque Milon était venu prévenir que le matériel était en route pour la Julian, Antoine s'était senti libéré d'un grand poids. Pour la première fois depuis longtemps, l'air lui parut un peu plus léger à respirer.

Il alla rejoindre le patron et Pellaroque près du raidillon qui montait vers le hangar. Derrière le talus, on entendait le bruit du tracteur auquel étaient attelées la batteuse et la presse. Lancé à pleine puissance, le moteur gémissait sous la charge.

« Lartigues a pris le "poum-poum" cette année », dit Pellaroque.

C'était le nom familier que l'on avait donné au tracteur à cause du bruit caractéristique de son moteur à deux temps, dont on ressentait les secousses jusque dans la poitrine. Antoine se pencha légèrement sur le côté et aperçut alors Lartigues au volant de sa machine. C'était lui, le chef de matériel, et il en était fier. Avec sa casquette dont la visière était enfoncée au ras des yeux, il ressemblait à un capitaine de navire. Une main sur l'énorme volant, l'autre appuyée sur le garde-boue, il se retournait de temps en temps pour surveiller l'attelage impressionnant que formaient la batteuse et la presse. Lorsqu'il aperçut les trois hommes sur le talus, il leur fit un petit signe de tête, sans sourire, puis son regard plongea à nouveau vers les roues avant du tracteur.

« Allez, on va sur le sol », dit le patron.

Ils retournèrent devant le hangar. Dans l'air, il n'y avait plus seulement l'odeur de l'herbe sèche et de la paille, il y avait aussi celle du carburant brûlé dans l'énorme moteur du tracteur. Pellaroque voulut dire quelque chose, mais ses paroles furent emportées par le bruit du matériel qui venait de déboucher au coin du chemin. Tirant la manette des gaz jusqu'au ralenti, Lartigues sauta de sa machine et vint à la rencontre du patron. Les deux hommes se connaissaient depuis longtemps ; ils avaient même été ensemble à l'école des Juilles.

« Alors ? » demanda simplement Lartigues.

Cette question voulait tout dire. Elle plaçait les deux hommes bien en face l'un de l'autre. Le patron souleva son béret, le fit tourner une ou deux fois sur la tête avant de demander :

« Tu veux boire un coup ?

— Je dis pas non », répondit Lartigues.

Ils partirent alors vers la cuisine. Le patron criait après la chienne qui ne cessait d'aboyer en courant dans tous les sens. Quand ils entrèrent, le patron lança à Antoine :

« Va nous chercher une bouteille de narrac blanc. Tu n'auras qu'à la prendre dans le casier du fond. »

Pendant que la patronne et Juliette mettaient des verres propres sur la table, Antoine descendit à la cave. Il se sentait tout à fait calme. L'arrivée du matériel de battage lui avait fait du bien. En remontant l'escalier plein de poussière, il eut un instant le sentiment que tous ses ennuis n'avaient jamais existé.

Quand il entra, les hommes étaient déjà assis autour de la table. Le patron lui prit la bouteille des mains en disant :

« Celui-là, c'est du 1937.

— *Hil dé garço !* » s'exclama Lartigues.

Le silence. Tout le monde attendait que le patron ouvre la bouteille. Seule la chienne continuait à haleter en refermant de temps en temps sa gueule sur une mouche qui venait tournoyer autour de son nez. Quand le parfum du vin monta dans la pièce, Pellaroque souleva sa casquette comme si un personnage important venait d'entrer. Sa main noueuse avança vers le premier verre tandis qu'il murmurait :

« Voyons voir... »

Il leva son verre sous sa moustache pour le flairer plusieurs fois, à petits coups. La première gorgée tourna un moment entre ses joues, comme s'il mâchait le vin à pleines dents. Puis il l'avala enfin et poussa un soupir en disant :

« Ça, c'est du vin ! Et pas n'importe lequel, encore. »

Alors, tous les autres se mirent à boire à leur tour. Et ils parlèrent de ce vin qui méritait bien mieux qu'un seul verre. Ils parlèrent aussi de la récolte, du matériel, de l'endroit où on le placerait cette année. Entre chaque phrase, on buvait une petite gorgée, comme pour allumer les mots, leur donner cette lumière blanche qui était dans la bouteille.

Enfin, après un nouveau silence, Lartigues regarda le patron en disant :

« On y va ? »

C'était lui le chef de matériel, c'était à lui de décider. Le patron vida son verre, se leva, et tout le monde sortit dans la cour.

« On va commencer par dételer la presse. Sinon on pourra pas manœuvrer », lança Lartigues.

Il se glissa derrière la batteuse. Antoine le suivit et fut aussitôt envahi par une odeur de paille et de poussière.

« Fais venir le timon vers moi », cria Lartigues en tirant sur la barre de métal.

Antoine poussa de toutes ses forces sur le timon tandis que les roues avant de la presse tournaient d'un centimètre ou deux. Passant une main sur son front, Lartigues ajouta :

« Ça ira. Les roues arrière sont calées ? »

Antoine hocha la tête. Le patron avait déjà placé deux grosses pierres devant les roues. D'un geste, Lartigues tira sur la cheville et libéra le timon. Puis il fit le tour de la batteuse et remonta sur son tracteur. Avant de remettre les gaz, il cria au patron :

« On va placer le matériel entre la gerbière et le hangar. Tu me feras signe lorsque la batteuse sera à bonne hauteur. »

Le patron hocha la tête tandis que Lartigues donnait un peu de gaz, pas trop, afin d'avancer le plus doucement possible et de garder toute la précision dans la manœuvre. La batteuse suivit le tracteur en grinçant. Sous les énormes roues en fer, les cailloux craquaient comme des noix pour être réduits en poudre blanche.

Après avoir décrit un grand cercle dans la cour, passant juste devant l'abreuvoir, Lartigues conduisit la batteuse entre la gerbière et le hangar. Puis il coupa les gaz et descendit de son siège. Il fouilla quelques instants dans la caisse à outils qui était près du garde-boue et en retira un niveau témoin de maçonnerie. Tout en le plaçant sur les entretoises de la batteuse, il surveillait la bulle qui penchait à droite.

« Il va falloir creuser un trou pour la roue arrière gauche, et surélever l'autre côté avec une cale. Sinon, on sera pas à niveau. »

Pellaroque était déjà parti vers la grange pour chercher des pioches. On creusa un trou d'une vingtaine de centimètres en étalant la terre sur les côtés.

« Ça ira, je pense », déclara Lartigues avant de remonter sur le tracteur.

Tout doucement, il fit avancer la batteuse jusqu'à ce que la roue soit au milieu du trou. Cette fois, à l'œil nu, on pouvait voir que la machine était presque à niveau.

Lartigues s'approcha alors de la caisse à outils et en retira un énorme cric qu'il plaça sous la roue arrière gauche. Puis il tourna la manivelle jusqu'à ce que les huit tonnes de la batteuse commencent à se soulever en grinçant.

Dès que l'espace entre la roue et le sol fut suffisant, le patron et Antoine glissèrent une planche en dessous. Cette fois, la bulle du niveau était exactement au milieu. Il ne restait plus qu'à bloquer les freins de la batteuse.

Ensuite on attela la presse pour la mettre en ligne derrière la batteuse. Il fallait placer à reculons, de manière à ce que le monte-paille de l'engin rentre sous les demoiselles de la batteuse ; ensuite, aligner l'énorme poulie bien en face du maître-relais ; sinon la courroie sauterait.

On cala la presse avec d'énormes masses de pierre et Lartigues alla placer le tracteur en tête du matériel. Pendant ce temps, Antoine et le patron avaient ouvert le coffre pour en retirer les courroies qu'ils déroulèrent sur le sol. La plus petite, longue d'environ huit mètres, reliait la batteuse à la presse ; l'autre, qui devait dépasser les quinze mètres, allait du tracteur à la poulie maîtresse de la batteuse.

Il fallut une bonne demi-heure pour monter les deux courroies. Quand tout fut enfin en place, Lartigues se moucha avant de lancer :

« Reculez-vous, je vais faire tourner. Des fois qu'une des courroies vienne à sauter... »

Il monta sur le tracteur et mit les gaz. Puis il embraya progressivement la poulie. Le bruit du moteur lancé à pleine puissance se fit plus profond sous l'effort tandis que la batteuse et la presse commençaient à tourner, doucement d'abord, puis de plus en plus vite.

« Les courroies ont l'air d'être bien en ligne », dit le patron.

Antoine ne répondit pas. Il était toujours impressionné de voir tourner le matériel dont toute la mécanique s'animait, depuis la poulie maîtresse jusqu'au plus petit engrenage. À mesure que la vitesse augmentait, un bruit sourd montait des entrailles de la machine tandis qu'un nuage de poussière s'échappait de tous les orifices.

Maintenant, le matériel tournait à plein régime. Derrière la nuée de poussière bleue, on devinait les mouvements réguliers de la presse, en particulier de la tête de cheval qui montait et descendait en faisant des claquements secs.

Antoine eut un frisson. Aujourd'hui encore, il n'arrivait pas à chasser tout à fait cette peur enfantine qui l'avait saisi la première fois qu'il avait vu cette bête de métal plonger et replonger encore dans la gueule béante de l'entonnoir où tombait la paille. Le patron lui avait dit qu'on racontait dans les campagnes qu'un jour, un homme était tombé dedans, et qu'on avait retrouvé les restes de son corps mêlés à la paille. Du sang et de la chair déchiquetée. C'était tout ce qu'il restait d'une vie d'homme.

Il regarda alors la batteuse. Une plainte continue, à la fois triste et nostalgique, montait du rotor d'engrainage. L'énorme masse de la machine remuait de partout, noyée dans cette poussière vieille de plusieurs campagnes. Antoine regardait et écoutait. Il y avait quelque chose de majestueux dans la batteuse. Une sorte de sérénité, peut-être, face à toutes ces gerbes qu'elle allait avaler, chassant la balle, coupant la paille, pour ne garder que le grain.

Puis le bruit diminua. Lartigues avait coupé les gaz et laissait le mouvement s'atténuer de lui-même. Avant que les poulies ne s'immobilisent tout à fait, le patron saisit une fourche pour faire sauter les courroies. Il ne fallait pas les laisser en tension toute la nuit. Ensuite il se retourna vers Antoine et Pellaroque en disant :

« Antoine, tu vas monter aux Juilles, chercher la viande que Benac a préparée pour la daube de la patronne. Nous, pendant ce temps, on va monter la table devant la grange. »

Pour les repas de midi et du soir, il fallait en effet prévoir grand. Demain, près de quarante hommes seraient là.

Antoine respira un grand coup. Au même moment, un merle se mit à chanter dans le silence parfait qui venait de retomber sur la Julian. Sans vraiment oser se demander s'il s'agissait là d'un signe de paix, Antoine partit d'un grand pas vers le village.

54.

Dans le laboratoire, la chaleur était devenue oppressante. Van Straten augmenta la ventilation. Une sueur froide glissa dans ses reins au moment où il aperçut le lit que les plantons avaient placé tout à l'heure contre le mur. Il sentit son cœur se soulever à la seule idée de passer la nuit ici. Curieusement, la seule chose qui lui paraissait vraiment importante, maintenant, c'était de rentrer chez lui. Il ne supportait pas un seul instant que sa femme pût rester seule à la maison. Il craignait qu'elle ne saisisse cette occasion pour se jeter dans les bras d'Anton Ranevsky, le séduisant voisin qui venait de s'installer en face de chez eux. Elle était belle, beaucoup plus jeune que lui, et protestait souvent contre le fait qu'il consacrait beaucoup plus de temps à son labo qu'à sa femme. Et dernièrement les fréquentes visites de cet imbécile de Ranevsky avaient tout compliqué. Au début, il n'y avait guère prêté attention, mais, à mesure que les semaines passaient, Ranevsky s'était pour ainsi dire intégré à leur vie ; et les coups d'œil que sa femme échangeait souvent avec le jeune homme ne lui avaient pas échappé.

Depuis que le président lui avait annoncé qu'il devrait rester dans le labo, l'image de sa femme revenait sans cesse, comme une sorte d'obsession qui rejetait tout le reste au second plan. C'était pour cela qu'il lui fallait faire vite. L'opération devait être terminée avant la soirée.

Il s'était remis à pianoter sur la console de l'ordinateur lorsque Ruysberg entra dans le labo. Le jeune homme resta debout, les bras pendants à ses côtés, se contentant de fixer Van Straten avec une curieuse expression sur le visage.

Au bout d'un moment, Van Straten s'énerva :

« Eh bien, qu'est-ce que vous attendez ? Ne restez pas planté là, voyons ! Aidez-moi à préparer notre prochaine visite, c'est peut-être la plus importante. Je crois que Dirac est prêt à parler. »

Le garçon eut un étrange sourire et, sans se presser, se dirigea alors vers le bloc voisin.

55.

La première aube n'était pas encore dans le ciel lorsque des bruits de pas réveillèrent Antoine. Il se souleva sur un coude. Ce bruit, dans le couloir, c'était le patron. Chaque année, pendant le dépiquage, il était le premier levé. Pour lui, le travail de cette longue journée qui venait, c'était une fête.

D'un bond, Antoine se leva. Lorsqu'il arriva dans la cour, Pellaroque était déjà là, en train de se laver au robinet de l'abreuvoir.

« La journée va être longue », dit le vieux en s'essuyant le visage.

Antoine jeta un coup d'œil à la masse sombre du matériel, près du hangar. La nuit s'appuyait encore tout autour et semblait tenir la batteuse et la presse immobiles. Il se baissa vers le robinet et laissa couler l'eau froide sur sa nuque. Curieusement cette fraîcheur soudaine lui rappela le bain qu'il avait pris avec Juliette, au début de l'été. En s'essuyant le visage, il pensa que les choses avaient bien changé depuis ; ou plutôt, que tout était encore là, mais plus à la même place. Juliette était maintenant loin de lui, et une vie nouvelle grandissait dans son ventre. Mais il y avait aussi autre chose qui ne cessait de grandir, un peu comme ces nuages qui montaient devant le soleil jusqu'à couvrir de leur ombre tout le paysage.

Il secoua la tête et regarda Pellaroque dont les cheveux

blancs se détachaient sur le fond obscur du hangar. Cela lui faisait du bien de voir le vieux si serein, si proche de ces forces mystérieuses qui savent mettre le temps et les choses en ordre, un jour après l'autre, sans se presser, sans jamais perdre patience.

Un bruit lui fit tourner la tête. C'était la chienne qui courait devant le patron. Celui-ci s'arrêta près de l'abreuvoir et dit :

« Le café est prêt. »

Pellaroque se racla la gorge, cracha dans l'herbe et, de son pas égal, marcha vers la cuisine. Antoine et le patron le suivirent sans rien dire. Lorsqu'ils entrèrent, la patronne, Juliette et Roger étaient en train de boire un grand bol de café. C'était la première fois depuis longtemps que ce dernier passait une nuit à la Julian. Antoine lui jeta un coup d'œil, puis, comme si de rien n'était, vint s'asseoir tranquillement à sa place.

On ne parlait pas. Chacun contemplait dans sa tête la tâche qui l'attendait. Antoine buvait à petits coups et regardait les autres avant de plonger à nouveau le nez dans son bol. Il allait avaler la dernière gorgée, lorsqu'on frappa à la porte.

« Entrez », fit le patron.

C'était Lartigues, suivi de cinq hommes. Antoine les connaissait vaguement, pour les avoir croisés parfois aux Juilles, le dimanche. Ils faisaient partie de l'équipe de dépiquage. Chacun d'eux tenait une place précise autour du matériel. Le plus vieux, c'était Bernadie, l'engraineur. Dix ans auparavant, il avait perdu un bras dans la gueule de la batteuse ; mais personne n'avait son coup de main pour faire descendre la gerbe, au moment où il fallait, sans bourrer le rotor. À ses côtés, il y avait un garçon grand et maigre. Antoine savait qu'il travaillait à la presse. C'est lui qui enfilait les aiguilles de pontage dans le couloir de la presse. Là aussi, il fallait le coup de main. D'abord débrayer le monte-paille de façon à vider l'entonnoir. Quand la tête de cheval n'avait plus de paille à envoyer au fond, il fallait attendre que le chariot de presse qui allait et venait inlassablement dans le couloir soit dans sa position neutre, juste avant le retour. Ça durait une demi-seconde peut-être. Alors, il fallait enfoncer l'aiguille, embrayer à nouveau, et attendre qu'il y ait assez de paille dans le couloir de presse avant de lâcher l'aiguille. Ensuite, on passait le filet dans les rainures de pontage. De l'autre côté, quelqu'un tirait sur le fil de fer et l'introduisait à nouveau dans les rainures de l'aiguille précédente. Alors seulement, on pouvait nouer les deux bouts, et la botte de paille était faite. Il n'y avait plus qu'à attendre qu'elle sorte du couloir avant de l'emporter sous le hangar.

Les trois autres, Antoine ne savait pas vraiment ce qu'ils faisaient. Deux d'entre eux travaillaient sans doute sur la batteuse, et le troisième à la presse. Le patron fit un signe à sa femme.

« Apporte des bols », dit-il.

Antoine et Roger se levèrent pour laisser leur place aux hommes. Lartigues s'assit près du patron en disant :

« Il va faire chaud aujourd'hui. Je peux te le dire rien qu'à voir le peu de rosée qu'il y a dans l'herbe. »

Bientôt, tout le monde parlait en même temps. Antoine écoutait toutes ces voix qui allaient et venaient au-dessus de la table. Il était rare d'entendre autant de bruit dans cette cuisine. Même la chienne ne s'y trompait pas, courant d'une main à l'autre pour mendier une caresse.

Puis, en même temps que les hommes finirent de boire leur café, il y eut un silence. Antoine jeta un coup d'œil par la fenêtre et vit qu'une lueur bleu sombre s'appuyait aux carreaux. Lartigues se tourna vers un de ses hommes.

« Allez, le costaud, dit-il en riant. Va chercher la bouteille de gaz. On va chauffer le tracteur. »

Tout le monde se leva dans un grand bruit de chaises et on sortit. Le garçon courut vers le coffre, sous la batteuse, et revint bientôt avec le chalumeau de mise en route. Il le déposa entre les roues avant et commença à orienter le brûleur sous l'entonnoir qui faisait comme une sorte de bec d'aigle à l'avant du tracteur. Lartigues sortit son briquet et bientôt une longue flamme blanche monta dans la lumière de l'aube. Il régla le brûleur jusqu'à ce que la flamme devienne bleue. Le chalumeau faisait un bruit sourd et continu, vomissant sa chaleur dans l'entonnoir. La chauffe durerait au moins une heure. L'air brûlant entrait par l'entonnoir, circulait dans tout le bloc moteur, réchauffait la rampe d'injection avant de finir son trajet dans la chambre de combustion, entre l'énorme piston et la culasse. Quand le bec d'aigle serait chauffé au rouge, alors seulement on pourrait lancer le moteur.

Déjà, les voisins arrivaient par petits groupes de deux ou trois. Certains avaient amené leurs fourches à l'épaule, d'autres marchaient les mains dans les poches en regardant le matériel, comme s'ils se demandaient quelle pourrait être la meilleure place pour donner l'impression de travailler tout en en faisant le moins possible.

Bientôt, la cour fut remplie de monde. Le patron allait des uns aux autres, saluant au passage, discutant un peu plus loin, ou offrant encore un peu de tabac à quelqu'un qu'il n'avait pas vu depuis longtemps.

Antoine savait que tant que le tracteur n'aurait pas démarré, on resterait là, à parler de tout et de rien, comme un dimanche sur la place du village. Les mains dans les poches, il se laissait traverser par des bouts de phrases, sans chercher à les comprendre ; parfois un mot familier venait à ses oreilles, mais il était aussitôt emporté par d'autres voix dans l'air frais.

Tout à coup, il fronça les sourcils. À une centaine de mètres, sur le chemin, la tête légèrement penchée sur le côté, Morvan marchait vers la cour. Le patron l'avait vu, lui aussi. Il s'approcha d'Antoine en demandant :

« Qu'est-ce qu'il vient foutre ici, celui-là ? »

Antoine haussa les épaules pour signifier qu'il n'en savait rien. Puis il dit en allant vers la batteuse :

« Je vais demander à Lartigues. C'est peut-être lui qui l'a embauché. »

Aidé de ses hommes, Lartigues finissait d'enduire l'intérieur des courroies d'une bonne couche de résine. Comme s'il savait déjà ce qu'Antoine était venu lui demander, il dit aussitôt :

« Je savais que ça te plairait pas de le voir par ici, le Morvan. Mais ne t'en fais pas trop, va. Je l'ai placé en haut du monte-paille, et il n'en bougera pas tant que le matériel sera en marche. »

Antoine se pencha en avant.

« Il va suivre le matériel pendant toute la campagne ? »

Lartigues eut un rire méprisant.

« Tu le connais, répondit-il. Il n'y a pas plus radin dans tout le pays. Alors en échange de son travail, j'irai dépiquer gratuitement chez lui. On s'est entendus comme ça. »

Déjà, Lartigues marchait vers les poulies pour placer les courroies. Antoine alla rejoindre le patron pour lui répéter ce qu'il venait d'apprendre. Le vieux ne put repousser la colère qui entrait dans sa voix lorsqu'il dit :

« Il faudra bien faire avec. Mais que ce grand fainéant ne s'attende pas à ce que je lui fasse la politesse ! »

Il partit alors brusquement vers le tas de sacs vides, empilés à l'arrière de la batteuse. Antoine se retourna et vit que Morvan parlait à Roger, comme ça, tranquillement, avec même un sourire aux lèvres. À les voir discuter, lançant de temps en temps des coups d'œil autour d'eux, on aurait dit qu'ils préparaient un mauvais coup. En tout cas, leur présence avait réveillé un malaise chez Antoine. Et pour ne pas y penser, il s'approcha du tracteur que Lartigues allait mettre en route. À présent, l'acier du bec d'aigle était chauffé au rouge. Lorsque la flamme du chalumeau s'éteignit, Antoine prit brusquement conscience du silence qui faisait place à ce ronflement continu qui avait duré une bonne heure. Et en même temps, il vit que le soleil venait de sortir de terre pour éclairer le faîte du hangar.

Lartigues se pencha alors vers la poulie. Un autre homme se mit de l'autre côté, prêt à ouvrir l'injecteur au bon moment.

« Tu as ouvert les gaz ? »

L'autre fit oui de la tête et Lartigues tira les poignées

de leur logement pour commencer à tourner. Ses muscles saillaient sur chaque bras. Il tourna la poulie une fois en avant, une fois en arrière pour tâter la compression. Un curieux bruit de succion montait du tuyau d'échappement. S'arc-boutant de tout son poids sur la poulie, Lartigues la lança alors en avant et fit un pas de côté. Le moteur toussa une fois tandis qu'un rond de fumée très blanche coulait mollement du tuyau d'échappement. Puis ce fut le silence. Lartigues s'approcha de l'engin en criant :

« Saloperie ! Tu vas pas nous emmerder, non ? »

C'était sa façon à lui de faire marcher son tracteur, en l'engueulant. Il se saisit à nouveau des poignées et lança encore une fois la poulie.

Un bruit d'explosion. Et puis un autre. Et un autre encore. Lartigues courut de l'autre côté pour fermer l'injecteur de mise en route. Le moteur était parti. Lentement d'abord, puis de plus en plus vite. Un petit groupe s'était formé autour du tracteur qui tournait maintenant au ralenti. L'écho de chaque compression claquait contre le mur de la maison, de l'autre côté de la cour, et avec ce bruit, Antoine sentit que le travail était déjà commencé.

Une dizaine d'hommes étaient en train de monter sur la gerbière cherchant la place qui leur convenait le mieux. Chacun avait ses habitudes. Certains aimaient travailler au fond, pour déculer les gerbes ; d'autres, au contraire, se tenaient toujours près du monte-gerbe où il fallait lancer moins loin, tout en supportant les nuages de poussière qui montaient de la batteuse. Le patron s'agitait en tous sens, gueulant contre une petite troupe de gamins qui étaient descendus du village. Antoine se souvenait que, lui aussi, à leur âge, était fasciné par ces énormes machines, par le bruit qu'elles faisaient, par tous ces hommes qui rassemblaient leurs forces dans un même but. Avec Lucien, son copain de toujours, ils avaient passé des journées entières à regarder la paille qui tombait dans l'entonnoir de la presse avant d'en ressortir, transformée en rectangles réguliers de deux mètres de long. La chaleur, la poussière, les engueulades des vieux, ils s'en fichaient : la Fête du dépiquage était là, autour d'eux, comme quelque chose de magique. Et quand un des gosses croisa son regard, Antoine lui fit un sourire. Le gamin le regarda encore un instant avant de disparaître derrière le hangar où se trouvait Pellaroque. Le vieux finissait de caler le tuyau d'éjection du paillon. La fine enveloppe qui recouvrait chaque grain serait en effet soufflée dans le tuyau par un puissant ventilateur, et il fallait faire attention au tas qui grandirait rapidement à la sortie. C'était toujours un vieux qui surveillait le paillon, et depuis plusieurs années déjà, Pellaroque avait pris sa place, même s'il plaisantait souvent en disant :

« Je suis encore assez fort pour me charger les bottes de paille toute une journée, s'il le fallait. »

La paille, c'était un travail de jeunes. Il fallait avoir toute sa force pour supporter les allers-retours incessants entre le cul de la presse et l'endroit où on rangeait les bottes. Avec soixante kilos sur les épaules, ceux qui n'avaient pas les jambes assez solides s'effondraient au bout d'une demi-heure à peine.

À cet instant, le bruit du moteur accéléra jusqu'à atteindre le plein régime. Lartigues jeta un dernier coup d'œil aux courroies et commença à embrayer. Ceux qui étaient autour des machines se reculèrent un peu tandis que Bernadie faisait un signe de la tête.

Antoine regarda la presse. La tête de cheval plongeait très lentement dans l'entonnoir encore vide puis remontait, un peu plus vite. Le mouvement s'accélérait régulièrement. Des bruits nouveaux naissaient à chaque seconde, ici le claquement d'une butée d'arrêt, là le grincement des demoiselles, plus loin encore le ronflement sourd de l'air brassé de plus en plus fort par les pales du ventilateur. Et lorsque la poussière commença à refluer de la bouche d'engrainage, Antoine alla rejoindre sa place, derrière la presse. En passant près de la batteuse qui remuait de partout sous les mouvements complexes de sa mécanique, il ne put s'empêcher de jeter un coup d'œil en haut, près du tablier de coupe, où se trouvait Morvan. Ce dernier le regardait fixement comme pour dire :

« On verra bien qui est le plus fort des deux. »

Brusquement mal à l'aise, il marcha un peu plus vite vers la presse. L'aiguilleur était déjà à son poste, un sac retourné sur la tête, pour se protéger de la poussière. Heureusement que le patron avait décidé de mettre Roger au transport des sacs vers le grenier. Plus Antoine était loin de ce bon à rien, mieux il s'en portait.

À présent, tout le monde attendait que Bernadie vienne prendre sa place au-dessus de la bouche d'engrainage. Ce dernier savait que le travail ne pourrait pas commencer sans lui, et il faisait durer le plaisir. Lentement, il grimpa à l'échelle, s'immobilisa un instant en haut de la batteuse pour regarder autour de lui avant de prendre enfin la position d'engrenage, derrière la barre d'appui. Alors seulement, il leva très haut le seul bras qui lui restait et là-bas, sur la gerbière, on commença à lancer.

Lorsque la première gerbe tomba sur le tablier, Morvan la tourna d'abord pour la présenter au ficelier. Muni d'un couteau spécial, ce dernier trancha la ficelle et fit glisser la paille ouverte vers Bernadie. D'un geste précis, l'engraineur rassembla la gerbe et l'orienta, tête la première, vers le rotor. Il y eut d'abord comme un gémissement, suivi presque tout de suite d'un son mat qui mourut dans les entrailles de la batteuse. La première gerbe venait d'être avalée. Déjà la graine coulait dans le trieur où elle serait orientée, selon la taille, vers des sacs différents.

Lorsqu'une dizaine de gerbes furent dépiquées, la paille chassée par les demoiselles de la batteuse commença d'affluer sur le manteau de la presse. Dès que la première brassée tomba dans l'entonnoir, elle fut d'abord poussée par la tête de cheval avant d'être comprimée par le chariot dans le couloir rectangulaire. Avec la paille qui venait, la presse faisait maintenant un bruit plus sourd, rythmé par le déclic régulier des butées d'arrêt. À l'extrémité du couloir, Antoine était prêt. Il surveillait la botte qui avançait lentement vers lui, par à-coups. Lorsqu'elle fut sur le plateau, il la souleva cul en l'air et enfonça un crochet sur le côté. Après s'être assuré de la prise, il chargea la botte et commença à monter vers la travée. La charge était lourde, au moins soixante kilos qu'il fallait porter sur une distance de trente mètres, à peu près.

« Te baisse pas comme ça, cria un vieux resté près du hangar, sinon, dans une heure, tu n'auras plus de jambes. »

Antoine versa la première botte sur le sol et la poussa contre le mur. Il voulut souffler quelques instants, mais déjà il fallait repartir vers la presse. La deuxième botte était sur le plateau et il dut courir pour arriver avant qu'elle ne tombe par terre. Il chargea précipitamment et commença à monter en titubant. Il avait planté son crochet trop haut et le poids de la botte était mal réparti.

« Celle-là, tu l'as mal visée, dit le vieux en riant. On dirait que c'est la première fois que tu charges. »

Antoine grimaça un sourire mais ne s'arrêta pas. Quand il déchargea, il resta le souffle court, attendant que ses forces reviennent avant de redescendre. En bas, les bottes n'attendaient pas, et encore une fois il dut courir vers le cul de la presse.

Au bout d'une demi-heure, pourtant, il avait fini par trouver le rythme. L'important, c'était de charger juste au moment où la botte se présentait sur le plateau. Alors il avait le temps de la retourner et de planter le crochet au bon endroit. Aussitôt, la charge basculait presque d'elle-même sur son dos et il pouvait monter sans effort vers la travée.

Le plus pénible, c'était la poussière. En haut de la gerbière, et même sur la batteuse, il y en avait beaucoup, bien sûr, mais elle était quand même remuée par le petit vent. Tandis qu'autour de la presse, coincée entre la gerbière et le coin du hangar, elle ne bougeait presque pas. L'aiguilleur avait même dû nouer un grand mouchoir devant son nez pour pouvoir respirer. Entre le morceau d'étoffe et son béret, on ne voyait que ses yeux rougis et noyés de larmes.

À mesure que la matinée avançait, Antoine pensait de moins en moins, comme si son corps faisait tout le travail. Chaque geste avait trouvé sa place dans le parcours qui menait la paille de la presse au hangar. Il chargeait, plaçait la botte, et revenait pour recommencer, encore et encore, comme une machine. Il lui semblait même que ses pas étaient rythmés par le claquement régulier de la presse. La poussière, la chaleur, le bruit lancinant de la batteuse, tout se mélangeait dans sa tête où il n'y avait même plus de place pour réfléchir. Il ne s'était arrêté qu'une seule fois, le temps de jeter un sac sur ses épaules blessées par les pointes de paille.

Vers midi, alors qu'il attendait devant le plateau, il vit que la botte n'avançait presque plus dans son couloir. Il leva alors les yeux vers la gerbière et constata que les hommes s'étaient arrêtés de servir la batteuse. Au même moment, le bruit des machines commença de décroître régulièrement.

Antoine posa son crochet sur le plateau et fit quelques pas au milieu de la cour. Lartigues venait de couper le moteur du tracteur dont la poulie continuait de tourner à vide, entraînée par la force d'inertie de la batteuse et de la presse. Progressivement, le va-et-vient de la tête de cheval se fit plus lent, tandis que le bruit du rotor d'engrainage plongeait dans les graves, comme la sirène des Juilles, au moment où elle s'arrêtait.

Puis ce fut le silence. Un calme auquel on n'était plus habitué. Et les bruits familiers qui montaient ici et là sonnaient étrangement aux oreilles. Même les voix circulaient timidement dans l'air où, toute la matinée, il n'y avait eu que le grand bruit du battage.

Antoine chercha des yeux le patron qui devait se trouver près des sacs. Puisque la chienne était couchée par là, le vieux ne devait pas être bien loin. Tout en marchant vers le cul de la batteuse, Antoine écoutait le froissement de ses propres pas dans l'herbe sèche. Autour de lui, ce n'était pas le silence, mais plutôt l'absence de bruit, ce qui n'était pas la même chose. Lorsqu'il arriva près du patron, ce dernier leva un œil vers lui en disant :

« Tu n'es pas bien beau à voir, mon pauvre. »

Antoine se débarrassa du sac qui était encore sur ses épaules. Puis il secoua son béret et sa chemise pour faire tomber la poussière.

« Alors ? » demanda-t-il en montrant les sacs.

Sans répondre, le patron plongea sa main dans un des sacs accrochés au cul de la batteuse et en retira une poignée de blé.

« Il y a longtemps que j'avais pas vu une récolte pareille, grogna-t-il en laissant couler la graine entre ses doigts. Au moins du vingt-cinq pour un. »

Il se roula une cigarette et ajouta :

« Va voir si la patronne s'en sort, à la cuisine. »

Antoine hocha la tête et alla rejoindre les femmes. Quand il entra, la cuisine était pleine de monde. Il reconnut la voix de la Bajon qui dominait toutes les autres. Agenouillée près de la cheminée, elle séparait le bouillon du pot-au-feu qu'on allait servir à plus de cinquante personnes. Il se sentit tout à coup un peu gêné d'être là, comme s'il faisait obstacle au travail des cuisinières. De plus, il reconnaissait à peine le décor familier. La table avait été repoussée dans le coin et on avait transporté toutes les chaises dehors, autour du plateau. À un moment, il croisa le regard de Juliette, mais elle replongea aussitôt les yeux vers la salade qu'elle était en train d'assaisonner.

Il resta là encore un moment, cherchant quelque chose à faire, puis il sortit. Dehors, les hommes s'étaient rassemblés autour du robinet. En attendant de pouvoir plonger à son tour la tête dans l'eau froide, Antoine fit quelques pas sur le chemin, histoire de se détendre un peu les muscles.

Et soudain, le silence se fit en lui. Il fit encore un pas en avant et s'immobilisa pour regarder vers le prunier.

Ils étaient là, sous les branches du petit arbre, et semblaient attendre. Le plus petit avait les paupières mi-closes et son œil luisait, bleu, plein d'ironie. Il eut un hochement de tête, pinça ses lèvres minces et se mit à parler :

« Nous n'allons pas vous déranger longtemps, monsieur Dirac. Cette fois, j'espère que nous ne sommes pas venus pour rien. »

Antoine s'avança vers eux, le cœur battant. Sa chemise trempée de sueur lui collait à la peau et chaque souffle de vent était une caresse froide. D'une main tremblante, il fouilla dans la poche arrière de son pantalon et en retira l'enveloppe qu'il tendit à l'inspecteur en disant :

« Tenez, le voilà, mon numéro. »

Sans rien dire, l'inspecteur prit l'enveloppe, l'ouvrit, et après avoir jeté un coup d'œil au papier, le tendit à son compagnon. Puis ils se regardèrent un moment avant qu'Antoine ne demande simplement :

« Je peux partir, maintenant ? »

L'inspecteur eut une sorte de sourire.

« Ne vous gênez pas pour nous, monsieur Dirac. Nous allons transmettre ce document et si aucune anomalie n'est décelée, on vous laissera tranquille. »

L'homme hésita, jeta un coup d'œil vers son compagnon avant d'ajouter :

« J'espère que ce jour mettra un terme définitif à tous vos ennuis. »

Antoine avait saisi comme un sous-entendu dans les paroles de l'inspecteur. Mais il se sentait très calme. Ce qu'il venait de faire l'avait délivré d'une lourde attente.

Alors, après avoir brièvement salué de la tête, il retourna vers la cour. Les hommes avaient déjà pris place autour de la longue table montée à l'ombre de la grange. Après le dur travail de la matinée, le bruit des rires et des conversations reposait la tête et les oreilles.

Antoine écouta un moment ces mots qui allaient et venaient si tranquillement, puis il plongea sa nuque sous l'eau du robinet.

La fraîcheur l'enveloppa de partout et il ne pensa plus à rien d'autre.

56.

Le général Sveslov reposa le téléphone tandis qu'un mince sourire donnait un peu de chaleur à son regard gris. Puis il ouvrit l'un des tiroirs de son bureau pour en retirer un énorme cigare cubain. Après ce qu'il venait d'entendre, il pouvait bien s'offrir ce luxe. Tout en plantant le cigare entre ses lèvres fines, il poussa un soupir et se laissa aller contre le dossier de son fauteuil. Il avait cru que ce moment n'arriverait jamais et il devait le savourer jusqu'au détail de chaque instant, comme on déguste un alcool fort.

Ainsi, ils avaient gagné. Le président venait de le lui dire, avant d'aller rejoindre Van Straten dans son labo. Le savant avait donc fini par obtenir la fameuse séquence.

La pendule murale indiquait 3 h 35 de l'après-midi. Il ouvrit la porte de l'ascenseur intérieur qui descendait de vingt étages dans le sous-sol, là où était enterré le bunker.

Ici, on était perpétuellement sur le pied de guerre. À l'entrée du bunker, un panonceau indiquait qu'aucun homme n'avait le droit d'entrer seul, pas même un général, pas même *le* général. Les soldats qui flanquaient l'entrée, pistolet-mitrailleur sur la poitrine, se mirent au garde-à-vous et le saluèrent. L'un d'eux ouvrit la porte à l'aide de la carte magnétique que lui tendait le général et le suivit à l'intérieur.

Sveslov attendit que ses yeux s'accoutument à la semi-obscurité qui régnait dans le bunker, puis il alla s'asseoir derrière le bureau de commandement. Ses yeux semblaient briller d'une lueur fluorescente tandis que son corps irradiait un halo spectral. La faible luminosité qui émanait des écrans fondait son visage taillé à coups de serpe en une espèce de masque plat et sans relief. Des lumières rouges, telles des balles traçantes sur le bleu pulvérulent d'un champ de bataille au crépuscule, sillonnaient son front. Tout cela ne se produisait pas assez souvent. Il regardait le téléphone d'où un ordre pouvait jaillir à chaque instant, avant de lever les yeux vers les éclairs des gyrophares rouges destinés à mettre chacun sur le qui-vive. Ça lui plaisait. Lui, dont la carrière avait été pleine de guerres politiques, de non-guerres, de guerres froides, il redevenait enfin un soldat. La luminescence bleuâtre qui baignait son visage disait que c'était pour de vrai, et il aimait ça. Il n'y avait plus qu'à attendre les ordres du président.

À l'autre bout de la ville, dans son labo, Van Straten essuya une goutte de sueur venue obscurcir le verre de ses lunettes. Ses mains tremblaient légèrement lorsqu'il pianota sur le clavier avant de reporter son attention sur l'écran. Peut-être avait-il parlé trop vite au président ? Après tout, la séquence qu'il venait de recevoir n'avait pas encore été analysée.

Derrière lui, Ruysberg toussa nerveusement en disant :

« Ça y est, professeur. La séquence est prête à être chargée. »

Van Straten hésita une seconde, puis il appuya sur la touche qui mettait le programme en route. Des instructions défilèrent sur l'écran avant de s'immobiliser sur une ligne qui clignotait au centre. Le poing de Van Straten s'abattit sur le support de la console.

« Ce n'est pas possible ! cria-t-il. Dirac nous a menti, une fois de plus.

— Que se passe-t-il ? demanda Ruysberg en s'approchant de l'écran.

— Regardez vous-même. La séquence qu'il nous a transmise est incomplète. »

Van Straten était tellement absorbé par ce qui venait de se passer qu'il n'entendit pas la porte s'ouvrir. Il se retourna brusquement lorsqu'il sentit le président dans son dos. Ce dernier le regardait fixement, une lueur désagréable dans les yeux.

« Alors ? » demanda-t-il froidement.

Van Straten hésita. Un long frisson secoua ses épaules tandis qu'une main de fer semblait se fermer sur sa gorge. C'est presque en coassant qu'il répondit :

« Je... les choses ne se sont pas passées exactement comme prévu. Nous avons analysé la séquence, elle est incomplète. »

Le président jeta un coup d'œil vers Ruysberg, puis demanda encore :

« Vous vous fichez de moi, Van Straten ? »

Le savant se tortilla sur son siège.

« Je vous assure, monsieur le Président, je... nous avons cru que la séquence était complète. Les instructions étaient apparemment cohérentes. »

Le président ne répondit pas tout de suite. Enfin il dit d'une voix sans timbre :

« À partir de maintenant, Van Straten, je ne vous quitte plus d'une semelle. Je resterai avec vous dans ce labo jusqu'à ce que vous ayez réussi à obtenir ce que je cherche. »

Il jeta encore un coup d'œil à Ruysberg, puis il se mit à marcher de long en large dans la pièce. Les mains tremblantes, Van Straten appuya sur quelques touches avant de dire à Ruysberg :

« Préparez une nouvelle visite. Cette fois, je veux que ce soit la dernière. »

57.

Ils dépiquèrent jusqu'à la nuit tombée. Lartigues n'avait arrêté le tracteur qu'au moment où la patronne allumait l'ampoule dans la cour.

Lorsque Antoine posa enfin son crochet, il ne sentait même plus sa fatigue. Il y avait bien cette brûlure, sur ses épaules, cette douleur aiguë qui courait des reins jusqu'aux jambes, mais tout cela aurait pu aussi bien appartenir à quelqu'un d'autre. Il marchait en titubant vers l'abreuvoir, comme attiré par le bruit de cette eau froide qui chasserait toute la chaleur entrée en lui pendant le jour.

Il resta longtemps sous le robinet, sans relever la tête. Quand il s'essuya enfin le visage, il sentit que le vent portait l'odeur si particulière de la paille chaude. En levant les yeux vers le hangar, il vit que la batteuse et la presse étaient entourées d'un véritable monticule de paille, de poussière et de balles. On ne voyait presque plus les roues. Il songea alors bêtement que, le lendemain soir, le matériel disparaîtrait sous une montagne de paille, bien plus haute que le hangar. Cette idée absurde fut en lui, un instant, sans bouger, puis le quitta au moment où il se rappela que demain, c'était dimanche. On ne reprendrait le travail qu'après-demain.

Cette pensée lui fit du bien. Lentement, il alla s'asseoir derrière la table, le dos contre le mur encore tiède. Il s'aperçut à peine que Pellaroque était venu le rejoindre.

Le vieux resta un moment sans parler, tira sa blague et roula une cigarette. Puis, mettant le tabac et les feuilles dans sa poche, il dit :

« Alors, pas trop fatigué ? »

Antoine s'efforça de sourire.

« Non, ça va », dit-il.

Pellaroque le regarda un moment et on pouvait voir dans son œil qu'il n'en croyait pas un mot. Il fit un geste en direction du vieux Meilhan qui riait tout le temps de l'autre côté de la table.

« C'est encore les anciens qui tiennent le mieux. »

Il eut un petit rire avant d'ajouter.

« Tu vois ces jeunes, là-bas ? Je les ai regardés faire, dans l'après-midi. Ils sont peut-être plus costauds que moi, mais ils ne savent pas s'y prendre. C'est avec sa tête qu'on travaille, pas seulement avec ses muscles. »

Il eut encore un rire et se leva pour se servir un verre de vin. Au même moment, Morvan s'approcha de la table. Cette silhouette poussait un malaise devant elle, comme une porte ouverte sur une cave laisse toujours remonter le froid. Mais maintenant, il ne faisait plus peur. Antoine sentait bien que l'homme était étranger aux choses obscures qui étaient venues de bien plus loin que la mairie des Juilles pour le trouver.

Et voilà que son angoisse revenait. Avait-il bien fait d'écouter le curé et de remettre le message aux inspecteurs ? Tout se serrait dans sa poitrine. Il avait l'impression de sentir bouger très loin, au fond de lui, des forces obscures qui conservaient les traces de tout un passé inconnu. Était-il seul à ressentir cela ? Est-ce que le patron ou Pellaroque auraient pu éprouver la même chose ? Et, encore une fois, l'image du curé revenait, mystérieuse, énigmatique. Pourquoi semblait-il savoir tant de choses sur les inspecteurs, sur ce qui se cachait derrière le numéro de Sécurité sociale ?

Pour chasser le malaise qui grandissait en lui, Antoine se leva et fit quelques pas vers le hangar. Il ne s'arrêta que pour s'asseoir sur un sac de blé. La chaleur continuait de monter des bois de la batteuse. Il la sentait passer sur son corps, coupée de vagues plus chaudes encore qui venaient de la gerbière.

Il regardait devant lui, sans voir vraiment, sans même chercher à voir. Tout était en train de s'arrêter, doucement, comme la batteuse, tout à l'heure. Et la nuit resterait là, sans bouger. Le jour ne se lèverait jamais. Alors il pourrait rester ici, éternellement, sans plus s'inquiéter de ce qui pourrait suivre. Personne ne viendrait troubler sa vie, ni les inspecteurs, ni rien. Simplement, il resterait là, à regarder cette nuit faite pour calmer l'inquiétude et la peur.

Un bruit le fit se retourner. Et presque aussitôt, sa gorge se noua lorsqu'il reconnut la silhouette de Juliette. Elle était là, devant lui, respirant très fort, comme si elle cherchait des mots difficiles au fond de sa poitrine. Il hésita, fit un pas en avant, s'arrêta enfin pour murmurer :

« Tu voulais me parler ? »

Elle hocha la tête sans lever les yeux vers lui. Les mains serrées l'une contre l'autre, elle paraissait lutter contre quelque chose.

« Je venais te dire… »

Sa voix hésita, cassée par un souffle, avant de continuer :

« … que tu ne dois pas m'en vouloir. Il ne faut pas. »

Antoine se contenait. Il sentait que tout se mettait à remuer au fond de lui, que des mots lui venaient qu'il avait de la peine à retenir. Mais il garda le silence. Cela faisait plus de quinze jours qu'elle ne lui avait pas adressé la parole. C'était à elle de s'expliquer.

« Tu ne dis rien ? » demanda-t-elle.

Cette fois, elle avait levé les yeux vers lui, un bref instant. Puis son regard était retombé au sol lorsqu'elle continua :

« Je ne sais pas ce qui m'arrive, c'est plus fort que moi. Chaque fois que tu me regardes ou que tu me touches… »

La phrase resta en l'air. Antoine avait du mal à respirer. Il lui restait à peine assez de lucidité pour sentir que la jeune fille était en proie à une violente détresse. Elle tremblait de tout son corps et on aurait pu penser qu'elle était sur le point de s'effondrer dans l'herbe. Il voulut lui prendre la main, mais elle recula brusquement en criant :

« Non ! Je t'en prie. Pas maintenant. Ça va peut-être passer, tu comprends ? »

Les derniers mots s'étaient étranglés dans sa gorge, déformés par un sanglot. Puis elle partit en courant vers la cuisine.

Un vertige le fit vaciller. Il dut s'appuyer un instant contre la batteuse, attendant que ses forces lui reviennent. Les mots qu'il venait d'entendre n'avaient pas encore trouvé leur place dans sa tête ; ils étaient bien trop lourds pour qu'il pût en faire quelque chose. Était-ce bien Juliette qui lui avait dit qu'elle ne voulait plus qu'il la touche ? Était-ce bien elle qui avait dû faire un effort immense pour venir lui parler, sans même oser le regarder ? Il ne lui avait pas répondu, tout à l'heure. D'ailleurs qu'aurait-il pu lui dire ? Il n'y avait pas de mots pour définir ce qu'il ressentait au fond de lui.

Lentement, il marcha vers la table autour de laquelle les hommes attendaient en parlant fort. L'air du soir et, peut-être, aussi le vin, avaient délié les langues qui allaient bon train. Les femmes déposaient les plats sur la table et se faisaient plaisanter par les hommes. Chaque fois qu'elles passaient, ils tiraient sur le nœud de leur tablier pour le défaire ; alors ils éclataient de rire comme des petits garçons pris en faute.

Antoine, lui, ne riait pas. Lorsqu'il s'assit près de Pellaroque, il ne pensait qu'à Juliette, à l'angoisse indéfinissable qui rôdait en lui. Cette peur, il la sentait toute proche, comme un animal dangereux, embusqué quelque part dans l'ombre, prêt à bondir.

Pour la première fois depuis des semaines, un éclair illumina le ciel, très loin, derrière la forêt des Juilles. Un instant, la batteuse apparut plus distinctement avant de disparaître à nouveau, noyée dans l'obscurité.

Là-bas sur la campagne, plus loin qu'Antoine n'avait jamais été, un orage était en train de se former, peut-être. Antoine chercha quelques instants le bruit du tonnerre, mais il n'entendit rien. Alors, comme les autres, il se mit à manger.

58.

L'homme tapotait du bout de ses doigts sur la grande table de marbre noir. Une sorte de sourire se lisait sur ses lèvres, mais pas dans son regard. Il y avait une étincelle de colère dans ses yeux gris au moment où il souffla :

« Vous êtes entre nos mains, monsieur Dirac. Croyez bien que nous sommes désolés d'en être arrivés là, mais c'était le seul moyen de sauvegarder l'équilibre du Pacte égalitaire. »

Dirac dévisagea l'homme avec méfiance.

« Je suis venu ici en mission officielle, dit-il d'une voix grave. C'est l'Office de sécurité qui m'a envoyé dans le but de vous proposer un aménagement du Pacte égalitaire... dans l'intérêt des deux blocs, naturellement. Si vous me retenez prisonnier, vous prenez le risque de rompre le traité. »

L'homme se leva brusquement et frappa de ses mains sur la table.

« Le traité ! Parlons-en, explosa-t-il. C'est vous qui l'avez rompu en asservissant, à notre insu, l'ensemble du Réseau de défense à vos propres systèmes de sécurité. »

Dirac poussa un soupir. D'un geste sec, il remonta une mèche de cheveux blancs qui venait de tomber sur son front.

« Je ne suis qu'un instrument, répondit-il à voix basse. La décision a été prise au plus haut niveau, sans que je puisse rien faire d'autre qu'obéir aux ordres. J'ai été choisi parce que je suis le seul à connaître vraiment le fonctionnement du Réseau. »

L'homme émit un petit rire désagréable.

« Évidemment ! vous en êtes le créateur. Antoine Dirac, le Gardien de la paix, le génial inventeur du Réseau informatique de défense. Je dois reconnaître que vous aviez une sérieuse avance sur nous, jusqu'à ce que nous construisions le Réseau de l'Est.

— Nous savions que vous en aviez élaboré les plans bien avant que nous soyons en mesure de faire fonctionner nos systèmes, répondit sèchement Dirac. D'ailleurs, ajouta-t-il, nos ordinateurs ne pouvaient fonctionner efficacement sans les vôtres ; on ne pouvait aboutir à un équilibre réel qu'au terme d'une interconnexion entre le Réseau de l'Ouest et celui de l'Est, vous le savez aussi bien que moi. »

L'homme se rassit derrière la table et fixa intensément Dirac. Ses yeux lançaient des éclairs gris pâle.

« Une interconnexion, certes, siffla-t-il. Pas un asservissement. »

Il marqua un temps avant de poursuivre :

« Vous avez réussi à introduire un programme clandestin dans nos machines. Et cela veut dire que, désormais, notre Réseau est asservi à certains ordres émis par vos ordinateurs.

— Il ne s'agit pas d'un programme, corrigea Dirac. Simplement d'un sous-programme de surveillance.

— Dont vous détenez la clef, coupa sèchement l'homme. De quel droit vous êtes-vous érigés en arbitres suprêmes de la paix ? »

Dirac ne répondit pas. Il songeait au formidable ordinateur qu'il avait assemblé, une machine dont le fonctionnement reposait sur plus de deux millions de programmes spécialisés, établis par une prodigieuse armée de techniciens. Il pensait à l'extraordinaire potentiel du Réseau, jamais encore mis à l'épreuve ; en cas d'attaque, par des armes conventionnelles ou atomiques, le temps de réaction de l'ensemble du Réseau ne dépasserait guère une nanoseconde et des milliers de programmes, directement connectés aux systèmes d'interception et de défense, se mettraient simultanément à fonctionner, neutralisant presque immédiatement l'attaque ennemie. Dirac savait bien qu'en face, le Réseau de l'Est était tout aussi puissant. C'était là le danger, car rien n'interdisait de penser que les pays de l'Est étaient sur le point de neutraliser l'ensemble du Réseau à leur profit afin de détenir le pouvoir exorbitant de déclencher la guerre à n'importe quel moment.

C'était pour cela qu'on lui avait demandé de concevoir un sous-programme susceptible de contrôler l'introduction de données dans le Réseau adverse, cela grâce à une série d'instructions de surveillance et de fonctions d'interruption qui avaient été assimilées par un nombre incalculable de cellules mémoires de *l'ensemble* du Réseau, y compris celui de l'Est.

Et désormais, l'Union soviétique et les pays de l'Est étaient incapables d'utiliser leur Réseau à des fins guerrières. Du moins pas tant que les responsables de la stratégie militaire n'entreraient pas en possession du sous-programme – ou programme superviseur – qui tenait lieu d'arbitre suprême.

Dirac leva brusquement les yeux vers son interlocuteur.

« Nous n'avons fait cela que pour préserver la paix. Tant que le sous-programme sera en place, vous savez parfaitement que toute attaque de notre part serait impossible. Je vous répète que le véritable arbitre est désormais constitué par l'ensemble du Réseau, ce qui constitue pour vous, comme pour nous, la meilleure garantie de sécurité. »

L'homme secoua la tête.

« Et qui nous dit que vous ne supprimerez pas une partie de ce programme pour déclencher une attaque que nous serions alors impuissants à neutraliser ? »

Les doigts de l'homme recommencèrent à tapoter sur la table. Plus sèchement, cette fois.

« Aussi avons-nous pris une décision, poursuivit-il d'une voix glaciale. Nous voulons obtenir l'adresse du sous-programme. Pour l'instant, vous êtes le seul homme au monde qui puissiez nous en communiquer le code d'accès, ce que vous avez appelé vous-même la "séquence de sécurité". »

Dirac s'efforça de garder son calme. Ce que venait de dire l'homme était vrai : il était le seul à connaître la séquence de sécurité. On n'avait voulu confier à personne d'autre l'effrayante responsabilité de cette information ; l'ordinateur lui-même refuserait de livrer le listing du programme tant qu'il n'aurait pas reçu la séquence.

« De deux choses l'une, continua l'homme d'une voix acide. Ou bien vous nous livrez la séquence de sécurité et, dans ce cas, nous vous laissons repartir, ou bien... »

Dirac leva un sourcil. Il avait déjà deviné ce qui allait suivre.

« ... ou bien nous vous supprimons, laissa tomber l'homme d'une voix neutre. Nous sommes gagnants dans un cas comme dans l'autre. Songez que si vous nous donnez la séquence, nous aurons alors la possibilité de libérer notre Réseau de la tutelle que vous avez fait peser sur lui ; dans le cas contraire, si vous refusez, nous vous supprimons et le sous-programme restera définitivement en place car personne n'aura plus la possibilité de l'atteindre. »

Dirac s'efforça de demeurer impassible. Mais maintenant, il avait toutes les raisons de croire que sa vie même était menacée. Comme il refuserait de leur donner la séquence de sécurité, ils n'hésiteraient pas à le supprimer. Et alors, ils auraient la garantie que le sous-programme désormais inaccessible aux deux camps interdirait toute attaque d'un côté comme de l'autre. Ce serait le *statu quo*, du moins pendant un temps.

Il avait fait une erreur en venant ici. Tout comme il avait fait une erreur en acceptant d'être l'unique dépositaire de la séquence.

L'homme fouilla dans sa poche et en sortit un paquet de cigarettes qu'il tendit à Dirac en disant :

« C'est du tabac de Géorgie, un mélange très fin. »

Pendant que Dirac acceptait, l'homme regarda machinalement ses doigts avant d'ajouter, presque à voix basse :

« Vous refusez de nous livrer la séquence, n'est-ce pas ? »

Le cœur battant, Dirac se contenta de regarder droit devant lui, comme s'il n'avait pas entendu la question. Il tira une bouffée de sa cigarette et observa la fumée qui s'en allait mollement vers la fenêtre. Dans sa gorge, le mélange de tabac laissait un goût subtil, à peine un peu âcre, peut-être.

Après un long silence, l'homme se leva, mit ses mains à plat sur la table, et hocha deux ou trois fois la tête en se mordant les lèvres. Il avait l'air réellement ennuyé.

« Eh bien, dans ce cas, soupira-t-il, je ne vois qu'une solution… »

Il fit un petit signe de tête.

Dirac n'eut pas le temps de se retourner. Un bruit mat, suivi d'un éclair blanc qui déchira sa conscience.

L'instant d'après, il eut l'impression de tomber dans un gouffre sans fond. Il glissa de la chaise tandis que sa tête venait heurter le sol, sans bruit. La cigarette tomba de ses lèvres et continua de rougeoyer à quelques centimètres de ses yeux entrouverts. La dernière chose qu'il vit fut la petite pointe de braise orange, seul point lumineux dans le gouffre infini qui se creusait devant lui.

59.

Antoine s'éveilla en hurlant.

Ses draps étaient trempés par la sueur qui inondait son corps secoué de tremblements convulsifs. La lumière ! Il fallait d'abord allumer la lumière. Il tira sur le fil, presque à l'arracher. L'instant suivant, l'ampoule jeta une lumière blême sur les murs de chaux et il ferma les yeux.

Quand il les rouvrit, ce fut d'abord pour s'assurer qu'il n'était pas assis devant une grande table de marbre noir derrière laquelle se tenait un homme au regard gris et luisant.

Mais tout était normal.

L'armoire était toujours là, sur sa gauche, une de ses portes entrouvertes laissant voir un peu de linge ; la petite table aussi était bien à sa place et, par-dessus le fond de son lit, il pouvait voir la fenêtre grande ouverte sur la cour. Attirés par la lumière, des dizaines de papillons de nuit voletaient en silence sur le fond noir du ciel.

Il s'efforça de respirer régulièrement, pour ramener un peu de calme en lui.

Car il venait de faire un horrible cauchemar.

Le plus insupportable, c'était le réalisme de son rêve, comme s'il avait bel et bien vécu cette scène au cours de laquelle il tenait un dialogue incompréhensible sur la guerre, et d'autres choses qui n'avaient aucun sens. Déjà, il ne se souvenait plus très bien des détails de la conversation ; mais il avait l'impression que tout cela était *vrai*, que cette discussion insensée avait réellement eu lieu.

Et que l'homme n'avait pas hésité à le tuer.

C'était d'ailleurs cela qui avait dû le réveiller. Il gardait encore en mémoire l'épouvantable sensation de sa propre mort ; chaque pouce de sa chair se souvenait de l'indescriptible certitude qu'il était en train de mourir. Il réprima une soudaine envie de vomir. Il fallait qu'il sorte, qu'il quitte sa chambre pour aller marcher dans la campagne. Peut-être qu'un peu d'air frais lui ferait du bien.

Dès qu'il posa le pied hors de son lit, il dut serrer les dents pour ne pas crier. Son dos lui faisait mal. La douleur partait des reins et grimpait le long des vertèbres, jusqu'en haut de la nuque. Avant d'enfiler sa chemise, il regarda ses épaules. Elles étaient rouges et, en plusieurs endroits, la peau avait été ouverte par la paille qu'il avait transportée toute la journée d'hier.

Il s'habilla aussi vite qu'il le put et sortit sans même passer par la cuisine pour avaler une tasse de café. Il fallait qu'il marche, qu'il oublie ce qui remuait encore d'un coin à l'autre de sa tête.

Dès qu'il fit un pas dans l'herbe mouillée, il constata que l'aube n'était pas loin. Au-dessus du hangar, le ciel était déjà très pâle et on devinait les premiers effleurements du soleil. Le tracteur, la batteuse et la presse étaient là, indifférents à tout.

Puisqu'il y avait une lueur dans le ciel, c'était par là qu'il irait, vers le soleil levant, tout droit.

Et rapidement, sans même se retourner vers la lumière qu'il avait oublié d'éteindre dans sa chambre, Antoine grimpa vers la forêt des Juilles.

Il marcha longtemps sans relever la tête de ses sandales trempées de rosée. Il regardait seulement la terre craquelée du chemin auquel la lumière bleue du petit matin donnait d'étranges reflets. De temps à autre, un crapaud sautait dans l'herbe humide et Antoine jetait un coup d'œil rapide dans le petit trou de verdure où frémissait l'animal ; puis il reportait à nouveau son attention sur le chemin.

À mesure qu'il avançait dans la campagne endormie, ses pensées s'éclaircissaient, comme l'horizon au-dessus de la forêt des Juilles. Quelque chose au fond de lui était en train de prendre forme. Certes, ce quelque chose n'expliquait rien, mais c'était déjà le chemin d'une intuition très profonde.

Il était de plus en plus sûr que tout ce qu'il avait vécu ces derniers mois avait un sens dont il ne pouvait percevoir que les effets indirects. Quelque chose lui disait qu'il allait bientôt faire des découvertes bouleversantes, à travers lesquelles tout ce qu'il avait vécu dernièrement trouverait une explication. C'était son sens de paysan qui lui disait cela.

En franchissant un petit talus, il sentit passer sur son visage un coup d'air plus vif. C'était le vent du levant, celui qui court sur la campagne encore obscure pour tirer le jour derrière lui. Antoine s'arrêta quelques instants pour respirer. Il était maintenant persuadé que son numéro de Sécurité sociale et la « séquence de sécurité » de son rêve ne faisaient qu'un.

Cette pensée s'immobilisa en lui. Avait-il bien fait d'écouter le prêtre ? Peut-être était-il tombé dans un piège en donnant aux inspecteurs la suite de chiffres et de signes qu'on lui avait communiquée. Peut-être qu'il s'agissait d'un stratagème, destiné à lui arracher indirectement son secret ? Il chancela.

Tout cela était fou.

Son rire brisé déchira la transparence du petit matin. Il fallait qu'il retourne à la Julian, qu'il voie un médecin. Car il était malade, c'était certain. Quand il avait treize ou quatorze ans, il avait entendu parler d'une maladie bizarre dont souffrait à l'époque Alban, l'ancien forgeron des Juilles. Tout avait commencé après la cinquantaine. Au début, Alban s'était mis à croire que les gens se moquaient de lui, puis, peu à peu, il commença à avoir peur de tout le monde. Et on raconta qu'avant d'être emmené dans une maison de fous, à Lavardens, Alban avait passé plusieurs mois barricadé dans sa maison, hurlant comme un forcené de peur d'être assassiné aussitôt que quelqu'un s'approchait de chez lui. Antoine se mordit la bouche. Peut-être qu'à son tour, il était atteint du mal de persécution ?

Il fallait qu'il parle à quelqu'un. Mais à qui ? Juliette ? Pour rien au monde il ne voulait lui montrer qu'il était malade. Les patrons ? Impossible. De toute façon, ils ne comprendraient pas.

Peut-être que le prêtre pouvait l'aider. Mais peut-être aussi que cet abbé inconnu faisait partie de sa folie. Peut-être qu'on voulait vraiment obtenir de lui un banal numéro de Sécurité sociale et qu'il était en train de s'imaginer un tas de choses impensables.

Il regarda autour de lui. Il ne savait plus où aller, ni que faire. Mais il ne pouvait pas retourner à la Julian. Pas tout de suite. Poussé par une force obscure, il se remit en route.

À nouveau, l'image de Juliette s'alluma dans la nuit qui, désormais, s'était installée en lui. Et il eut envie de pleurer. Il avait besoin d'elle. Plus que jamais. Avec elle à ses côtés, toutes ses forces lui reviendraient.

« Juliette ! »

Il avait crié tout haut, sans pouvoir se retenir. Elle ne pouvait pas l'abandonner. Et si elle s'en allait quand même, ce n'était pas sa Juliette qui partait. Est-ce que la vraie Juliette, celle qu'il aimait, celle qui portait son enfant, pouvait ne plus vouloir de lui ?

Il cueillit alors une petite marguerite et la lança dans le vent. Sa Juliette la retrouverait un jour, fleurissant sous un ciel étranger. Jusqu'à cet instant, elle aurait retenu son nom dans son souffle, au-plus près d'elle, pour ne jamais le laisser seul dans l'indifférence des autres.

Juliette était là depuis le commencement. Juliette n'aurait pas de fin.

Un peu plus fortes à présent, les pensées d'Antoine revinrent tourner autour du rêve qu'il venait de laisser avec la nuit. Au moment où il s'était réveillé, il avait eu l'incompréhensible sensation qu'il ne faisait qu'une seule et même personne avec ce vieillard aux cheveux blancs qu'on appelait M. Dirac. Pas seulement parce qu'il portait le même nom que lui, mais aussi parce qu'il se « sentait » étrangement comme lui, parce qu'il *était* lui.

Il devait bien admettre que cette idée était absurde. Lui qui avait passé toute sa vie sur les terres de la Julian, qui n'en était jamais sorti, sauf pour aller au village, comment aurait-il pu acquérir les connaissances suffisantes pour comprendre le langage de M. Dirac ? Dans son rêve, celui-ci avait parlé de choses dont il ignorait totalement l'existence.

Tout cela était absurde, certes, mais une intuition plus forte encore que le simple bon sens s'accrochait à lui, le poussait à marcher toujours plus loin, comme si la solution était devant ses pas.

Il était arrivé maintenant sous la colline qui tenait le village des Juilles bien en haut. En levant les yeux, il reconnut le muret de son école, près de l'église, et il eut un pincement au cœur en se souvenant des longues parties de jeux sous le préau ou dans la cour de récréation. Cette époque était si lointaine, maintenant.

Il contourna le village et atteignit l'endroit où le sentier commençait à grimper entre les vignes. Il n'avait jamais éprouvé le besoin d'aller au-delà, comme si le petit univers de la Julian suffisait à sa vie. Mais ce matin, il ne s'arrêterait pas. Comme dans son délire, pendant sa maladie, il avait besoin de marcher droit devant lui, aussi loin que possible.

D'un bon pas, il attaqua le chemin des vignes. Bientôt, il traversa une longue friche dont les herbes épaisses ployaient sous ses sandales en craquant. Comme le sol n'était pas visible sous ce tapis de verdure, il mettait parfois le pied dans un trou et s'enfonçait alors jusqu'au genou.

Ça grimpait dur. Il s'arrêta un instant pour reprendre son souffle. Un talus, un faux plat entre les vignes, encore un autre talus semé de genêts et de chênes rabougris, et comme ça jusqu'en haut, là où les grands arbres des Juilles atteignaient le ciel bleu.

Après avoir essuyé la sueur qui mouillait son front, Antoine reprit sa marche, obliquant vers le petit bosquet de genêts où l'herbe était moins haute. Aussitôt le sol devint plus ferme, et il put gagner facilement un vieux chemin de traverse bordé par un profond fossé. Ici, les moineaux et les corneilles volaient de partout, leurs cris s'éparpillant joyeusement de buisson en buisson. Tout autour, il y avait l'odeur de la terre fraîche, à chaque coin du chemin, au pied de chaque haie, il y avait un petit bruit, un cri, pour dire que la campagne faisait sa vie.

À mesure qu'il s'enfonçait dans l'ancien chemin de traverse, il remarqua que l'herbe et les broussailles y devenaient de plus en plus épaisses, comme si la nature cherchait à reprendre ce qui, autrefois, avait appartenu aux hommes. Bientôt, il dut quitter le chemin pour se frayer un passage dans les sous-bois. Il avait atteint la bordure de la forêt des Juilles.

Maintenant, le silence était plus profond, comme si l'air était prisonnier des grands chênes qui lançaient leurs branches jusqu'en haut. À chaque pas, Antoine faisait craquer l'épais tapis de feuilles mortes qui recouvrait le sol. Personne n'était venu ici depuis longtemps, sauf peut-être quelques braconniers dont il avait aperçu un piège à renard quelques minutes plus tôt.

Les sous-bois étaient devenus tellement épais qu'il devait à présent s'ouvrir un passage en écartant les ronces qui poussaient de partout. Bientôt, il dut même s'accroupir pour se glisser entre deux buissons d'aubépines sauvages jusqu'à ce qu'il atteigne une clairière où rien n'avait poussé. Peut-être des hommes étaient-ils venus éclaircir cette partie de la forêt, autrefois ; peut-être encore le rocher était-il à fleur de terre, ne permettant pas aux racines des arbres de prendre le sol.

Tout à coup, un bruit le fit se retourner. Il recula de deux pas lorsqu'il aperçut un grand chien jaune qui grondait en montrant les crocs. Sur le dos de l'animal, tous les poils étaient hérissés.

« Et d'où tu sors, toi ? » dit Antoine en avançant la main.

Le chien gronda plus fort. Comprenant qu'il fallait d'abord l'amadouer, Antoine recula de quelques mètres, tout en posant un genou à terre. Des noms de chiens lui traversèrent la tête et il en essaya plusieurs au hasard, espérant qu'il en trouverait un qui fasse réagir l'animal.

Brusquement, au nom de Bolo, le chien dressa les oreilles. Antoine recommença plusieurs fois.

« Allons, viens, Bolo, viens ! »

Après avoir longtemps hésité, flairant de sa truffe, passant sa langue sur ses babines, le chien finit par se lever en remuant la queue. Il regardait Antoine d'un air intéressé.

« Tu veux venir avec moi ? »

Le chien aboya joyeusement plusieurs fois. Puis il s'approcha d'Antoine et ne fit aucune manière pour se laisser caresser, fouettant l'herbe avec le bout de sa queue.

Antoine parlait au chien tout en se demandant à qui il pouvait bien être. Il ressemblait un peu à un terrier, mais il n'était sûrement pas de pure race, car ses pattes étaient bien trop longues. Curieusement, la présence de l'animal le rassurait. C'était peut-être bon signe de le trouver ici.

Enfin, Antoine releva la tête pour voir dans quelle direction il allait continuer d'avancer. Il n'était pas loin de penser qu'il s'était peut-être perdu, lorsqu'un rayon de soleil filtra au ras du sol, laissant deviner que la lisière de la forêt était maintenant tout près.

Après avoir pris une profonde inspiration, il reprit sa marche. Au bout de quelques pas il se retourna et vit que le chien le suivait, presque attaché à ses jambes. Ils avancèrent ainsi pendant une dizaine de minutes. Le chien flairait le sol, courait parfois de quelques mètres en avant, puis revenait vers Antoine, la bouche ouverte, réclamant une caresse au passage.

Brusquement, le chien se figea sur place en grondant. Antoine se retourna.

« Qu'est-ce qu'il y a ? Quelque chose qui ne te plaît pas ? Allez, viens, on continue. »

Mais Bolo ne bougea pas. Au contraire, il se coucha dans l'herbe, tous les poils hérissés sur son échine. Il reniflait à grands coups, comme s'il cherchait quelque chose dans l'air, et alors une longue plainte monta de sa gueule entrouverte.

L'animal hurlait à la mort.

Un frisson courut dans le dos d'Antoine. Ce hurlement était effrayant. Pour une raison inconnue, ce chien si joyeux quelques minutes auparavant semblait à présent en proie à la terreur. Antoine eut soudain envie de fuir, de courir à toutes jambes jusqu'à la Julian, sans s'arrêter, sans se retourner.

Mais en même temps que la peur, la curiosité était là, elle aussi. Respirant profondément, pour se calmer, il regarda dans la direction qu'indiquait le nez du chien. Devant lui, il y avait un talus haut de trois mètres environ, et on ne pouvait pas voir au-delà.

Il hésita quelques instants encore, puis, sans regarder le chien, il prit son élan et courut presque pour gravir le talus. Il se coula entre deux buissons, tirant sur les branches, et déboucha enfin sur la crête.

Et là, il s'arrêta, figé par la surprise.

Alors que la forêt était bien moins épaisse qu'en dessous, il faisait presque noir. C'est à peine si on pouvait voir les derniers arbres qui bordaient le bois, à une cinquantaine de mètres devant. Pourtant, au-delà, devait bien s'ouvrir la plaine.

Le cœur battant, il s'avança vers la bordure du bois. Il faisait de plus en plus sombre et le silence était presque total. Antoine s'arrêta, l'angoisse au ventre. Il n'entendait presque plus le chien comme s'il était tout à coup très loin, à des kilomètres de là.

Il se força à avancer. L'air lui-même devenait difficile à respirer comme s'il s'appauvrissait à chaque pas. Il s'arrêta encore une fois, pris d'une sorte de nausée et dut faire un immense effort pour traverser les dix derniers mètres qui le séparaient de la lisière. Il s'arrêta lorsque son pied faillit glisser au bord d'un talus qui plongeait dans le vide.

Il s'accrocha à un arbre rabougri pour ne pas s'écrouler de tout son long. Car devant lui, là où aurait dû s'étendre la grande plaine, il n'y avait rien.

Rien que le néant obscur, à l'intérieur du néant.

D'un coup, Antoine se retourna. Derrière lui, la forêt était toujours là, parfaitement normale, ses grands arbres éclairés par la lumière du soleil levant.

Puis, à nouveau, il regarda devant lui. Le vide obscur, le néant, le *rien.* C'était comme s'il avait atteint le bord du monde au-delà duquel il n'y avait ni lumière, ni matière, ni mouvement. Ce n'était même pas la mort qu'il voyait devant lui, c'était la non-existence, l'Absence absolue où le temps lui-même n'avait pas la moindre signification.

Le néant à l'intérieur du néant.

60.

Longtemps – combien de temps ? il n'en savait rien – Antoine resta là, sans force, à regarder le néant ultime, devant lui. Des gouttes de sueur coulaient de son front, roulaient l'une après l'autre sur ses joues, mais il ne les sentait pas. Il ne pouvait arracher ses yeux à cette chose folle qu'il voyait sans voir, puisqu'il n'y avait rien à voir. Il n'y avait pas de soleil, pas d'horizon, pas de collines ni de ciel.

Il n'y avait rien que le Rien.

Et aussi ce silence effrayant. Même au cœur de la nuit la plus calme, quand on est loin de tout, il y a toujours un bruit qui accompagne le silence, il y a toujours un petit cri, un souffle, une branche qui craque pour signaler la vie.

Mais aucun bruit ne venait du néant. Aucun bruit ne pouvait en venir. Et ce silence absolu faisait mal aux oreilles.

Antoine eut un vertige. Il fit un pas en arrière. Puis un autre. Et un autre encore.

Lentement, il recula sans pouvoir arracher ses yeux à l'atroce et fascinante vision, jusqu'à ce qu'il eût atteint à nouveau l'endroit où la lumière redevenait normale.

Là, il se laissa glisser sur le sol pour reprendre son souffle. L'air était redevenu respirable et il gonfla ses poumons jusqu'à ce que les battements de son cœur se calment un peu. À quelques mètres derrière lui, le chien hurlait toujours.

Antoine roula sur le côté et se laissa glisser en bas du talus. Dès qu'il le vit, le chien se tut et s'approcha en poussant des gémissements plaintifs. Antoine se redressa sur un coude et voulut réfléchir.

Mais comment réfléchir à… Rien ? Quel sens pouvait-il donner à l'inconcevable découverte qu'il venait de faire ? Comment accepter une telle chose sans hurler de terreur, sans tomber en même temps dans la folie ? Sous ses mains tremblantes, il sentait les feuilles mortes encore humides de la rosée du matin ; il voyait les arbres, très grands, dont les feuilles remuaient doucement ; il devinait le soleil déjà haut derrière les branches. Tout cela était bien concret, tout cela avait une existence tangible et parfaite qu'Antoine, en bon paysan qu'il était, avait toujours eu dans ses yeux, dans ses oreilles, dans son nez.

Mais dès qu'il tournait la tête vers la bordure, à une cinquantaine de mètres, il découvrait à nouveau l'ultime frontière au-delà de laquelle…

Pour la centième fois, il ferma les yeux.

Le silence.

Mais un silence sur lequel passait le vent, un silence tout de même vivant parce que les oiseaux et les insectes remuaient partout, entre la terre et le ciel. Tandis que là-bas, rien ne vivait. Une déchirure nette, sans ombre et sans lumière. Pas même un extérieur. Rien.

Antoine rampa sur le sol pour aller s'appuyer contre un tronc d'arbre. Non, il n'était pas fou. Il se sentit soudain d'une étonnante lucidité. Avec beaucoup de calme, il se dit tout simplement qu'il n'aurait pas dû venir ici, qu'il n'avait rien à y faire. Alors, il devait repartir, emmenant Bolo avec lui. Ensemble, ils traverseraient la forêt et les friches, dévaleraient le chemin des vignes pour regagner tranquillement la Julian. Et la vie continuerait, doucement, avec son travail de tous les jours, avec Juliette, les patrons, Pellaroque.

Puis tout bascula à nouveau dans le vide. Ce vide absolu qui était là, à quelques mètres derrière le talus.

Il voulut hurler, mais son estomac se souleva brusquement et il n'eut que le temps de rouler sur le côté pour vomir. Comme il n'avait rien avalé ce matin, il ne rendit qu'un peu de bile amère qui coula entre les feuilles. Il avait besoin de quelqu'un. Le prêtre peut-être.

D'une main tremblante, il s'essuya le coin de la bouche et se mit debout. Ses jambes lui semblaient plonger très loin en dessous, mais elles le portaient encore. Le chien vint se frotter contre ses genoux en remuant la queue. Sans penser, Antoine caressa la tête de l'animal et le contact de la fourrure tiède lui fit beaucoup de bien. Il se sentait vraiment un peu plus calme.

Pour l'instant, il y avait une chose à faire : essayer de délimiter cette frontière inconcevable, tenter d'en comprendre au moins la forme.

Il marcha d'abord vers le nord, en se tenant à distance respectueuse de la bordure afin de pouvoir respirer normalement. D'ailleurs le chien devait sentir quelque chose, puisque chaque fois qu'ils s'approchaient trop près de la limite noire, il se mettait à gronder.

Sous les arbres, les taches d'ombre et de lumière vibraient. Elles étaient agitées de mouvements incessants, d'un long et seul mouvement fait des mille passages du vent dans les branches.

Mais à droite… c'était toujours le Vide.

Antoine n'osait plus regarder la bordure, sauf pour corriger sa marche, de temps en temps. Il ne voulait pas penser non plus. Simplement, il se forçait à mettre un pied devant l'autre, sans réfléchir.

Vingt minutes plus tard, il sortit de la forêt pour déboucher sur une friche qui, de toute évidence, n'avait jamais été travaillée.

Le cœur battant, il regarda d'abord vers l'intérieur des terres. La lumière du soleil était partout, enveloppant chaque arbuste, chaque buisson, et comme ça tout au long des champs et des coteaux qui descendaient jusque dans la vallée. Le village des Juilles devait se trouver quelque part sur la gauche, mais il était dissimulé par le sommet d'un coteau dont l'herbe se couchait de temps en temps sous la caresse du vent.

Il resta un moment sans bouger, à regarder la campagne, à l'écouter aussi. Les premières courtilières, réveillées par la chaleur, commençaient à gratter dans les herbes tandis qu'un essaim d'abeilles bourdonnait sur les ravenelles.

Le cœur serré, Antoine n'osait pas se retourner. Il savait qu'à cinquante mètres à peine, derrière sa nuque en sueur, le monde s'arrêtait brutalement. Tout ce qui était là, devant lui, les champs, les arbres, les oiseaux, tout cela venait buter contre cette impensable frontière noire.

Après avoir pris une profonde inspiration, il se retourna.

La friche courait sur une cinquantaine de mètres, puis s'interrompait net, comme tranchée au couteau. Au-delà, c'était le néant.

Pris d'une sorte de nausée, Antoine regarda à nouveau vers la vallée. Tout à l'heure, près du talus, l'angoisse avait fait semblant de somnoler, mais c'était pour refaire ses forces. Maintenant, elle était là, fouillant sa poitrine, son ventre, plus puissante que jamais.

Il chercha Bolo des yeux, comme pour s'appuyer sur la force inconsciente de cette vie d'animal. Celui-ci faisait des bonds d'un buisson à l'autre, aboyant très fort en plongeant à intervalles réguliers sa truffe dans le sol.

Tout à coup, quelque chose remua au pied de la haie. Un énorme lièvre bondit par-dessus les herbes et s'élança en direction de la bordure. Le chien aboyait furieusement. En une dizaine de bonds, le lièvre traversa la friche, voulut obliquer vers la droite, mais Antoine lui coupait le passage. L'animal hésita un bref instant, puis, affolé par les hurlements du chien, reprit sa course.

Il filait tout droit vers le mur opaque. Encore un bond, deux peut-être, puis le lièvre s'engouffra dans le noir.

Il avait disparu. Comme effacé du paysage.

Loin derrière, Bolo s'était assis dans l'herbe pour lécher tranquillement l'une de ses pattes.

Trempé de sueur, le cœur battant comme fou dans sa poitrine, Antoine regardait l'endroit où le lièvre venait de disparaître. L'envie de fuir l'avait repris, plus forte que jamais. Mais il se força à marcher. Un pas, et puis un autre, et un autre encore. Lentement, il avançait vers le mur noir. Il fallait qu'il y aille, qu'il le touche, qu'il le sente avec ses doigts. C'était peut-être la seule façon de ne pas sombrer dans la folie.

Il s'arrêta à vingt centimètres du bord. L'air était devenu pratiquement irrespirable et Antoine savait qu'il ne pourrait pas rester ici plus d'une minute ou deux. Il baissa d'abord ses yeux vers le sol. Pas le moindre brin d'herbe ne poussait sur cette terre rougeâtre et pulvérulente. Vingt centimètres plus loin, elle était tranchée aussi nettement qu'un tronc d'arbre par une scie.

Sans réfléchir, il déboucla alors sa ceinture en cuir et en introduisit l'extrémité dans le mur noir. Le cuir s'enfonça sans la moindre résistance, disparaissant dans le néant. Quand il retira la ceinture, il examina minutieusement la portion qu'il venait d'enfoncer. Le cuir était intact.

Alors, cherchant le peu de courage qui restait en lui, il avança une main tremblante vers la paroi obscure, jusqu'à la frôler de ses ongles.

Il hésita un instant. Pas longtemps, car il fallait faire vite. Déjà il suffoquait et il lui faudrait revenir rapidement en arrière s'il ne voulait pas mourir là, le nez contre cette terre qui, elle, n'avait jamais vécu. Brusquement, il plongea la main dans le mur noir, pour l'en retirer presque aussitôt.

Surpris, il constata qu'il n'avait absolument rien senti. Plus exactement, au moment où sa main avait disparu jusqu'au poignet qui paraissait tranché net, c'était comme si ses doigts, sa paume, n'existaient plus.

Il regarda sa main et fit bouger un à un ses doigts durcis par des années de travail. Elle était chaude, vivante, comme si rien ne s'était passé.

Alors, Antoine prit une décision. Il allait enfoncer sa tête dans le mur. Peut-être y avait-il *quelque chose* de l'autre côté ? Il fallait qu'il sache, coûte que coûte. Avec une extrême prudence, il avança ses pieds vers le mur noir.

Dix centimètres…

Cinq centimètres…

Il luttait pour garder son équilibre, comme s'il était au bord d'un précipice, d'un gouffre sans fond.

Il hésita encore une fraction de seconde, pensa à Juliette, puis plongea lentement la tête dans la paroi obscure.

Et tout disparut.

Il flottait dans l'infini du néant depuis toujours. Il n'y avait ni commencement ni fin. Il y avait lui, Antoine, et il y avait le rien, partout, par-delà le temps et l'espace, par-delà la vie et la mort.

Pourtant, il savait qu'il n'était pas mort. Depuis toujours, il savait qu'il existait *autre chose* que ce néant ; depuis toujours, il essayait de sortir de cette prison sans limite. Sa volonté était rassemblée de toute éternité vers un seul but : atteindre un autre état.

Il n'était que certitude d'Être. Une existence limite, une conscience impossible, une vie qui n'avait pas de vie.

Confiée à elle-même par une volonté inouïe, cette vie n'était jamais née et n'allait nulle part : impénétrable, innommable, elle était *là*.

Sans transition, Antoine se retrouva sur le sol, devant la barrière de néant.

Il lui fallut une demi-seconde pour se retourner et commencer à courir aussi vite qu'il le pouvait vers la friche. Il sauta par-dessus une haie et ne fit même pas attention aux épines qui lui griffaient le visage. L'instant d'après, il roulait sur le bord d'un talus avant de s'affaler dans l'herbe haute.

Longtemps, il resta couché sur le dos, respirant par saccades, jusqu'à ce que le soleil commence à réchauffer ses os.

Car le néant était entré au fond de lui comme une vague immense qui diluait chaque pouce de sa chair, chaque cellule de son corps.

Plus exactement, Antoine se souvenait qu'au moment où il avait passé sa tête dans le mur, son corps avait cessé d'exister. Il n'éprouvait plus aucune sensation. Combien de temps était-il resté *là-bas* ? Il n'en savait rien ; mais à voir le soleil, pas plus d'une heure.

Une heure ou dix mille ans, c'était la même chose. Là-bas, le temps n'avait pas la moindre signification. Il avait eu la sensation indescriptible d'y être depuis toujours et pour l'éternité ; et c'était peut-être un soubresaut de son corps, resté sur la terre ferme, qui l'avait ramené dans son monde.

Dans son monde ! Un rire douloureux secoua sa poitrine, déforma sa bouche tandis que des larmes noyèrent ses yeux, brûlantes. De quel monde s'agissait-il ? Quel homme accepterait de continuer à vivre dans un univers pareil, alors que le néant faisait rage de toutes parts ? Dire qu'il avait passé plus de trente ans à la Julian sans jamais se douter de ce qu'il y avait à quelques kilomètres seulement de la maison. Pourquoi n'était-il jamais venu jusqu'ici ? Pourquoi n'en avait-il pas même éprouvé le besoin ? Toute une vie dans un rayon ne dépassant guère une dizaine de kilomètres, sans même avoir eu l'idée de connaître autre chose. Et le vieux ? Pourquoi ne lui avait-il rien dit ? Connaissait-il la présence de ce mur au-delà des Juilles ? Et au village, est-ce que tout le monde était inconscient de l'incroyable vérité ?

Antoine se souleva sur un coude et finit par s'asseoir. À la faveur de ce qu'il venait de vivre, il se souvint que jamais le patron, sa femme ou Pellaroque ne parlaient autrement de « la ville » que comme d'une chose abstraite, un lieu presque imaginaire dans lequel on n'allait jamais. Même chose pour le fameux bourg de Lavardens, situé à vingt kilomètres de la Julian, paraît-il ; le vieux en parlait quelquefois, mais Antoine ne se souvenait pas de l'y avoir jamais vu s'y rendre.

Et c'était pareil pour tous les habitants du village. Leur vie semblait se faire tranquillement sur les quelques kilomètres carrés de champs et de verdure au-delà desquels il y avait l'impensable. Comment se faisait-il que *personne* n'ait songé à aller voir ce qui se passait derrière les collines ? À moins que tous, sauf lui, n'aient découvert la vérité depuis longtemps sans jamais en parler. Mais cela paraissait absurde. Ni le patron, ni Pellaroque ne dissimulaient quoi que ce soit.

En pensant à Pellaroque, Antoine se rappela en même temps son petit-neveu, Maurice, qui était militaire. Ce dernier n'avait-il pas dit qu'il prenait le train pour rejoindre sa caserne ? Mais là encore, il n'y avait aucune preuve réelle sur laquelle il pouvait construire des certitudes.

Il y avait donc autre chose à chercher. Il se souvint que le mystérieux « inspecteur » lui avait conseillé plusieurs fois de marcher droit devant lui, jusqu'à ce qu'il découvre quelque chose qui, avait-il dit, « le rendrait plus raisonnable ».

C'était chose faite. La découverte était là, derrière lui, à une cinquantaine de mètres. Belle découverte, en vérité ! Il aurait donné ce qu'il avait de plus cher pour l'oublier, pour ne plus jamais y penser. Mais était-il possible de vider sa mémoire ? Est-ce que la terre et le travail pourraient le guérir jamais ? Tout à coup, une idée traversa son esprit. À présent, il ne faisait plus aucun doute que les soi-disant « inspecteurs du travail » venaient du dehors. Ces deux hommes étaient informés de la véritable nature de cet univers. Il se souvenait qu'ils avaient essayé, à mots couverts, de lui faire comprendre que son petit monde était différent de l'idée qu'il s'en faisait.

Par ailleurs, il existait un point commun entre son rêve d'hier, sa vie à la Julian et le fameux numéro de Sécurité sociale. Sans pouvoir se l'expliquer, Antoine en était absolument sûr.

Chaque événement prenait lentement sa place au sein de l'épouvantable chaos de ces dernières heures.

61.

Antoine se leva en chancelant. Un vieux réflexe de paysan lui disait qu'il devait maintenant rentrer à la Julian. Peut-être que le travail l'attendait. Il se voyait en train de dépiquer à nouveau, le lendemain. Mais le cœur n'y était plus. Rien ne pourrait se faire comme avant. Sa mémoire serait sur lui et tout autour de lui, comme un poids impossible à soulever. Pour lui, le ciel ne serait plus jamais inondé de cette lumière qui donne la vie ; il resterait plus mort qu'un ciel d'hiver, embrumé et glacé. S'il avait la force de continuer à faire semblant, ça se passerait en dehors de lui.

Après ce qu'il avait vu, plus rien n'avait vraiment de sens.

Il essuya ses yeux humides du revers de sa manche et se mit en marche vers la Julian, en essayant de se repérer par rapport à la forêt. Il marchait parce qu'il ne pouvait pas faire autre chose. Il allait à la Julian, parce qu'il fallait bien aller quelque part.

Le chien le suivait tranquillement. Ce matin, en traversant la forêt, ils avaient d'abord marché vers le nord ; puis insensiblement, leur course s'était inclinée vers l'ouest, alors qu'ils s'étaient scrupuleusement tenus à une cinquantaine de mètres du mur. Cela voulait donc dire que la frontière décrivait un immense arc de cercle et qu'elle devait probablement entourer toute la commune, à la manière d'une cloche à fromage.

Il allongea le pas. Déjà, il avait atteint la ligne de buissons qui bordait le haut de la vieille vigne et il se laissa courir tout au long du chemin jusqu'à ce qu'il rencontre le fossé de la Loustère. Il le longea sur une centaine de mètres avant d'enjamber une planche de bois qui servait de passerelle. Encore une grande friche à traverser, et il arriverait au champ du Bérin, qui faisait partie des terres du patron.

En se retournant pour voir si le chien suivait, il se rappela soudain ce qui l'avait tellement frappé, un mois plus tôt, lorsqu'il avait regardé vers les champs de la Borderie. Car d'ici, on pouvait voir l'horizon, juste à droite du bois. Un horizon obscur, comme noyé dans une sorte de brume. Le patron avait dit qu'elle ne se levait jamais, parce que les champs formaient cuvette ; mais à présent, Antoine savait que ce qu'il voyait au loin, c'était bien autre chose, c'était une limite infranchissable.

Une heure plus tard, il s'arrêta devant le hangar. Immédiatement, la chienne courut vers l'autre chien et ils s'observèrent quelques instants avant de se flairer. Alors, comme s'ils se connaissaient depuis toujours, ils commencèrent à jouer en se roulant par terre.

Le patron finissait de remplir un des sacs derrière la batteuse, les manches de sa chemise relevées sur ses avant-bras puissants. Pellaroque tenait le sac bien ouvert. Au moment où il aperçut Antoine, le patron leva la tête. Un éclair passa dans son regard.

« C'est maintenant que tu arrives ? grogna-t-il en patois. On t'a cherché tout ce matin. Avec tout ce qu'il y a à faire, tu ne trouves rien de mieux que d'aller te promener ? »

Antoine chercha les mots, mais rien ne venait. Depuis qu'il était tout petit, il avait toujours eu peur des coups de gueule du patron. Et même maintenant, cette peur restait là.

Bolo se colla alors contre la jambe d'Antoine. Le patron fronça les sourcils.

« Et où tu l'as trouvé, celui-là ? demanda-t-il. Tu crois qu'on n'a pas assez de Folette ? »

Antoine ne savait que répondre. À cet instant, il avait tout oublié, y compris sa découverte de tout à l'heure ; seules comptaient sa faute et la colère du patron. Sur une terre, c'était au travail de décider. Et en pleine période de dépiquage, les jours se ressemblaient tous. Il n'y avait pas de dimanche.

Il resta immobile, regardant par-dessus le toit du hangar. Il savait qu'en quelques instants, ce qui était là, devant lui, pouvait brusquement disparaître. Le ciel pouvait se déchirer d'un seul coup et s'ouvrir sur un fond noir. Ils seraient alors tous anéantis par cette obscurité, ils seraient arrachés à leurs corps. Tous. Ils flotteraient pour toujours dans le vide.

« Et alors ? lança brutalement le patron. Qu'est-ce que tu attends donc pour nouer le sac ? »

Antoine sursauta avant de se baisser vers la gueule ouverte du sac. Il croisa le regard de Pellaroque qui semblait plein de reproches, lui aussi.

Tout en nouant le sac, Antoine s'efforçait de laisser chacun de ses gestes prendre le chemin des vieilles habitudes : entourer le col du sac, le tordre d'un demi-tour sur la droite, passer la ficelle entre la toile et la paume, et nouer. Mais sa tête n'était pas là. Elle était encore là-haut, de l'autre côté des Juilles, face à…

Il se sentit vaguement ridicule. Ridicule de continuer à travailler ainsi, comme si de rien n'était, après l'expérience qu'il venait de faire. *La terre est plus forte que les hommes. C'est elle qui commande.* Il essayait de s'accrocher à cette phrase que répétait souvent Pellaroque, mais cela ne servait à rien. Maintenant, il savait que quelque chose était plus fort que la terre. Il savait que la terre ne commandait plus. Ni à lui, ni aux autres, ni à rien. Elle était prise dans le cercle noir, comme dans un étau.

Mais il continuait de remplir les sacs, de les nouer et

de les porter au grenier, comme si sa propre ardeur lui eût donné la force d'aller plus loin. C'étaient peut-être ces gestes simples qui le tenaient encore à la vie.

Pendant le déjeuner, on parla peu. Juliette levait parfois les yeux vers Antoine comme pour l'interroger. Peut-être qu'elle voyait traîner sur lui les restes de cette nuit qui entourait la Julian. Peut-être qu'elle savait tout, sans lui en avoir jamais parlé. Dans son ventre, elle portait la vie. Elle allait lui donner un enfant. Que saurait-il du monde dans lequel il grandirait ? Est-ce qu'un jour, il découvrirait lui-même la vérité ? Il imaginait ce fils, au même endroit que lui, un matin, face à l'impensable. Pas un cri, pas un geste, rien. Il ne bougerait pas. Lui, son père, serait là, il le prendrait par l'épaule, il le soutiendrait, il l'aiderait à revenir vers la Julian. Et le fils suivrait. Sans comprendre. Cherchant simplement une réponse sur les lèvres de son père.

Un frisson secoua les épaules d'Antoine. C'était comme si le néant qui était entré en lui ce matin se mettait à brûler, à déborder, et il sentait des ondes douloureuses courir dans ses jambes, remonter vers son dos, ses bras, jusqu'à la tête.

« Et où tu étais, ce matin ? »

Dans le silence de la cuisine, la question du patron était tombée sur la table, comme ça, sans toucher à rien. Antoine ne répondit pas tout de suite. Il tenait une occasion de sonder le vieux et il ne devait pas la rater.

« De l'autre côté des Juilles », répondit-il simplement.

Il observa alors le patron, puis Pellaroque. Rien. Pas la moindre expression de surprise sur leur visage. Ils mangeaient.

« Vous y êtes allé souvent, par là-bas ? » continua Antoine comme si de rien n'était.

Cette fois, le vieux s'arrêta de manger.

« Et qu'est-ce que tu veux que j'aille y faire ? grogna-t-il. J'ai pas le temps d'aller me promener, moi.

— Vous n'êtes jamais allé chasser dans la forêt des Juilles ?

— Jamais. Tout le bois est interdit de chasse. »

La patronne s'était levée pour servir le café. Elle revint en disant :

« Il paraît que Morvan y va tous les dimanches, pour braconner. »

Antoine attendit que le café emplisse les verres avant de demander encore :

« Mais vous savez ce qu'il y a de l'autre côté du bois ? »

Le patron but une première gorgée et haussa les épaules.

« Qu'est-ce que tu veux qu'il y ait ? C'est comme partout. Des bois, des friches, des champs… »

Puis il se baissa sous la table pour donner un os à ronger aux deux chiens.

À présent, il était clair que non seulement le vieux ne savait pas ce qu'il y avait de l'autre côté des Juilles, mais qu'il s'en fichait éperdument.

« Et vous n'avez jamais entendu parler de choses bizarres sur ce qui se passe là-haut ? continua Antoine.

— Si, grogna le patron. Pendant la guerre, il paraît qu'on faisait du marché noir en passant par le bois. Il paraît aussi que les Allemands y ont abattu des résistants. »

Déçu par cette réponse, Antoine avala son café.

« Ce n'est pas ce que j'ai voulu dire, poursuivit-il. Ça, je le savais. Mais il paraît aussi qu'il y a un grand mur qui fait le tour. C'est le facteur qui me l'a dit, ce matin.

— Et alors ? bougonna le vieux en roulant sa cigarette. Des murs, il y en a partout.

— Quand j'étais plus jeune, enchaîna Pellaroque, on savait faire de bons murs. Pas comme maintenant. »

Antoine hésita avant de poursuivre :

« J'ai vu une partie du mur des Juilles, tout à l'heure. Je vous assure que c'est une drôle de chose. Vous devriez aller voir. »

Le patron souleva un sourcil. Il paraissait intéressé.

« Ah ? Et il est comment, ce mur ? »

Antoine réfléchit un instant. Il devait faire attention à ce qu'il allait dire, pour ne pas passer pour fou.

« C'est un mur très haut et tout noir. On ne voit rien à travers. »

Pellaroque eut un rire.

« Parce que tu as déjà vu à travers un mur, toi ? »

Bêtement, Antoine rit à son tour, pour faire comme les autres. Mais au fond de lui, il n'y avait pas de place pour le rire. Il respira profondément avant de continuer :

« Vous devriez quand même aller jeter un coup d'œil là-haut. Ce mur est noir comme...

— C'est sans doute de la pierre qui vient de la carrière des Juilles, coupa Pellaroque. Elle est noire comme de l'ardoise. Je le sais, parce que j'en ai remué bien des mètres cubes, autrefois.

— Non, rétorqua Antoine. Ce n'est pas de la pierre. C'est autre chose, on dirait... »

La phrase resta en suspens. Déjà le patron n'écoutait plus. Il s'était baissé sous la table pour caresser sa chienne. Près de la cuisinière, la patronne et Juliette bavardaient tranquillement. Elles riaient de temps en temps, sans s'intéresser à ce qui se disait autour de la table.

Antoine sentit alors que cette conversation ne le mènerait nulle part. Pour le patron et Pellaroque, un mur c'était un mur. En pierre, en ardoise ou en terre, mais un mur quand même, bien solide. Ni l'un ni l'autre ne pouvaient même imaginer un mur qui va vers l'infini, au-delà de l'horizon, au-delà du néant.

Il y eut un grand bruit de chaises lorsque les hommes se levèrent pour repartir au travail.

62.

Lorsqu'ils portèrent le dernier sac dans le grenier, il restait à peine une heure de lumière avant la nuit.

Antoine avait l'impression de vivre dans une sorte de rêve. Par moments, il était sûr que ce qu'il avait vu, là-haut, n'existait pas. Mais l'instant d'après, tout se déchirait en lui, se brisait, et laissait passer l'inconnu. La brûlure de ce néant se répandait, gagnait ses veines, se mêlait à ses viscères. Il n'appartenait plus au monde. Il se sentait même étranger à lui-même. C'était comme s'il y avait deux Antoine. L'un qui continuait de vivre, de travailler, l'autre qui avait vu ce qu'il n'aurait jamais dû voir. Souvent, dans l'après-midi, il avait pensé à la mort, au visage qu'elle pourrait avoir. D'où viendrait-elle ? De l'autre côté du mur ? Et quand il s'était senti flotter, là-bas, est-ce qu'on pouvait appeler ça la mort ?

Il n'en pouvait plus de se poser ces questions, toujours les mêmes, chaque fois différentes. Plusieurs fois, quand il était seul dans le grenier, il aurait voulu crier, même pleurer, mais c'était impossible. Le vide et la peur avaient fermé sa gorge.

Quand il rejoignit le patron et Pellaroque, derrière la batteuse, Juliette était là. Une expression nouvelle flottait sur son visage. Cette fois, elle ne baissa pas les yeux lorsqu'elle dit :

« Il y a les deux inspecteurs de l'autre jour qui sont revenus. Ils t'attendent dans la cuisine. »

Pendant quelques secondes, il resta là, comprenant seulement que Juliette venait de lui parler. C'était le plus important. Puis les mots qu'elle avait formés trouvèrent leur chemin jusqu'à sa tête.

Il se sentit presque soulagé. Cette visite ne lui faisait pas peur. Au contraire, il avait même espéré que les deux hommes viendraient plus vite, car il savait qu'ils détenaient la réponse à ces questions qui lui faisaient mal.

Il marcha vers la cuisine. Juliette le suivait. Au moment d'ouvrir la porte, elle lui prit le bras et le regarda longtemps, sans rien dire. Puis elle se retourna et partit droit dans la cour.

Quand il entra, les visiteurs étaient assis de part et d'autre de la table. La patronne leur avait servi un petit verre d'armagnac, mais ils n'y avaient pas touché.

« Bonjour, monsieur Dirac », dit celui qui était en bout de table.

Sans répondre, Antoine s'assit de l'autre côté. Puis, il souffla à voix basse :

« Qu'est-ce qui se passe, ici ? »

Silence.

« Vous êtes donc allé jusqu'à... la frontière ? demanda l'homme.

— Oui, ce matin, murmura Antoine. Qu'est-ce que c'est que cette... frontière ?

— La fin du monde ! répondit l'homme en riant. La fin de *votre* monde. »

Comme Antoine gardait le silence, l'homme poursuivit d'une voix dure :

« Ne perdons pas de temps, monsieur Dirac. À présent, vous savez ce que nous voulons. Nous aurions préféré ne pas vous pousser à aller jusqu'à la frontière, mais votre refus de nous aider nous y a obligés. »

C'est alors que le plus petit des deux intervint :

« Nous ne serions pas revenus si vous n'aviez pas essayé de vous moquer de nous. Vous croyiez sans doute que nous n'allions pas nous apercevoir que le code que vous nous avez donné la dernière fois était incomplet ? »

Le premier inspecteur tapota nerveusement sur la table.

« Le plus curieux, c'est que cette série d'instructions est loin d'être incohérente. Elle correspond à quelque chose. Je suppose que vous n'allez pas nous dire à quoi... »

Antoine secoua la tête. Pour une fois, il leur disait la vérité. Il n'avait aucune idée de ce que représentaient les instructions transmises par le curé. En tout cas, le plan semblait avoir échoué. Pour faire diversion, il décida de poser une autre question.

« J'ai fait un rêve bizarre, cette nuit. J'étais plus vieux, et j'étais aussi l'inventeur du réseau d'ordinateurs qui... »

Brusquement, Antoine s'interrompit. Il venait de constater que le mot « ordinateur » lui était sorti tout naturellement des lèvres, alors qu'il n'en connaissait même pas l'existence. En face de lui, l'homme souriait.

« Nous savions bien que vous finiriez par vous souvenir, dit-il. C'est un processus normal. D'abord les rêves, et puis, peu à peu, la réalité finit par s'imposer dans ce que le sujet identifie à sa vie consciente. »

Antoine eut un haut-le-cœur. Il ne comprenait rien à ce que disait son interlocuteur. Pourtant, de plus en plus de choses remuaient maintenant dans son esprit. Quelque chose venait. Comme une voix qui s'efforçait de se faire entendre au fond de lui.

« Je... qu'est-ce que vous voulez dire ? balbutia-t-il.

— Tout simplement que l'illusion se dissipe, répondit l'homme d'une voix tranquille. Il nous a fallu beaucoup trop de temps pour intervenir, mais c'était inévitable, en raison du décalage. Après avoir vécu des dizaines d'années ici, vous avez fini par croire que vous étiez vraiment un obscur paysan.

— Sans compter que vous avez refoulé toute autre information qui aurait pu vous mettre sur la voie », coupa l'autre homme qui était resté silencieux.

Antoine comprenait de moins en moins où voulaient en

venir les étrangers. Une fine couche de sueur perlait à son front et sa voix était méconnaissable lorsqu'il demanda :

« Qu'est-ce que vous racontez là ? Est-ce que vous essayez de me faire croire que…

— Ne vous accrochez pas désespérément à ce que vous voyez autour de vous, coupa l'homme. Laissez-vous aller. Quelque chose au fond de vous est en train de vous dire que *vous n'êtes pas l'obscur paysan dont vous avez cru mener l'existence jusqu'à cet instant.* »

Antoine vacilla sur sa chaise. Son esprit explosait, projetant ses pensées dans toutes les directions. Des fragments remontaient peu à peu vers sa conscience. Il se leva brusquement et son poing droit s'abattit violemment sur la table.

« Je refuse de croire une chose pareille, vous m'entendez ? cria-t-il. Ce n'est quand même pas à vous de me dire qui je suis, non ? »

L'homme tapotait tranquillement de ses doigts sur la table, un doigt après l'autre, exactement comme…

« Nous y voilà, dit l'homme avec un sourire. J'étais sûr que vous finiriez par me reconnaître, monsieur Dirac. J'ai toujours eu l'habitude de taper de mes doigts sur la table, un vieux truc pour saper la patience de mes interlocuteurs. »

Lentement, Antoine se rassit. Le cœur battant, il venait de reconnaître le personnage de son rêve, installé derrière une table de marbre noir. Le même visage sans expression, les mêmes yeux gris.

« Ce n'est pas possible, murmura-t-il. Ce n'était qu'un rêve, je… »

L'homme leva la main.

« Ce n'était pas un rêve. Cette scène a bien eu lieu, croyez-moi. Elle s'est déroulée dans mon bureau, au début de la semaine dernière, il y a douze jours. »

Un long frisson parcourut le dos d'Antoine. Il sentait que l'homme disait la vérité. Il ne pouvait l'expliquer, mais il le sentait.

« Mais je… je suis arrivé ici à l'âge de six ans.

Aujourd'hui, j'en ai trente-sept. Comment pouvez-vous soutenir que... »

Une fois encore, Antoine s'interrompit net. Cette fois, c'était sa propre voix qui lui avait paru étrangère. Plus exactement, il avait parlé sans le moindre accent gascon ; sa voix, ses intonations, les mots qu'il avait employés étaient ceux d'un homme *éduqué*, pas d'un paysan.

Les deux hommes s'étaient aperçus de ce changement. Après avoir échangé un bref coup d'œil avec son compagnon, celui qui était assis à droite dit d'une voix calme :

« Vous voyez ? Déjà vous ne parlez plus comme le "petit Antoine", mais comme M. Dirac. Cessez de vous accrocher à ce petit paysan. Il n'a jamais existé. »

Antoine resta immobile en regardant par la fenêtre. Sa bouche ouverte était tellement occupée à essayer de respirer, qu'il ne pouvait plus parler. Enfin, baissant la tête, il eut juste assez de force pour souffler :

« Je vous écoute. »

Il était épuisé. À cet instant, il lui semblait que deux personnalités luttaient en son for intérieur pour prendre possession de son esprit. D'un côté, il y avait Antoine, le paysan qu'il avait toujours été, de l'autre, M. Dirac, cet homme aux cheveux blancs qui avait mis au point le Réseau informatique de défense. L'un et l'autre ne faisaient qu'un. Antoine et Dirac le savaient.

« Vous vous souvenez certainement de la conversation que nous avons eue dans mon bureau, au début de la semaine dernière. Je vous avais demandé de nous communiquer le code d'accès au sous-programme de sécurité. Comme je m'y attendais, vous avez refusé, et j'ai alors été contraint de recourir à une solution fort regrettable. »

Le cœur battant, Antoine attendait ce qui allait suivre. Il attendait, parce qu'il ne pouvait pas faire autrement. Il avait reculé jusqu'aux extrêmes limites de lui-même. Maintenant, il ne pouvait plus bouger sans sentir la présence de M. Dirac, tout près. Il le sentait respirer derrière lui. Il l'entendait parler en lui, de plus en plus fort.

« Hélas ! monsieur Dirac, poursuivit l'homme d'une voix un peu amère, nous avons été obligés de vous tuer. »

Un trou noir déchira la conscience d'Antoine. Ses muscles se tendirent brutalement et il voulut se lever mais l'autre l'arrêta d'un geste de la main avant de lancer d'une voix impitoyable :

« Restez assis, monsieur Dirac. Tout ce que je viens de vous dire est vrai, vous le savez bien. Vous êtes mort depuis douze jours. Votre cadavre a été rendu à votre pays et on vous a enterré avec tous les honneurs dus à un héros national. »

Antoine réprima une envie de vomir. Il aurait voulu être loin, très loin dans les champs, à travailler sur la terre calme. C'était l'été. Les moissons étaient rentrées. On finissait de dépiquer. Et ensuite, il faudrait labourer, herser, semer, avant de récolter à nouveau. Mais il y avait les deux hommes. Il y avait l'odieux récit qu'ils venaient de faire. L'histoire de sa propre mort qu'il revoyait, derrière la grande table de marbre.

« Avalez ça, dit l'homme en poussant vers lui le petit verre d'armagnac auquel il n'avait pas touché. Ça vous donnera l'impression d'aller mieux. »

D'une main qui tremblait, Antoine saisit le verre et le vida d'un seul trait. Il sentit à peine la chaleur de l'alcool dans sa gorge.

Rien que du marbre noir. Il voudrait crier, mais sa voix glisse sur ce marbre, se disperse dans chaque grain de matière. Il voudrait crier encore, mais le silence qui l'entoure est le plus fort, un silence qui serre, qui fait mal.

Encore le marbre noir, très noir maintenant. Antoine tombe en arrière. Il voudrait s'accrocher, mais ses mains glissent. Quelque chose s'est brisé dans sa nuque. Une vertèbre, peut-être. La balle a traversé une cervicale. Elle a peut-être traversé aussi le cervelet pour ressortir à la base du cou.

Le sang reflue dans sa bouche, inonde ses poumons. Tout ce sang. Et le vertige se creuse. Et très loin, comme le point ultime d'un tourbillon obscur, une étincelle orange qui se dilate jusqu'à occuper tout l'espace. Sa cigarette, tombée des lèvres dans la chute. Elle brille encore, mais ses yeux ne la voient plus. Il voit avec tout son corps maintenant. Il voit des choses qu'il avait oubliées depuis longtemps. Il revoit la ferme tranquille dans laquelle il avait passé des vacances, il y a très longtemps. Il voudrait rester là, au milieu des champs, il voudrait y vivre.

Sa gorge se serre. Il lutte encore, mais il ne peut plus respirer. Il n'y a plus que cette nuit qui l'attend au milieu du silence.

63.

Antoine reposa son verre sur la table. En face de lui, les deux hommes le regardaient. Puis celui qui venait de lui dire qu'il était mort soupira avant de poursuivre :

« Avant que vous ne soyez totalement mort, nous avons procédé à une petite opération dont je vais laisser mon ami Van Straten vous expliquer les détails. »

D'un geste de la main, il désigna l'homme assis à sa droite.

« Van Straten est notre spécialiste des programmes à fonctions complexes. Comme vous, il a passé sa vie à travailler avec des ordinateurs. Un de vos collègues, en quelque sorte… »

Van Straten leva un sourcil distingué vers Antoine comme s'il tenait par là à lui faire comprendre qu'il s'adressait à lui d'égal à égal.

« Vous connaissez aussi bien que moi le fonctionnement du cerveau humain, dit-il. Du moins… (il hésita) M. Dirac le connaît aussi bien que moi. Les milliards de neurones qui composent le cerveau sont le siège de réactions chimiques complexes qui permettent aux synapses de s'interconnecter pour former des réseaux grâce auxquels nous pouvons penser, nous souvenir, etc. Or, à chaque état d'âme particulier, correspond un schéma neuronal spécifique caractérisé simultanément par des liaisons chimiques entre certaines molécules clefs, ainsi que par certaines émissions électriques, repérables sur le tracé de n'importe quel électroencéphalogramme.

« Or des travaux récents ont démontré que ce qu'on appelle la conscience est réductible à une organisation neurologique particulière ; en fin de compte, tout ceci se résout en données énergétiques, puisque la matière nerveuse – cellules, neurones, synapses, neurotransmetteurs, etc. – n'est constituée que de molécules et macromolécules faites d'atomes, eux-mêmes constitués d'énergie. En somme, poursuivit Van Straten, ce que nous appelons la pensée n'est qu'une suite d'événements énergétiques plus ou moins complexes. »

Antoine regardait son interlocuteur bouche bée. Stupéfait, il venait de découvrir qu'il *comprenait* tout ce que ce dernier venait de lui dire, bien qu'il n'en eût jamais entendu parler à la Julian. Mais Dirac, lui, connaissait tout cela par cœur. Et c'était lui qui comprenait, pas Antoine.

« Voyez-vous, poursuivit Van Straten avec un plaisir évident, l'influx nerveux traduit tous les événements de la conscience sous une forme ondulatoire et il suffit de décoder ces systèmes d'ondes pour avoir accès à l'information qu'elles contiennent, c'est-à-dire tous les souvenirs, les pensées, les états d'âme d'un être humain. »

Van Straten s'interrompit un instant, comme pour donner une signification particulière à ce qui allait suivre. Dans la cuisine, on n'entendait plus que le battement calme de la grande pendule.

« Or, continua Van Straten d'une voix maintenant plus basse, un cerveau qui meurt est le siège d'une activité énergétique d'une extrême puissance. Tout se passe comme si, dans les quelques minutes qui précèdent son arrêt total, le cerveau cherchait par là à se défendre contre sa propre dissolution. Vous avez certainement entendu parler de ces témoignages selon lesquels les mourants "revivent" toute leur existence comme un film accéléré, dans les quelques secondes avant leur décès total. Ce phénomène est la manifestation directe de l'intense activité du cerveau qui, au cours de cet ultime "feu d'artifice de la conscience", cherche par tous les moyens à échapper à sa propre mort. Vous voyez où je veux en venir, monsieur Dirac ? »

Antoine ne répondit pas, mais une immense curiosité l'avait saisi. Il enleva son béret et se gratta la tête. Peu à peu, il prenait conscience des implications de ce qu'il venait d'entendre.

« Si je suis mort, demanda-t-il, comment se fait-il que je sois ici, tout à fait conscient ? »

Van Straten eut un sourire.

« Tout simplement parce que vous êtes devenu un *psychogramme*, dit-il. Immédiatement après votre mort, vous avez été transporté au bloc d'analyse et de synthèse des programmes. Tout était déjà prêt. Nous savions que nous allions vous tuer. Votre corps était mort, mais votre cerveau, lui, selon le processus que je vous ai décrit, était encore en activité. Nous avons donc introduit des récepteurs dans votre encéphale, de manière à recueillir les milliards d'informations issues de votre mémoire. Par la suite, ces informations ont été décodées et traitées par nos ordinateurs qui, à partir de ces données, ont établi un programme d'une extrême complexité, où... »

Antoine releva brusquement la tête.

« Vous voulez dire, demanda-t-il d'une voix tremblante, que je suis devenu un...

— Un programme d'ordinateur, compléta Van Straten l'air ravi. Mais ne vous méprenez pas, monsieur Dirac, ajouta-t-il d'une voix soudain plus grave. Ce programme est absolument identique à celui qui a toujours fonctionné dans votre cerveau ; en somme, il s'agit simplement d'un transfert de logiciel : au lieu d'utiliser le support biologique représenté autrefois par votre cerveau, le programme que représentent votre culture, vos souvenirs, en bref tout ce qui constitue votre *personnalité* et votre *moi*, utilise dorénavant un support électronique. C'est la seule différence. Ce que vous appelez votre conscience, pour autant que nous comprenions vraiment le sens de ce mot, se réduit désormais à une série d'impulsions électroniques. »

Antoine sentit un vertige l'envahir.

« Mais, balbutia-t-il, je... tout ce qui m'entoure a l'air tellement *vrai*...

— Oui, dit Van Straten avec fierté. J'avoue que nous sommes plutôt satisfaits du résultat, mais cela n'a pas été sans mal. Toute la difficulté consistait à reproduire un environnement sur le fond duquel votre conscience puisse se détacher. Nous avons donc cherché dans votre mémoire les informations se rapportant aux divers lieux que vous avez habités durant votre existence et la séquence qui s'est imposée avec le plus de cohérence, c'était celle d'une petite ferme dans laquelle vous avez réellement passé des vacances en 1946, alors que vous étiez âgé de six ans. À partir de ces éléments de mémoire, nous avons donc créé un second programme qui constitue la matrice de l'environnement dans lequel vous évoluez. »

Van Straten s'interrompit un instant, comme s'il cherchait à mettre de l'ordre dans ses idées.

« En somme, poursuivit-il, votre nouvelle "vie" est désormais constituée par deux programmes distincts qui travaillent en interaction constante : d'une part, il y a le programme qui représente la synthèse de votre moi, c'est-à-dire de votre conscience, et d'autre part il y a le programme de votre environnement qui reproduit une réalité extérieure, le décor dans lequel vous avez l'illusion de vivre, de travailler, de vous déplacer, etc. À chaque instant, des milliards d'informations sont échangées entre ces deux programmes par l'intermédiaire de nos ordinateurs, ce qui aboutit, en ce qui vous concerne, à un ensemble de perceptions parfaitement cohérentes. »

Antoine regardait droit devant lui, vers la cheminée, sans pouvoir encore accepter que ce qu'il voyait n'était qu'un programme autonome, introduit dans un bloc de mémoire vive, tandis que les milliards de données nécessaires à cette « réalité » étaient traitées à chaque instant sous la forme de « bits » électroniques avant d'être asservies au second programme qui constituait sa personnalité.

« Mais alors, murmura-t-il, ce matin, la barrière que j'ai vue…

— Ce n'était rien d'autre que les limites du programme numéro deux, celui qui reproduit votre environnement. En vous déplaçant aussi loin que possible du centre de votre petit univers, vous êtes d'une certaine façon "sorti" du programme pour découvrir le néant. Certes, vous n'avez pas perdu conscience, vous avez continué d'"exister", mais vous ne receviez plus aucune information concernant le monde extérieur. »

Antoine hocha la tête. Il se souvenait qu'au moment où il avait passé son visage dans le mur noir, il s'était senti flotter dans le néant sans limite, ayant effectivement perdu tout contact avec la… réalité.

« Nous nous sommes immédiatement rendu compte de l'incident, continua tranquillement Van Straten. Pendant quelques secondes, le programme numéro deux, celui de l'environnement, avait cessé de transmettre des informations vers le programme numéro un, celui de votre conscience. Les deux programmes étaient en quelque sorte déconnectés puisque vous avez demandé une information que le programme deux n'était pas en mesure de vous fournir. C'est nous qui vous avons ramené dans votre "réalité" en rétablissant la liaison entre les deux programmes. »

Antoine se leva alors pour marcher lentement de long en large dans la cuisine. Il avait besoin de laisser à son « corps » le temps d'assimiler l'ahurissante vérité. Peu à peu, il comprenait que la réalité dans laquelle il vivait se réduisait à un flux d'énergie électronique circulant à travers des milliards de circuits pour former des données sensorielles, des images, des perceptions qui n'avaient aucune existence dans l'espace conventionnel.

« Et le patron ? demanda-t-il en étouffant une sorte de sanglot. Est-ce que lui aussi, sa femme, Pellaroque, Juliette, est-ce que…

— Tous des artefacts électroniques qui peuplent votre environnement, répondit Van Straten avec une sorte de joie. Ils se réduisent à un ensemble d'impulsions binaires interprétées par nos ordinateurs, rien de plus.

— Mais est-ce qu'ils sont *conscients* ? » insista Antoine d'une voix angoissée.

Van Straten poussa un profond soupir, comme si la question posée était d'une complexité qui le dépassait.

« Qui peut dire ce qu'est la conscience ? murmura-t-il, l'air soudain rêveur. Tous les êtres qui peuplent votre univers constituent un sous-programme autonome à l'intérieur du programme numéro deux. Cela va du plus petit insecte jusqu'aux êtres humains, en passant par tous les animaux intermédiaires comme les oiseaux, les chiens, le bétail, etc. Chacun de ces êtres "vivants" est doté, selon son niveau d'intelligence, d'une certaine capacité de réaction à son environnement ; et cela pourrait bien s'appeler la "conscience". Mais nous n'avons aucun moyen de le vérifier. »

Antoine se rassit en bout de table. À présent, il avait envie de poser une quantité de questions.

« Mais comment faites-vous pour communiquer avec moi ? » demanda-t-il avec anxiété.

Une fois encore, Van Straten soupira.

« C'est bien là le problème, finit-il par répondre. Cela nous a pris beaucoup de temps. Douze jours ont été nécessaires pour mettre au point un troisième programme efficace qui nous permettrait de communiquer avec vous sans perturber votre environnement. En fait, nous sommes des illusions distinctes du programme numéro deux, un autre sous-programme en quelque sorte. Je ne suis pas ici, dans cette cuisine. Mon ami non plus. En réalité, nous sommes en ce moment même devant une console d'ordinateur, et nous ne communiquons pas directement avec vous, à cause du décalage temporel. Je sais à peine à quoi ressemble le monde dans lequel vous vivez ; tout ce dont je suis sûr, c'est qu'il s'agit d'un programme extrêmement complexe dont l'ordinateur nous a fourni une représentation graphique sur écran. »

Antoine sursauta.

« Mais pourtant, vous êtes bien là, dans cette pièce. Vous parlez avec moi, non ?

— Pas en temps réel, répondit Van Straten. Vous voyez une image qui reproduit notre apparence, mais, je le répète, nous ne sommes qu'un programme de questions/réponses auquel l'ordinateur a donné une apparence acceptable par vous. Je ne puis ni vous voir, ni vous entendre. Les réponses sont organisées par l'ordinateur afin de vous donner l'illusion d'une conversation. »

Antoine se leva pour marcher à nouveau de long en large.

« Pourquoi ne pouvez-vous pas communiquer directement avec moi ? demanda-t-il.

— Tout simplement, répondit Van Straten, en raison du décalage dans le traitement des opérations. Le temps des ordinateurs n'est pas le même que le nôtre. Le cerveau de nos machines travaille mille fois plus vite que les cerveaux humains, de sorte qu'à l'intérieur de l'ordinateur, votre conscience du temps est mille fois plus rapide que la nôtre. En d'autres termes, si nous établissons un rapport de valeur mille entre votre temps et le nôtre, une seconde chez nous équivaut à environ seize minutes chez vous, une minute de notre temps représente seize heures dans le vôtre, etc. C'est ce décalage qui rend toute communication directe impossible. »

Antoine s'arrêta un instant pour faire un rapide calcul. Il avait l'impression d'avoir « vécu » une trentaine d'années sur la terre de la Julian. Cela voulait donc dire, en réalité, qu'à l'extérieur il ne s'était écoulé que quelques jours.

« Il y a combien de temps que je suis… mort ? demanda-t-il.

— On vous l'a dit tout à l'heure, répondit Van Straten. Exactement douze jours. Il nous a fallu trois cents heures, c'est-à-dire douze jours, pour mettre le programme de communication au point. Douze jours durant lesquels, dans votre temps propre, il s'est écoulé une trentaine d'années. »

Antoine fouilla dans sa poche et en sortit un mouchoir

avec lequel il épongea son front trempé de sueur. Sous le choc des vertigineuses révélations qu'on venait de lui faire, il avait intégralement recouvré les souvenirs de sa vie réelle, celle du génial informaticien qu'il avait été. À présent, tout était terriblement clair. Au moment de sa mort, l'ordinateur avait capté les souvenirs qu'il avait eus à l'âge de six ans, lorsqu'il avait été envoyé par son père en vacances d'été à la Julian ; il était donc logique que, dans la réalité simulée, il se retrouve dans le corps du garçonnet qu'il était alors. Et selon le rythme du temps fantastiquement rapide des ordinateurs, il avait grandi au fil des années pour « vivre » une seconde vie de paysan, parfaitement cohérente, mais sans le moindre rapport avec sa vie réelle d'informaticien.

Et voilà que, maintenant, il était doté de deux personnalités issues de deux cultures et de deux vies différentes. Deux personnalités qui, bien que distinctes l'une de l'autre, renvoyaient pourtant à la même personne. *Une mémoire double.*

« Pourquoi m'avez-vous gardé en “vie” ? » demanda Antoine.

L'homme assis en bout de table et qui, pendant le long exposé de Van Straten, avait gardé le silence, répondit :

« Je pense que vous m'avez reconnu, maintenant. En tant que président du Bureau des Stratégies politiques, je ne devais négliger aucune chance, si infime fût-elle, d'obtenir la séquence de sécurité. Elle existe quelque part dans le programme qui constitue votre mémoire, mais nous ne pouvons pas l'atteindre. Les tentatives de Van Straten consistant à introduire des événements qui auraient pu vous forcer à livrer votre secret ont échoué. Rappelez-vous votre numéro de Sécurité sociale, les gendarmes, les ennuis que vous ont causés certains voisins ; tout cela n'était qu'une apparence programmée pour vous persuader, sans traumatisme, de nous livrer la séquence.

— Et si je refuse ? questionna Antoine.

— Dans ce cas, répondit calmement le président, nous

déconnecterons l'ordinateur, nous le viderons de son programme, et vous mourrez... définitivement, cette fois. »

Antoine réfléchit quelques instants aux paroles de l'homme avec un terrible sentiment d'impuissance. Il ne s'agissait pas de vaines menaces. Car dans sa situation, il était entièrement à la merci de la pression légère de doigts sur un clavier. Son seul moyen de négociation résidait dans le secret qu'il détenait.

« Que se passera-t-il si je vous communique la séquence ? demanda-t-il brusquement.

— Rien, répondit le président en souriant. Vous pourrez continuer à vivre tranquillement dans votre petit univers. Vous avez notre promesse que nous ne toucherons pas au programme. »

Antoine hocha la tête, comme s'il avait compris, mais naturellement il ne croyait pas un mot de ce qu'il venait d'entendre. Dès qu'ils entreraient en possession de la séquence, ils s'empresseraient de supprimer l'encombrant « Programme Dirac » afin de libérer l'ordinateur pour d'autres tâches. C'était certain. Le souffle court, il se tourna vers ses interlocuteurs.

« Laissez-moi un peu de temps pour réfléchir, dit-il avec anxiété. Tout cela est encore trop confus, je...

— C'est entendu, coupa le président après avoir jeté un bref coup d'œil vers Van Straten. Nous vous laissons cinq minutes, de notre temps, bien sûr. Cela représente environ trois jours chez vous, cela devrait être suffisant, non ? »

Antoine regarda longuement dans le vide avant de hocher la tête. Puis il vint se rasseoir au bout de la table, car il avait eu une idée.

« Au fait, lança-t-il d'une voix faussement enjouée, dans quel type de machine m'avez-vous stocké ? »

Le cœur battant, il attendit la réponse. Puis il se détendit en voyant un large sourire épanouir le visage de Van Straten. Ce dernier n'avait pas deviné le piège.

« Si cela peut vous faire plaisir, cher collègue, sachez que vous êtes "géré" en ce moment par un ADM 100 S, l'un des ordinateurs les plus puissants du monde. Compte tenu de la complexité du Programme Dirac, nous avons atteint la limite de saturation de la mémoire centrale. C'est pour cette raison que nous n'avons pas pu étendre votre univers au-delà de…

— Cela suffit, coupa sèchement le président. Nous reviendrons dans trois jours, monsieur Dirac. J'espère que vous serez en mesure de nous donner ce que nous demandons. »

Sur ce, les deux hommes disparurent. Ils ne s'étaient pas levés pour sortir, ils s'étaient simplement volatilisés. Seule la rémanence de leurs silhouettes subsistait encore à l'endroit qu'ils occupaient une fraction de seconde auparavant.

Antoine sortit son mouchoir pour s'essuyer le front. Au moment où Van Straten avait mentionné le nom de l'ADM 100 S, il s'était souvenu en un éclair du livre dans lequel le curé avait recopié le message : *Adam*, le titre suivi de l'abréviation ADM. Il existait donc un lien entre le message et la machine elle-même. Puisque Van Straten était tombé dans le piège en utilisant cette série d'instructions, quelque chose avait nécessairement dû se produire dans le programme de l'ADM. Mais quoi ? Quel sens pouvait-il donner au plan du mystérieux curé ? Une nouvelle fois, il se demanda d'où venait ce prêtre. Tous les personnages de cet univers étaient des programmes ; mais le curé, lui, n'était pas comme les autres. Il « savait » manifestement que la Julian n'était qu'un leurre électronique, tout comme il connaissait les mobiles de ceux de l'extérieur. Et c'est intentionnellement qu'il avait demandé à Antoine de transmettre une fausse information à Van Straten. Dans quel but ?

Antoine Dirac eut un vertige. Il se sentait dépassé, écrasé. Lentement, il se leva pour aller respirer l'air tiède du dehors.

64.

Les mains crispées derrière son dos, le président faisait nerveusement les cent pas sans prêter attention à la rumeur incessante qui montait de la machine. Pour la dixième fois, il s'arrêta à la hauteur de Van Straten occupé à manipuler les innombrables touches qui recouvraient la console de communication.

« Alors, demanda-t-il brusquement. Toujours rien ? »

Van Straten reporta son attention vers les écrans de visualisation.

« Attendez un instant, monsieur le Président. Je suis en train de lire les résultats du dialogue entre les deux programmes. »

Van Straten s'interrompit pour manipuler d'autres touches.

« Tout s'est passé comme prévu, poursuivit-il. Dirac a assimilé les informations que nous lui avions transmises. En revanche, il…

— Il *quoi* ? » questionna sèchement le président.

Van Straten tapota sur deux autres touches.

« Il demande un délai de réflexion. Et je viens de lire que “nous” le lui avons accordé.

— Comment ça, nous le lui avons accordé ? explosa le président dans le dos de Van Straten.

— Plus exactement, précisa l'informaticien, ce sont nos simulations programmées pour dialoguer avec le Programme Dirac qui lui ont accordé un délai de... cinq minutes. Rassurez-vous, monsieur le Président, j'ai introduit une très grande quantité de données dans le programme destiné à nous représenter *là-bas*, dans l'univers de Dirac. Nos... ambassadeurs ont pris en toute logique la même décision que si nous avions été nous-mêmes voir Dirac.

— Cinq minutes de délai, dites-vous ?

— Exactement, répondit Van Straten. Pas une de plus.

— À la bonne heure, tonna le président. Qu'on en finisse avec toute cette histoire. Dès que nous serons en possession de la séquence, vous viderez les mémoires de l'ADM. À lui seul, le Programme Dirac mobilise presque toute la machine. Chaque seconde de ce foutu programme nous coûte un argent fou, sans compter qu'il nous est impossible d'utiliser l'ordinateur à d'autres tâches tant que Dirac sera là-dedans. »

Van Straten eut un sourire glacial.

« Cinq minutes, monsieur le Président. Cinq minutes seulement, et nous aurons la séquence, je vous le garantis. Après quoi, j'effacerai le Programme Dirac. L'opération ne prendra que quelques secondes. »

Poussant un soupir de satisfaction, le président du Bureau des Stratégies politiques se remit à marcher de long en large dans le bruissement qui montait des milliards de circuits électroniques composant la machine. Il avait de la peine à imaginer que, derrière ces panneaux, il y avait tout un monde au sein duquel Antoine Dirac poursuivait une étrange existence, avec ses joies, ses peines, ses peurs ou ses désirs. Une existence qui, selon les dires de Van Straten, ressemblait absolument à une vie normale. Mais à quoi pouvait donc ressembler une « vie normale » quand on était un programme d'ordinateur ?

Le président ne pouvait répondre à cette question. Déjà, il pensait à autre chose. À la seule chose qui l'intéressait vraiment, d'ailleurs.

Dans moins de cinq minutes, il serait en possession de la séquence de sécurité. Alors il pourrait demander à Gortchev de convoquer le Bureau politique en assemblée extraordinaire et ils adopteraient une stratégie en vue du sommet de Washington qui aurait lieu dans quelques jours. Il imaginait la tête du Président Mac Crae, lorsqu'il lui annoncerait qu'ils étaient entrés en possession de la séquence et que déjà le Réseau de l'Est était redevenu autonome. Le discours ne serait plus le même. Non seulement Moscou refuserait de se retirer de l'Afrique et de l'Amérique du Sud, mais encore exigerait la fin immédiate et sans condition de l'influence américaine au Moyen-Orient. Et si les États-Unis refusaient…

Un frisson de plaisir chatouilla sa poitrine lorsqu'il pensa qu'il était sur le point de réaliser l'action la plus spectaculaire de toute sa carrière.

65.

Dès qu'Antoine avait quitté la cuisine, le patron était venu à sa rencontre, la moustache encore plus tombante que d'habitude. Il fallait que son anxiété fût grande pour qu'il consente à quitter quelques instants son étable d'où montaient les beuglements furieux du bétail qui n'avait pas encore reçu sa ration de foin. Sa fourche encore à la main, le vieux s'arrêta devant Antoine.

« Alors ? » demanda-t-il.

Par habitude, Antoine voulut enfoncer son béret sur sa nuque. Ça aidait à parler. Mais sa main ne rencontra que ses cheveux, car le béret était resté sur la table de la cuisine. Et puis comment répondre ? Quels mots devait-il choisir ? Il sentait que deux langages s'affrontaient en lui : le discours complexe de Dirac, contre les mots simples d'Antoine. Désormais, pour lui, chaque instant de sa vie aurait une mémoire double.

Il hésita, ramassa un brin de paille échappé de la gerbière, le mit à la bouche et dit simplement, en paysan :

« Ça va s'arranger. Ils m'ont dit qu'ils reviendront dans trois jours pour me faire signer les derniers papiers. Après, je n'aurai plus de souci à me faire.

— Tu en es sûr ? »

Antoine hocha la tête. Alors seulement, le vieux se détendit imperceptiblement.

En le regardant, Antoine ne put réprimer un sourire. Le vieux avait l'air tellement *vrai*. Il était difficile de croire que ce paysan gascon n'était rien d'autre qu'une série d'impulsions électroniques véhiculées par un programme dans des milliards de circuits imprimés sur des plaques de silicium. Pas étonnant que le vieux n'ait jamais éprouvé le désir d'aller de l'autre côté des Juilles : il n'était pas *programmé* pour ça.

Antoine hésita une seconde. Il avait une envie folle de poser toutes sortes de questions au patron, pour découvrir ce qu'il pensait, mais il se retint. Au lieu de cela, il demanda simplement :

« Vous avez fini l'étable ? »

Le vieux souleva son béret pour se gratter le crâne et mordit deux ou trois fois sa moustache avant de dire :

« On t'attendait pour que tu nous aides à faire descendre le foin. Moi et Pellaroque, on n'a plus la souplesse d'autrefois pour monter jusqu'en haut de la fouanière. »

Ils se mirent en route vers l'étable. Tout en marchant derrière le patron, Antoine observait combien la démarche du vieux était lourde. La vieillesse était donc *programmée*, elle aussi. L'ordinateur gérait sans concession tous les événements liés aux différents âges de la vie. Aux jeunes, il donnait de la puissance et de l'énergie ; aux vieux, comme Germaine, le patron ou Pellaroque, il reprenait inexorablement leur force, introduisant peu à peu des dysfonctionnements qui les conduisaient à la maladie et à la mort.

Tout était *prévu* dans le programme.

Il se mit à trembler. À quoi pouvait donc correspondre la mort dans cet univers ? À quelques instructions effacées dans un programme ? Et alors, que se passait-il *après* ? Est-ce que *quelque chose* du programme survivait, sous la forme indéfinissable d'une rémanence ?

Un rire de douleur secoua sa poitrine. Il se posait ici les mêmes questions qu'autrefois dans le monde extérieur. Il se sentait écrasé. Impuissant. Allait-il se laisser effacer de la mémoire de l'ordinateur sans rien faire ? C'était facile. Il l'avait fait tant de fois, de l'autre côté, quand il manipulait des ordinateurs à longueur de journée. Il suffisait d'appuyer sur quelques touches, et l'ensemble des instructions composant le programme s'évanouissait, simplement, sans laisser de traces. Et c'est ce qui risquait de lui arriver à *lui*. À Juliette, au bébé qu'elle portait, au patron, Pellaroque et tous les autres. Eux aussi, ils pourraient disparaître sans laisser de traces. Tout ce qui existait à la Julian serait effacé. Tout. Jusqu'au plus petit ver de terre.

Pendant le dîner, on ne parla presque pas. Roger était là. Pour la première fois depuis longtemps, il s'était adressé à Antoine, comme s'il cherchait à renouer une sorte de contact avec lui. Juliette s'en était aperçue. Elle regardait tour à tour les deux hommes, mais ne parlait pas, elle non plus.

À la fin du repas, le vieux se leva avec des airs mystérieux et grimpa au grenier. Quelques minutes plus tard, il revint avec un panier plein de noix, celles qu'il gardait précieusement pour ne les offrir que dans les grandes occasions.

« On va en manger quelques-unes, dit-il en souriant dans sa moustache. Pour fêter la fin des emmerdements d'Antoine. »

Antoine leva la tête. Il savait que le vieux venait de montrer un de ses rares mouvements de cœur, comme ça lui arrivait une ou deux fois par an, pas davantage.

« Celles-là, poursuivit le patron en mettant le panier sur la table, elles viennent de la Gourgue. On les mange pas par faim, mais pour mieux goûter le vin. »

Pendant longtemps, ils mangèrent sans dire un mot. Il n'y avait que les bruits de noix qu'ils cassaient l'une contre l'autre en les serrant fort entre leurs mains. Ils mâchaient lentement, buvaient à petits coups, et attendaient avant de casser une autre noix, pour bien profiter de ces trois choses qui allaient si bien ensemble : les noix, le pain et le vin.

À un moment, Pellaroque fouilla dans ses poches et en retira son paquet de tabac. En regardant le vieux rouler sa cigarette, Antoine se souvint des vieilles peurs que la petite pointe de braise orange rayonnait dans sa mémoire ; l'aversion qu'il éprouvait depuis toujours à la seule vue d'une cigarette s'éclairait maintenant d'un souvenir en relief dans une autre vie ; il allait mourir, et l'étincelle ultime qui brillait dans le tabac avait été la lueur finale, le dernier signal qui le conduisait au bout. Puis l'étincelle s'était éteinte. Seule l'odeur un peu âcre de la fumée était restée dans sa conscience qui s'en allait.

Il se redressa sur sa chaise. Maintenant, il comprenait. La cigarette avait pris dans la dernière ombre l'image de sa propre mort. Et chaque fois qu'ici, à la Julian, le patron ou Pellaroque avaient fumé devant lui, sa mémoire latente s'était révoltée jusqu'à la nausée.

Oui, tout s'éclairait, à présent. Un signe de plus qui appartenait à la mémoire double.

Ils restèrent longtemps dans la vieille cuisine. Et vraiment, à cet instant, Antoine ne vivait que la minute présente. Il la vivait en paysan, en regardant les visages familiers autour de lui, les murs couverts de poussière, les carrelages rouge sombre que les pas avaient polis et creusés, les poutres noircies par la suie.

Simplement, il vivait, ayant presque oublié qu'il était en train de mâcher des noix dans les circuits saturés d'un ordinateur.

66.

Van Straten sentait que le président était dans son dos, mais il devait garder son attention fixée sur le pupitre principal. Une impulsion insolite était apparue dans les boucles primaires des registres analogiques de l'ordinateur. Chaque bizarrerie de la machine obligeait le savant à se reposer sans cesse la question fondamentale : *qu'est-ce qui se passe là-dedans ?*

Car il y avait quelque chose que Van Straten ne pouvait pas sonder en dépit de son intelligence et de sa grande connaissance des ordinateurs : l'intérieur électronique de ces formidables machines. Au fil des années, il avait fini par comprendre que le fonctionnement des ordinateurs dépassait souvent les limites théoriques des programmes qu'ils absorbaient ; tôt ou tard, ils finissaient par atteindre le fameux « seuil de complexité » au-delà duquel les hommes ne comprenaient pas toujours ce qui se passait à l'intérieur de ces machines.

Aussi, à cette minute, Van Straten enviait-il presque Dirac qui, lui, *faisait corps avec la machine*, la vivait de l'intérieur, « était » la machine.

Il parcourut la salle d'un regard circulaire.

La salle de maintenance de l'ADM 100 S comportait une paroi plane haute d'environ cinq mètres et longue de douze. Elle était entièrement recouverte de tableaux de liaison, de régulateurs, de broches de contrôle, de multiplexeurs à fonctions simultanées, de cadrans et d'instruments de toute sorte.

Derrière ces appareils et les matrices de protection résidaient les premiers blocs mémoires d'acheminement des programmes directeurs menant aux différents secteurs de l'unité centrale et à l'immense bibliothèque de programmes périphériques dans laquelle l'ordinateur puisait à chaque instant des milliards d'informations. De plus, en cas de besoin, l'ADM 100 S pouvait immédiatement entrer en liaison avec l'ensemble du Réseau pour prélever dans les mémoires des autres ordinateurs l'information nécessaire à son travail. Ce n'était pas pour rien qu'on avait surnommé les soixante-deux ordinateurs ADM 100 S qui constituaient le Réseau de l'Est « l'Hydre aux cent têtes » ; car à chaque fois que l'un d'entre eux présentait une avarie, un autre prenait immédiatement le relais et le travail se poursuivait sans interruption.

Mais pour l'heure, l'ADM 100 S devant lequel se trouvait Van Straten était entièrement isolé du Réseau et travaillait seul sur le Programme Dirac. Devant l'énorme quantité d'informations à traiter, l'unité centrale de la machine était presque saturée et tous les programmes périphériques fonctionnaient simultanément.

D'une pression de l'index, Van Straten coupa une liaison, obligeant l'information à emprunter un autre itinéraire. Il voulait soulager momentanément les circuits du premier bloc mémoire qui commençait à chauffer dangereusement. Dans son dos, le président se racla la gorge avant de demander :

« Combien de temps encore ?

— Un peu plus de quatre minutes, monsieur le Président, répondit l'informaticien sans relever les yeux de la console. J'ai déjà introduit le programme de notre dernière "visite" à Dirac. Tout sera bientôt terminé.

— Tant mieux, souffla le président en essuyant la sueur qui coulait de son front. Décidément, vivant ou mort, ce diable de Dirac nous aura donné bien du fil à retordre. »

Le président avait repris sa marche de long en large, insensible à la forte odeur d'ozone qui se dégageait maintenant des circuits surchargés de l'ADM 100 S.

67.

Il y avait longtemps qu'Antoine avait regagné sa chambre. Les yeux ouverts dans l'obscurité, il ne pouvait s'empêcher de penser à son incroyable situation. Ce qui le surprenait le plus, c'était qu'il se trouvait inexplicablement « bien » dans cet univers simulé ; l'illusion était tellement parfaite que, malgré ce qu'il avait découvert, sa propre « existence » à la Julian n'avait rien perdu de son étrange réalité.

Et il avait découvert quelque chose de fondamental : *il voulait continuer à vivre.*

Dehors, les étoiles étaient pâles. Rien qu'un programme tout simple ; il avait simplement fallu associer un algorithme élémentaire aux instructions de base qui définissaient les objets étoiles pour produire l'illusion d'un scintillement.

La nuit était collée à la terre, tout autour du hangar. Là aussi, le programme était très simplifié. Ce n'était pas comme pendant le jour, où il fallait mettre en œuvre un système extraordinairement complexe pour que cet univers existe vraiment. Antoine eut un vertige. Des milliards d'informations à chaque seconde, pour définir la trame de l'univers dans lequel il vivait. Il eut une sorte d'admiration pour Van Straten, l'homme qui avait été capable de mettre au point cet invraisemblable programme.

Tout cela pour lui arracher le secret de la séquence de sécurité. Ils avaient échoué avec les gendarmes, avec Roger et Morvan, avec tous les accidents aléatoires qu'ils avaient introduits dans le programme. Par exemple, ses « visions » destinées à le mettre sur la voie. Ou encore sa maladie, qui n'avait été qu'une tentative de Van Straten destinée à sonder sa mémoire pour y trouver l'information qu'il cherchait. Maintenant, toutes sortes de bizarreries s'éclairaient. Le puits de Pellaroque ? Rien qu'un « oubli » dans le programme : le fond n'avait tout simplement pas été calculé. Même chose pour le jour où le patron avait disparu dans une gerbe d'étincelles ou lorsque le paysage vacillait ; tous ces incidents devaient être assimilés à des dérèglements de routine, comme il s'en produit tant dans les ordinateurs. Rien que de très banal, en somme.

En revanche, d'autres événements étaient plus étranges. Il pensa au curé. Cet être n'avait pas la même origine que les multiples programmes qui peuplaient son existence ; il venait d'ailleurs. En repensant à ce qu'il lui avait dit dans la maison de Pellaroque, il se souvint de ces mots très énigmatiques : « Je suis celui qui baptise et qui enterre, celui des premiers moments et de la dernière heure. » Se pouvait-il que ce curé ait un rapport avec sa dernière heure à lui, lorsqu'il mourait derrière la table de marbre noir ? Après tout, le traumatisme créé par cet événement faisait intégralement partie des souvenirs qu'il avait emportés dans sa nouvelle existence ; mais pour qu'il s'adapte à cette illusion, il fallait que le souvenir de sa mort et de tout ce qui avait précédé disparaisse.

Or quelque chose avait subsisté. Le prêtre, c'était justement le résidu, la forme rémanente de tout ce qui s'était passé dans le monde réel. Antoine respira profondément. Le point essentiel, c'était qu'à l'extérieur, Van Straten ignorait tout de l'existence du prêtre. Il ne pouvait pas connaître tout ce que contenaient les mémoires de l'ordinateur, et certains sous-programmes se mettaient à fonctionner indépendamment de la volonté de « ceux d'en haut ». C'était ce qui avait eu lieu avec le curé qui, contrairement aux autres, « savait » qui était Antoine et ce qui se passait vraiment à la Julian. Grâce à ce fragment de mémoire venu de son propre inconscient, Antoine avait pu résister.

Car le secret était toujours là, sous la fenêtre, dans un trou du mur. Antoine était certain qu'il devait continuer à protéger cette information. S'il la donnait au président, non seulement ce serait la fin de la Julian et de tous ceux qui y « vivaient », mais à l'extérieur, ce serait pire encore. Il imaginait la situation dans le monde, depuis sa disparition. S'abritant derrière sa mort officielle, Moscou avait probablement tenu tête aux demandes de Washington concernant ses zones d'influence, notamment en Amérique du Sud, au Moyen-Orient et en Afrique. Si son calcul mental était bon, Antoine réalisa que le sommet de Washington devait avoir lieu dans quelques jours et que tout se jouerait à ce moment-là, en fonction de la séquence. Il pensait aussi au remue-ménage qui devait avoir lieu entre la France, les États-Unis et l'Union soviétique. Du côté de Paris, on avait dû contester sa mort, pour permettre à l'Amérique d'exploiter politiquement la situation, même si les services secrets étaient réellement informés de ce qui s'était passé. Lors de son dernier entretien avec Bruce Redford, le patron de la CIA, ce dernier lui avait clairement fait comprendre qu'il devait se rendre à Moscou pour tenter de persuader le président du Bureau des Stratégies politiques que le programme de sécurité était le meilleur gage de la paix mondiale. L'avait-on poussé dans un piège ? C'était peut-être l'intérêt des services secrets américains de faire disparaître le seul détenteur d'une information aussi capitale pour la planète. Mais tout cela n'était que conjectures.

Ce qui importait, c'était de garder le secret. Car si les Russes avaient la possibilité de libérer leur Réseau, ils n'hésiteraient pas à rompre l'équilibre stratégique pour soumettre les pays occidentaux à leur domination. Au bout, ce serait peut-être la guerre. Totale, absurde, qui risquait d'éliminer des millions d'êtres humains de la planète.

Il se rappela les scénarios si souvent évoqués à propos d'un conflit nucléaire généralisé. L'arsenal atomique était évalué à environ vingt mille mégatonnes, soit une capacité de destruction deux millions de fois plus élevée que celle de la bombe d'Hiroshima. N'utilisât-on qu'une partie de cet arsenal, les effets seraient désastreux. D'abord l'explosion, la boule de feu, dégageant un flux mortel de neutrons et de rayons gamma. Presque immédiatement, la couche d'ozone stratosphérique protégeant la terre serait détruite, ce qui entraînerait une forte augmentation du rayonnement ultraviolet à la surface. Quelques jours plus tard, les millions de tonnes de poussière projetées à haute altitude par le souffle de l'explosion formeraient un bouclier absorbant quatre-vingts pour cent de la lumière solaire. La terre entrerait dans une longue « nuit nucléaire » caractérisée par une chute vertigineuse de la température. Cette phase entraînerait des millions de morts, aussi bien par le froid que par le manque de nourriture. Quant aux survivants, ils seraient décimés quelques semaines ou quelques mois plus tard par les retombées de débris radioactifs.

Il eut un frisson. Ici, dans cette chambre, tout paraissait si lointain. Et pourtant, sous la fenêtre, il y avait une petite boule de papier qui représentait la clef de la paix ou de la guerre, de la vie ou de la destruction.

En fait, la séquence de sécurité était la seule manière de contrebalancer l'indiscutable supériorité conventionnelle soviétique.

Il se souleva légèrement sur un coude lorsqu'il entendit sonner onze heures à la cuisine. Ici, tout était calme, en apparence. Et il avait du mal à imaginer que dans cette chambre de campagne, couché dans un vieux lit, il était en fait la clef dont dépendait la paix du monde. S'il gagnait, il pourrait continuer son étrange existence, tandis que « là-haut », la paix serait préservée pour longtemps. Mais s'il échouait, tôt ou tard, une bataille aurait lieu, gigantesque, destructrice, dont l'Europe de l'Ouest et les États-Unis sortiraient minés et ravagés.

Pour la centième fois, il se retourna dans ses draps en songeant aux distorsions que subissait la durée entre le temps du monde extérieur et celui de l'ordinateur. Une seconde dans l'univers extérieur représentait environ seize minutes dans le sien. Une heure qui s'écoulait « là-haut » équivalait déjà à un mois et demi chez lui ; et les douze jours passés depuis sa mort correspondaient à plus de trente ans dans son monde électronique. Aujourd'hui il avait trente-sept ans, et comme il était né en 1940, Antoine acceptait tout naturellement l'idée qu'il vivait en 1977. Mais en même temps, Dirac savait que l'été 1977, il était en train de préparer la soutenance de sa thèse d'État sur les *Programmes-Experts.* Dirac, l'informaticien, était également né le 29 août 1940 ; il avait donc également trente-sept ans en 1977, lors de sa soutenance de thèse. Mais il avait continué avec le plus grand succès sa vie de chercheur jusqu'à ce qu'il mette au point le Réseau informatique de l'Ouest, regroupant tous les pays membres de l'OTAN, l'Union soviétique et ses satellites ayant construit leur propre Réseau : celui de l'Est. Les deux Réseaux s'étaient contentés de se surveiller mutuellement jusqu'à ce que les autorités occidentales, en accord avec les États-Unis, décident d'introduire le fameux programme superviseur. Cela avait paru inacceptable aux autorités soviétiques, et c'est pour cela qu'il était mort, le 8 novembre 2008.

Il était alors âgé de soixante-huit ans.

Antoine ne put s'empêcher de sourire amèrement en pensant à ce curieux paradoxe. Ici, à la Julian, on vivait en 1977. Alors qu'à l'extérieur, les calendriers de l'année 2009 étaient déjà en vente dans tous les magasins.

Poussant un profond soupir, il se força alors à fermer les yeux afin de trouver le sommeil. Il les rouvrit presque aussitôt.

Une pensée venait de lui traverser l'esprit, une pensée d'une importance capitale.

À quoi correspondait le sommeil dans cet univers ? Lui

qui n'était pas constitué d'un corps organique, pourquoi avait-il *besoin* de dormir ?

La première réponse qui lui vint fut toute simple. Tout comme d'autres fonctions biologiques habituelles dans la vie d'un homme – la faim, la soif, etc. – le sommeil faisait partie du logiciel, il était programmé dans l'ADM 100 S pour donner à Antoine Dirac l'illusion que sa vie était parfaitement normale.

Cette réponse était vraie, sans doute, mais elle ne suffisait pas. Soudain très intrigué, il alluma la lumière et s'assit sur son lit. Il avait la certitude que derrière cette question apparemment insignifiante, il avait découvert quelque chose de fondamental. Quelque chose qui pourrait lui sauver la vie.

De plus en plus excité, contrôlant avec peine les battements de son cœur, il se leva brusquement pour marcher de long en large dans sa chambre, comme il avait l'habitude de le faire « là-haut », lorsqu'il avait un problème complexe à résoudre.

La question capitale qui s'imposait maintenant à son esprit était celle-ci : que se passait-il, dans l'ordinateur, pendant que lui, Antoine, était en train de « dormir » ? Selon toute logique, l'illusion de la réalité générée par le programme numéro deux dont avait parlé Van Straten n'avait alors plus de raison d'être. Dès qu'Antoine cédait au besoin de sommeil programmé dans l'ADM 100 S, les bois, les champs, les prés, les animaux, en bref, tout ce qui constituait la simulation de l'environnement disparaissait dans le néant jusqu'à ce qu'il se réveille. Or dix heures de sommeil dans l'univers de la Julian représentaient environ quarante secondes de pause pour l'ordinateur, quarante secondes durant lesquelles les trois programmes directeurs, celui de la conscience de Dirac, celui des êtres vivants et celui de l'environnement, cessaient de fonctionner.

Antoine arpenta sa chambre de plus belle tout en faisant un rapide calcul mental.

Une journée de vingt-quatre heures ici équivalait à environ une minute et trente secondes dans le monde extérieur.

Comme Antoine était conscient pendant une durée variant entre quatorze et seize heures de son temps à lui, cela voulait dire que l'ordinateur travaillait à plein pendant environ cinquante secondes avant une pause de quarante secondes qui correspondait à une « nuit de sommeil ».

Cinquante secondes de travail, quarante secondes de pause. Tel était donc le rythme de fonctionnement de l'ADM 100 S. Et Antoine était persuadé que ces quarante secondes de pause étaient absolument indispensables à la bonne marche de la machine. Il connaissait bien ce type d'ordinateur. L'un des plus gros problèmes auxquels se trouvèrent confrontés les techniciens fut celui de l'accumulation de chaleur. Il avait connu cette difficulté, lui aussi. En regardant une minuscule puce de silicium, perdue sur la paume de la main, il était difficile d'imaginer comment une chose aussi petite pouvait émettre suffisamment de chaleur pour compromettre le fonctionnement de la machine. Quand un grand nombre d'entre elles sont entassées dans un espace réduit, les millions de jonctions qu'elles contiennent dégagent un peu de chaleur, chaque fois qu'elles s'ouvrent ou qu'elles se ferment, pour contrôler le flux électronique. Et cette chaleur peut atteindre rapidement un seuil critique, susceptible d'endommager les composants, ou même de faire fondre les puces, c'est-à-dire de détruire les « cellules nerveuses » de la machine.

Antoine savait qu'un programme aussi complexe que le Programme Dirac ne pouvait pas être continuellement sollicité dans sa totalité, sauf à détruire le « hardware », c'est-à-dire l'ordinateur lui-même.

Alors il eut un mince sourire. Maintenant, il comprenait ce qu'avait fait le curé. Tout s'éclairait. Van Straten avait commis une erreur en utilisant la fausse séquence qu'il lui avait transmise. Cette série d'instructions était un ordre qui, le moment venu, allait modifier le comportement de la machine. Mais pour que cet ordre soit mis en application, il restait encore une chose à faire.

Une chose très importante.

Lentement, il enfila son maillot de corps, sa chemise et son pantalon de toile. Il tendit l'oreille, mais aucun bruit ne parvenait jusqu'à lui. La maison dormait. Tout doucement, il ouvrit la porte et marcha à pas feutrés dans le couloir, en évitant les lattes de plancher qui grinçaient. Il se sentait calme, à présent. Tranquille et déterminé. L'idée de sa deuxième mort lui était devenue intolérable. Il refusait de disparaître dans le néant, ce néant qu'il avait perçu de l'autre côté du mur noir, aux limites de calcul du programme. Tout comme il refusait l'idée que Juliette, l'enfant qu'elle portait, le patron, Pellaroque, les animaux et les terres, s'évanouissent à tout jamais, effacés des mémoires indifférentes de la machine.

Il y avait encore beaucoup à faire, à la Julian. La terre avait besoin de lui. Ceux de l'extérieur ne pouvaient pas comprendre cela.

Il la garderait, cette terre pour laquelle ils avaient tant peiné. Ni le patron, ni Pellaroque n'auraient travaillé pour rien.

Comme autrefois, quand il était en face de l'écran de ses machines sur lequel s'enchaînaient des calculs complexes, Antoine tira un profond soupir du fond de sa poitrine. Puis il sortit.

Cette nuit, il allait se battre.

68.

Pour la centième fois depuis le début de l'opération Dirac, Van Straten eut une inquiétude. Et si les choses ne se passaient pas comme prévu ? Après tout, le comportement de la machine reposait sur un très grand nombre de fonctions aléatoires qu'il était par définition impossible de prédire. De ce point de vue, l'ADM 100 S se rapprochait beaucoup des processus mentaux humains. Il était impossible d'affirmer avec certitude que certaines réactions n'échapperaient pas totalement au modèle théorique qu'on avait établi.

Van Straten sortit son mouchoir et s'épongea nerveusement le front. Dans moins de quatre minutes, tout devrait être terminé, mais il ne parvenait pas à y croire tout à fait. La machine qui se dressait en face de lui était incroyablement complexe. Chaque puce en silicium, c'est-à-dire chacune de ses cellules nerveuses, comportait plus de cent millions de circuits imprimés sur une surface de quelques millimètres. L'ADM 100 S était composé de plusieurs centaines de millions de puces qui disposaient de milliers de connexions entre elles. Les progrès de la miniaturisation avaient permis de combiner des circuits « pensants » et des unités de mémoire sur une seule et unique puce. Ainsi, chaque puce mémoire capable de « penser » était câblée de façon à adresser des instructions à des puces voisines et à recevoir leurs instructions. Il s'ensuivait que le fonctionnement de la machine était entouré d'une sorte de nuage d'incertitude comparable à celui des êtres humains. Il y avait dans les processus de l'ADM 100 S le même flou indiscernable que dans le cerveau d'un homme.

Et c'était cela qui inquiétait Van Straten. Sa main trembla un peu au moment où il porta un verre d'eau à ses lèvres. Puis il reporta à nouveau son attention vers les écrans. Malgré tous ses efforts, il n'avait pas réussi à localiser directement l'information qu'il cherchait. Pourtant, la séquence était quelque part dans le Programme Dirac, c'est-à-dire dans la machine. Au moment où il avait déchiffré les signaux émis par le cerveau mourant de Dirac, il avait drainé tout le contenu de son « esprit » dans l'ordinateur, y compris, parmi les milliards d'autres informations, la fameuse séquence.

Mais cette information était inaccessible. Elle avait été stockée dans un ou plusieurs fichiers impossibles à atteindre.

Et puis, il y avait autre chose. Depuis douze jours que le Programme Dirac avait été mis en place, il n'avait cessé de devenir de plus en plus complexe, s'enrichissant de lui-même. Certaines informations de base avaient été recombinées quelques jours après le début de l'expérience, sans que Van Straten intervienne ; aujourd'hui, le programme de base sur lequel reposaient le modèle du monde où « vivait » Dirac ainsi que la structuration de sa conscience était beaucoup plus complexe. Des personnages et des situations imprévisibles étaient apparus dans le monde de Dirac, cela à la grande surprise de Van Straten. Ainsi, les éléments de mémoire, les techniques de codage et les capacités de stockage dans différents sous-systèmes échappaient maintenant au contrôle direct de Van Straten. Il ne pouvait plus intervenir sur le programme qui, désormais, était quasiment autonome. Tout ce qu'il pouvait faire, c'était détruire l'ensemble du programme lorsque le moment serait venu. Une arme ultime et, en somme, peu satisfaisante.

Van Straten était fatigué. Il dut atténuer le contraste sur l'écran de contrôle où défilaient continuellement des centaines de données. La machine traitait à chaque seconde des milliards d'opérations. L'unité centrale appelait constamment des informations et chaque élément de mémoire effectuait ses propres calculs en décidant de manière indépendante de l'action à entreprendre au sein du système.

À un moment, il releva la tête. Ses doigts coururent sur le clavier avant de regarder l'écran à nouveau. Il poussa un profond soupir. Décidément, le programme se comportait de plus en plus selon des modes qui n'avaient pas été « programmés » ; les routines d'interférences continuaient bien de fonctionner, mais selon des processus de moins en moins prévisibles.

C'était un problème. Van Straten se retourna légèrement lorsque le président passa à sa hauteur. Il n'osait pas lui faire part de ce qui le préoccupait maintenant. De toute façon, il serait fixé dans quelques minutes.

Il n'y avait plus qu'à attendre.

69.

Dès qu'il fut dehors, Antoine marcha d'un pas décidé vers le hangar. Il savait ce qui lui restait à faire. Son plan avait une chance sur deux de réussir, mais de toute façon, il devait tenter de l'appliquer.

Il devinait déjà la masse sombre de la batteuse, lorsqu'un bruit monta près du hangar. Il se figea sur place et attendit, le cœur battant. On était en train de parler à voix basse sans qu'il pût comprendre ce qui se disait. Sans faire de bruit, il avança vers les voix et se cacha derrière la batteuse lorsqu'il aperçut deux silhouettes appuyées contre la gerbière. Il respira profondément, les lèvres serrées, lorsqu'il reconnut Juliette et Roger, très près l'un de l'autre, en train de se dire des choses qu'il entendait à peine. D'un coup, la jalousie fut sur lui, emportant tout sur son passage, brutale, aveugle. Tout. Il oubliait tout. Sa situation invraisemblable, le plan qu'il avait élaboré pour essayer de survivre, tout cela était irrésistiblement emporté par ce qu'il voyait, là, devant lui. Il resta un moment ainsi, parcouru de pensées incohérentes où revenait sans cesse l'image de Juliette. Et puis un petit rire le secoua qui lui fit mal. Quelques jours auparavant, il en aurait encore été à s'interroger sur la conduite de Juliette, à chercher derrière ses gestes des motivations humaines ; mais maintenant, il devait examiner chaque paramètre de sa vie à la Julian avec une lucidité nouvelle.

Juliette n'était qu'une série d'impulsions électroniques dont le comportement s'expliquait par les millions de connexions qu'elle entretenait avec d'autres programmes. Si elle était ici, avec Roger, ce n'était pas parce que, contrairement aux apparences, elle l'avait librement décidé, mais en raison de paramètres qu'il fallait chercher ailleurs. Peut-être dans des combinaisons aléatoires créées par l'ordinateur, peut-être même dans la volonté de ceux qui manipulaient l'ensemble du Programme Dirac, depuis un univers désormais inaccessible. C'était lui que Van Straten et les autres cherchaient à atteindre ; et s'ils ne pouvaient le faire directement, peut-être essayaient-ils de modifier certaines parties du programme, comme ils l'avaient fait avec Morvan, Roger et d'autres événements destinés à lui faire dire son secret. Une forme de chantage, en somme. Et de ce point de vue, Juliette n'était qu'une pièce de plus sur l'échiquier électronique.

À présent, il se sentait plus calme. Il respira encore une fois puis s'avança vers la gerbière. Ce fut Roger qui l'aperçut en premier. Il s'écarta précipitamment de Juliette et dit presque timidement :

« Ah ! c'est toi ? Je… on t'a pas entendu arriver. »

Comme Antoine ne disait rien, Roger ajouta, très vite :

« On prenait le frais, en discutant. »

Tout en parlant, Roger arrachait sans cesse des poignées de paille à la gerbière. Quant à Juliette, elle n'avait pas bougé. Ce fut pourtant elle qui rompit le silence en disant :

« Je ne pouvais pas dormir. J'avais besoin de parler à quelqu'un. Et comme Roger était encore dans la cuisine… »

Ce dernier paraissait de plus en plus nerveux. Tout en continuant de triturer la paille, il finit par dire :

« Bon, eh bien, moi, je vais me coucher. Allez, à demain. »

Sur ce, il enjamba les gerbes tombées à terre et disparut derrière la batteuse. Resté seul avec Juliette, Antoine la regarda longtemps sans rien dire. Elle semblait s'appuyer très fort contre la gerbière, comme si ce mur de paille représentait la seule chose solide à laquelle elle pût se raccrocher. Au bout de plusieurs minutes elle souffla enfin :

« Antoine, je...

— Qu'est-ce qu'il y a ?

— Je ne sais pas ce qui m'arrive, dit-elle très vite. Ne me demande pas pourquoi, mais tu me fais peur.

— Peur ? Mais il n'y a aucune raison... »

Il avait menti. Il y avait au contraire toutes les raisons pour qu'elle ait peur. Peut-être qu'une série d'interférences dans le programme avait véhiculé un certain nombre d'informations dans sa « conscience » et qu'elle ressentait maintenant les effets de ce qu'il appelait autrefois, dans son jargon, les « pollutions de données ». Il s'avança vers elle et, brusquement, la prit dans ses bras pour la serrer très fort contre lui. Cette fois, elle ne tenta pas de l'écarter mais tremblait de tous ses membres, malgré les efforts qu'elle faisait pour se contrôler.

« Assieds-toi », dit-il.

Ils s'adossèrent à une pile de gerbes tombées à terre. Il y eut un silence, puis il demanda :

« Tu ne te sens vraiment pas bien ? »

Elle hésita quelques secondes et finit par murmurer :

« J'ai l'impression que quelque chose va nous arriver. Je ne peux pas te dire ce que c'est, mais j'en suis sûre, tu comprends ? »

Elle avait levé le visage vers lui. Même dans l'obscurité, il pouvait deviner l'expression affolée de son regard. Au son de sa voix, à la façon dont elle serrait si fort ses doigts dans les siens, il comprit qu'elle allait éclater en sanglots. Il chercha quelque chose à dire, mais aucun mot ne venait. Il ne pouvait pas lui parler de ce qui se passait vraiment à la Julian. D'ailleurs, elle ne comprendrait pas. Pour elle, le monde extérieur était inimaginable.

« C'est sûrement à cause de l'enfant que tu attends », dit-il pour essayer de la rassurer.

Elle secoua violemment la tête.

« Non, non. Ce n'est pas ça. »

Les derniers mots avaient eu du mal à passer dans sa gorge. Ils étaient sortis de sa bouche tout déformés, presque des cris. Antoine imaginait ce qui devait se passer en elle, la détresse qui l'envahissait. Et il cherchait toujours quelque chose à dire.

Sa gorge se serra lorsqu'il entendit Juliette pleurer doucement dans la nuit, la tête penchée sur ses genoux. Ses cheveux étaient tombés en avant, masquant son visage d'une ombre à peine plus claire que la paille. Il passa sa main sous la taille de la jeune fille et l'attira contre lui, à l'abri de sa poitrine. Il y eut un long silence pendant lequel il se laissa envahir par un flux contradictoire d'émotions. Des souvenirs très anciens lui remontèrent en mémoire, des souvenirs de sa vie réelle, lorsqu'il appartenait encore au monde extérieur. À cette époque lointaine, il était très jeune encore ; brillant chercheur, l'Institut national des Sciences informatiques de Paris l'avait envoyé à Los Angeles pour participer à un congrès sur la synthèse de l'intelligence. Invité par hasard dans une soirée, il avait rencontré une jeune fille. Dès qu'il avait ouvert la porte du jardin, il l'avait vue. D'abord son grand front, soutenu par deux yeux vert clair, presque bleus, qui étincelaient de lumière. Quand il s'était avancé vers elle, il avait remarqué sa bouche finement ourlée. La lèvre inférieure était plus ouverte, et une étrange expression venait s'y appuyer, comme une sorte de détachement ou d'ennui subtil. Sa silhouette était longue, un peu fragile, faite d'un étrange mélange de distinction et peut-être d'autre chose qu'il ne pouvait pas définir.

Alors il s'était approché encore, pour mieux la voir. Ses yeux étaient intenses, fragiles, intelligents, et semblaient receler de la sorte une pensivité retenue, un secret mis en réserve non point derrière le regard, mais au-dessus, vers le front. Le tracé de son visage était parfait parce que simple, immédiat, et cependant mûr comme ces cercles qu'il faut toute une vie pour apprendre à faire d'un seul geste souverain.

À présent, dans la lumière, ils étaient très près l'un de l'autre. Il y avait en elle l'impassibilité que donne la sagesse lorsqu'elle est extrême, mais aussi une folie indifférente à tout, peut-être le refus de l'ordre, à l'infini.

En la regardant, il avait d'abord cru la connaître. Mais l'instant d'après, elle lui résistait, pour perdre finalement tous les adjectifs qu'un moment plus tôt il lui décernait ; alors il était entré dans cette suspension du sens, ce qui était pour lui le sentiment le plus étrange puisqu'il n'arrivait à saisir en elle que la nuance de ce que, précisément, il ne pourrait jamais saisir.

Il le savait, mais ne put s'empêcher de lui demander son nom. Elle s'appelait Marie-Anne. Quand elle lui avait répondu, dans ce jardin enchanté, il avait connu ces gerbes d'instants qui donnent une sorte de valeur éternelle à l'éphémère. Il avait su qu'il l'aimait.

Il la voyait, et sur la terre du jardin, il rêvait, comme à une mémoire future qui lui faisait signe.

À présent, près de Juliette, il retrouvait tous ses souvenirs, les rassemblait dans le détail, jusqu'à ces choses insignifiantes qui sont là, dans la vie, avec le matin et avec le soir, quand on partage le tout et le rien de l'existence à deux. Il se souvenait de Marie-Anne comme on se souvient de soi. Un soir, ils avaient marché ensemble sur une plage de Venice. Partout le sable, à perte de vue, et la mer, noire, immense, illimitée. Ils étaient seuls. Silencieux, parce que le silence de l'océan était le plus fort. Alors ils s'étaient couchés l'un contre l'autre dans le sable encore tiède. Le vide au centre du ciel, la fraîcheur de l'air libre, tout cela les tenait très près l'un de l'autre, comme si cet instant devait durer toujours. Ils s'embrassaient. Ils avaient le même regard, ils partageaient le silence inépuisable du ciel, du sable et de la mer.

Et puis Marie-Anne s'était assise. Les yeux fermés, la tête renversée en arrière sous la lueur des étoiles, les bras serrant ses genoux, elle avait dit à Antoine qu'elle l'aimerait toujours.

Plus tard, il était reparti vers Paris. Il écrivait souvent, lui parlait au téléphone, aussi. Elle n'était jamais tout à fait la même. Certains soirs, elle ne disait presque rien, comme si elle était perdue dans un rêve triste, et irremontable. À d'autres moments, elle était gaie, et à travers les grésillements du téléphone, Antoine pouvait imaginer ses yeux verts et brillants qui inventaient toujours une nouvelle étincelle.

Et puis, un soir, Marie-Anne était rentrée chez elle pour placer ses deux mains sur la table de noyer blanc qui lui servait de bureau. Elle avait réfléchi longtemps. Mais elle devait l'écrire, cette lettre, la dernière qu'elle enverrait à Antoine. Après, elle avait pleuré longtemps, sans faire de bruit, à petits sanglots calmes, comme on respire.

Cette lettre, Antoine ne l'avait jamais oubliée. Il l'avait relue cent fois, dans l'espoir qu'il pourrait faire dire autre chose aux mots qui étaient écrits. Il ne comprenait pas. Peut-être lui avait-il manqué ce soupçon d'indifférence, ce rien de faute, cette ombre de détachement qui transforme l'amour en pleine liberté sans jamais étouffer le désir et les êtres qu'il traverse ?

Peut-être.

Mais il n'avait jamais réussi à oublier complètement Marie-Anne. Aujourd'hui encore, il l'aimait, comme la première fois dans le jardin.

Tout à coup, il sursauta.

Il avait fallu le travail de ces souvenirs anciens, venus d'un autre monde, pour qu'il réalise que Juliette et Marie-Anne ne faisaient qu'un. Elle avait les mêmes yeux vert clair, le même front étonnant, la même bouche un peu grave, la même voix, à la fois fragile et forte.

Pris d'une sorte de vertige, il se força à respirer. Puis il réfléchit, essayant de trouver une explication logique à sa découverte. Au moment de sa mort, l'ensemble de ses souvenirs avaient été transférés dans l'ordinateur. Marie-Anne faisait partie de ces souvenirs, elle en était sans doute l'un des thèmes les plus forts, même si son image avait été refoulée aussi loin que possible de sa conscience claire.

Or, pendant trente-sept ans de sa vie subjective, à l'intérieur de l'ordinateur, il n'avait connu aucune femme. C'était sûrement la source d'un déséquilibre affectif qui aurait pu s'accentuer si l'ordinateur n'avait pas de lui-même élaboré une solution. Car comme toute émotion, l'amour implique des processus complexes, produits par des interactions entre des motivations, des croyances, des perceptions qui se ramènent à une sorte de grammaire subtile de l'Être. Du point de vue d'un informaticien, l'émotion amoureuse pouvait être interprétée comme un facteur donné dans un système, c'est-à-dire un mécanisme exerçant une pression sur une configuration capable de s'adapter pour produire un état d'équilibre plus ou moins stable. Si on acceptait l'idée selon laquelle l'émotion était la tendance ressentie envers ou contre un objet, on pouvait considérer que la réponse à cet état n'était qu'une régulation dont la forme finale d'équilibre pouvait être programmée.

C'était pour cela que Marie-Anne avait été localisée dans les milliards d'informations qui faisaient partie de lui. L'ordinateur avait jugé nécessaire d'intégrer ce souvenir dans la « vie » d'Antoine, c'est-à-dire dans le programme principal.

Cette arrivée tardive de Marie-Anne/Juliette dans son existence était très riche d'enseignements. En effet, cela voulait dire que certaines instructions du programme principal échappaient à ceux de l'extérieur. L'ordinateur gardait certains éléments en mémoire et il les insérait dans le programme lorsque c'était nécessaire, sans que Van Straten intervienne. Et cela signifiait surtout que l'ordinateur pouvait être en quelque sorte « reprogrammé » de l'intérieur, à condition que la pression interne soit suffisante.

Antoine se redressa un peu sur la paille. Ce qu'il venait de découvrir le confirmait dans les hypothèses qu'il avait élaborées dans sa chambre. Il tenait peut-être un moyen de changer le cours des choses.

Il attira Juliette contre lui plus près encore. Elle avait cessé de pleurer et regardait devant elle. Dans l'obscurité, il devinait son profil si droit, sans défaut. Il l'avait aimée dans une vie antérieure, il l'aimait toujours, il l'aurait aimée dans toutes les vies.

Lentement, les minutes coulaient. Autour d'eux, la nuit passait, à peine visible. Elle allait dans l'air tiède, frôlant la terre sans la toucher vraiment.

Tout à coup, Juliette eut un sursaut. Elle poussa une sorte de plainte, puis se raidit dans les bras d'Antoine.

« Qu'est-ce qu'il y a ? » demanda-t-il.

Elle ne répondit pas tout de suite, comme si elle devait faire de grands efforts pour respirer. Puis elle finit par dire, en haletant :

« Je… ne sais pas. J'ai… mal. »

Il se redressa brusquement pour lui faire face. La prenant par les épaules, il demanda d'une voix inquiète :

« Où ça ?

— Partout ! J'ai mal partout !

— C'est peut-être à cause de ton bébé…

— Non… non ! Ça me brûle à l'intérieur. »

Elle poussa alors un cri rauque, d'une voix méconnaissable. Puis elle repoussa Antoine en se débattant violemment, avec une force stupéfiante. Déjà, elle était debout. Des mots incohérents sortaient de sa bouche. Elle marchait en chancelant, fit trois pas de côté, sembla revenir un instant vers Antoine les mains tendues en avant, puis s'écroula dans l'herbe.

Il ne comprit pas tout de suite ce qui venait de se produire. Tremblant de tous ses membres, il s'agenouilla près d'elle, la prenant par les épaules afin de la retourner sur le dos. Un râle affreux sortait de sa gorge en sifflant. Il la gifla violemment pour la ranimer mais elle ne bougeait plus. Ses membres étaient mous, et elle semblait tout à coup très légère, presque fluide.

Rapidement, il la prit dans ses bras pour la transporter dans sa chambre. Tout se bousculait dans sa tête. C'est presque en courant qu'il traversa le couloir avant de déposer la jeune fille sur son lit. Il alluma la lumière et observa son visage. Ses traits étaient déformés par une expression de détresse, comme si elle avait éprouvé une douleur insupportable. Elle était inconsciente. Sa respiration était calme et elle ne gémissait plus.

Sans lui lâcher la main, il s'assit près d'elle. Il n'avait pas encore eu le temps de penser vraiment. Mais à présent qu'elle était là, inconsciente, voilà qu'une immense colère montait en lui. Cette colère lui était venue brusquement, sans prévenir, parce qu'il comprenait ce qui était en train de se passer.

« Les salauds, les salauds ! » murmura-t-il.

Un sanglot étrangla sa gorge. Des larmes de rage venaient de jaillir de ses yeux, faisant un bruit mat chaque fois qu'elles tombaient sur la robe de Juliette. Il se sentait écrasé par une force colossale qui le laissait là, sur ce lit, complètement impuissant. Il était inutile d'appeler un médecin. Personne, ici, ne pourrait la soigner ou même comprendre ce qui lui était arrivé. Personne.

Mais lui, il savait.

70.

Van Straten suait à grosses gouttes. Il ne pouvait maîtriser les tremblements qui agitaient ses doigts. Il se mordit la lèvre sur un sourire naissant avant de dire au président presque en criant :

« Cette fois, monsieur le Président, je crois que nous avons gagné. »

Le président regardait l'écran, mais il ne comprenait rien à cet enchaînement rapide de symboles.

« Gagné quoi ? » demanda-t-il.

Van Straten ne put s'empêcher de rire. Il pointa son index vers une séquence de symboles qui clignotaient sur l'écran.

« Regardez, glapit-il. C'est gagné, je vous dis. »

Le président fit un pas de côté et le regarda en fronçant les sourcils. Une nuance de menace passa dans sa voix lorsqu'il demanda en détachant ses mots :

« Voulez-vous m'expliquer ce qui se passe ? »

Cette fois, Van Straten se calma.

« Eh bien, je crois que j'ai trouvé un moyen direct de faire pression sur Dirac.

— Que voulez-vous dire ? »

Van Straten se cala sur son siège. Le cuir du fauteuil crissait agréablement à chaque mouvement.

« Tout simplement, continua-t-il, j'ai réussi à isoler un

élément du programme qui, dans l'univers de Dirac, présente une grande importance.

— Comment le savez-vous ?

— J'ai constaté que le programme principal s'était considérablement enrichi depuis quelques heures. Toutes sortes de données imprévues ont été intégrées au logiciel de base. En particulier, j'ai repéré des fonctions récurrentes entre deux parties du programme. »

Le président fit pivoter le siège de Van Straten et le regarda droit dans les yeux.

« Écoutez-moi, Van Straten. Vous n'êtes pas à l'Université. Épargnez-moi vos digressions. Qu'est-ce que vous voulez dire, au juste ? »

Van Straten soupira et finit par répondre :

« Pour résumer la situation, j'ai constaté que Dirac était entré en dialogue avec un acteur qui n'était pas "prévu" au programme. En examinant certaines données, j'ai pu en déduire qu'une sorte de dépendance affective existait entre Dirac et le personnage en question.

— Vous voulez dire que…

— Que Dirac est "amoureux" d'un des personnages qui l'entourent dans son petit univers. Les données que j'ai pu examiner sont aléatoires et montrent par conséquent qu'il s'agit là d'événements purement émotionnels. »

Le président fit quelques pas de côté puis se retourna brusquement.

« Et alors ? » demanda-t-il.

Un mince sourire éclaira le visage de Van Straten.

« Eh bien, j'ai réussi à localiser les données de ce programme aléatoire et à en modifier certaines instructions.

— Ce qui veut dire ?

— Que "là-bas", le personnage avec lequel Dirac a des liens affectifs est neutralisé. Cette partie du programme a cessé de fonctionner ; autrement dit, cette femme doit être inconsciente, à présent. »

Le président hocha la tête, l'air pensif.

« Très bien, dit-il. Je suppose que Dirac va se montrer plus raisonnable, à présent.

— Exactement, répondit Van Straten. D'autant que nos "doublures" sont déjà là-bas et qu'elles vont se charger de lui expliquer la situation. »

Le président avait repris sa marche de long en large, les mains derrière le dos. Sans se retourner, il demanda simplement :

« Combien de temps reste-t-il avant l'expiration du délai ? »

Van Straten regarda sa montre.

« À peu près trois minutes », répondit-il.

71.

Lorsque Antoine s'était éveillé, un peu avant l'aube, Juliette était toujours dans le même état. Sa respiration était calme, mais elle ne bougeait pas. Doucement, il avait marché vers la fenêtre pour ouvrir les contrevents. Immédiatement, il sentit une odeur particulière dans l'air. Le vent d'ouest s'était levé, charriant de gros nuages qui annonçaient la pluie.

Quand Antoine était descendu dans la cuisine, le patron était déjà là, l'air maussade.

« Avec ce temps, on pourra pas dépiquer aujourd'hui », bougonna-t-il.

En d'autres circonstances, Antoine aurait ressenti la même déception que le patron. Mais ce matin, la pluie le délivrait d'un grand poids. Il n'aurait pas eu le courage de travailler avec tout ce qui était en train de se passer depuis hier. Quand la patronne descendit, il lui dit :

« Il faudra appeler le docteur. Juliette est malade. »

Elle leva vers lui de grands yeux étonnés.

« Ah bon ? fit-elle. Qu'est-ce qu'elle a ? »

Il haussa les épaules. Pouvait-il lui dire que certaines instructions du Programme Juliette avaient été modifiées ?

« Je ne sais pas, murmura-t-il. Le docteur nous le dira. »

Mais comme il s'y attendait, le médecin ne put rien dire de plus. Le gros homme était arrivé une heure plus tard, avec la pluie. Lorsqu'il était ressorti de la chambre de Juliette, il avait simplement annoncé à la patronne :

« Elle souffre d'un mal que je ne connais pas. Je reviendrai demain matin, avec un collègue qui va l'examiner. En attendant, couvrez-la bien, pour qu'elle ne prenne pas froid. »

Puis il était sorti sans se faire payer, comme si l'absence de diagnostic ne méritait aucun argent.

« Avec tout ça, on est bien avancés ! » soupira le patron.

Roger regarda son père avec une expression étrange. Ses yeux reflétaient comme une sorte de peur. Seul Pellaroque continuait d'être serein. Il buvait tranquillement son café en disant :

« Elle s'en sortira, allez. La pauvre Marguerite m'a fait la même chose, comme ça, sans raison. Elle est restée dans les pommes pendant trois jours avant de se réveiller, comme si de rien n'était, toute fraîche. »

Antoine ne dit rien. Il buvait son café en regardant la place vide de Juliette, au coin de la table. Une immense fatigue écrasait ses épaules, aussi lourde que la pluie qui battait le sol dans la cour. Un grand dégoût était en lui. Ne devait-il pas céder ? Après tout, peut-être que « là-haut » ils tiendraient leur promesse, et que dès qu'ils seraient en possession de la séquence, tout pourrait continuer normalement. À plusieurs reprises, il dut faire un grand effort de volonté pour repousser cette idée. Car il savait qu'il se mentait à lui-même. Que son secret restait encore sa seule arme de négociation.

La journée lui parut interminable. Vers quatre heures seulement, la pluie avait cessé de tomber, tandis que le vent emportait de gros nuages bas vers l'horizon. Avec Pellaroque, Roger et le patron, il avait rangé les bottes de paille dans le fond de la travée, pour dégager l'entrée. Pour la première fois de sa vie, Antoine s'était trouvé en proie à l'idée que ce travail n'avait aucun sens. Il remuait la paille, mais sentait que chacun de ses gestes était dérisoire. Il piquait la botte avec son crochet, la déplaçait, la reposait un peu plus loin, mais pour quoi faire ? Y aurait-il seulement d'autres jours pour profiter de toute cette paille ? Est-ce que demain, tout ne serait pas englouti dans le néant, jusqu'au dernier brin de cette paille qu'ils remuaient avec tellement d'ardeur ?

Alors la colère revenait. Et il essayait de s'accrocher à elle, parce qu'elle lui donnait des forces. Il pensait au plan qu'il avait échafaudé, sachant qu'il devait tenter cette nuit ce qu'il n'avait pu faire la veille, à cause de Juliette. Ces salauds avaient cherché à l'atteindre à travers elle, eh bien, ils allaient voir. Il leur montrerait ce dont il était capable, même s'il n'était qu'une série d'impulsions électroniques véhiculées par des plaques de silicium.

Vers cinq heures, il était allé jusqu'à l'étang pour faire boire le bétail. Il remontait vers l'étable lorsqu'il vit les deux hommes passer derrière la haie et marcher à sa rencontre.

« Bonjour, monsieur Dirac », fit le président en s'arrêtant en face de lui.

Antoine serra les poings et dut se contenir pour ne pas foncer sur les deux hommes. Cela n'aurait servi à rien. Les personnages qui étaient là n'étaient que des images, des simulations programmées. Les modèles réels étaient à l'extérieur, inaccessibles.

« Je pense que vous avez compris, maintenant, ajouta le président. Si vous ne nous donnez pas la séquence, votre… fiancée mourra. C'est clair ? »

Cette fois, Antoine ne put se retenir. Il bondit vers les deux hommes dans l'intention de les écraser avec ses poings.

Mais il s'arrêta net, figé par la surprise.

Ses poings n'avaient trouvé que le vide. Emporté par son élan, il avait traversé le corps des deux hommes sans rencontrer la moindre résistance. Le président le regardait en souriant.

« Je vous croyais plus intelligent, monsieur Dirac », dit-il. Antoine laissa ses bras retomber le long du corps. Il réfléchit un instant avant de dire :

« Vous m'aviez promis trois jours.

Les deux hommes se regardèrent. Puis le président ajouta :

« C'est exact, monsieur Dirac. Nous avons simplement voulu vous donner un avertissement. Si vous n'obéissez pas, votre fiancée disparaîtra à tout jamais. Ensuite, ce sera le tour de tous vos compagnons. Nous les anéantirons un à un, jusqu'à ce que vous vous retrouviez complètement seul. »

Il y eut un silence, puis ils se volatilisèrent sous les yeux d'Antoine. Il resta là quelques minutes, regardant devant lui, à l'endroit qu'occupaient les deux hommes un instant plus tôt. La colère était toujours en lui, plus forte que jamais.

Il avait besoin d'elle. Car cette nuit, tout allait se décider.

72.

Après dîner, quand il était monté dans sa chambre, Antoine ne s'était pas couché. Il avait simplement attendu que la maison s'endorme. Assis sur son lit, il avait longtemps réfléchi à ce qu'il allait faire. Il prendrait le risque de s'anéantir lui-même, de détruire le monde qui l'entourait, mais il n'avait pas le choix.

Alors, vers onze heures, quand il entendit les ronflements du patron à travers la porte, il quitta sa chambre.

Dès qu'il fut dehors, il se sentit encore plus calme, comme s'il eut avancé avec la certitude de se trouver vraiment sur le bon chemin, sans se tromper.

Il marcha rapidement vers le hangar, sans faire attention aux deux chiens qui aboyaient dans leur niche. Comme la nuit était sans étoiles, il dut se diriger à tâtons entre la batteuse et les travées de paille qui montaient jusqu'aux poutres. Puis il s'enfonça entre deux rangées de gerbes, jusqu'à ce qu'il atteigne le milieu du hangar. Là, il s'arrêta, respirant à grands coups le parfum qui montait de la récolte.

Tout à coup, il hésita. Devant cette montagne de gerbes qui leur avait demandé tellement de travail, il ne savait plus s'il aurait la force d'aller jusqu'au bout de ce qu'il avait décidé. Tout s'agitait dans sa tête, tout remuait, sans trouver la bonne place.

Puis il pensa à Juliette, inanimée sur son lit. Il imagina Van Straten, en train de trafiquer les données du programme. Il revint à Juliette, à celle qu'il aimait et qui gisait inconsciente.

Et la colère se rassembla à nouveau au fond de lui. Aussi solide qu'une voûte sur laquelle il pouvait construire.

Alors, sans trembler, il fouilla dans sa poche, se saisit de son briquet et l'alluma. La petite flamme jaune fit danser des ombres très loin sous les poutres. Lentement, il approcha le briquet jusqu'à frôler les gerbes. Aussitôt, de petits crépitements se firent entendre et une flamme minuscule courut comme à regret le long d'un brin de paille avant de grandir très rapidement à mesure qu'elle s'enfonçait dans les profondeurs sèches de la gerbe.

Il se recula un peu et alluma une autre gerbe, et une autre encore. Puis il courut vers la batteuse et mit le feu au tas de paille qui était en dessous. La pluie ne l'avait pas touché et les flammes montèrent très vite vers les vieux bois de la machine.

Antoine recula vers la presse. Il se sentait électrisé, habité par un orage qui venait de lâcher sa foudre. Sous le hangar, le feu grandissait en faisant un bruit sourd. Des gerbes d'étincelles rouges s'envolaient dans la nuit, tourbillonnant avec le vent. Un nuage de fumée très blanche roulait sous les poutres, cherchant vainement un chemin vers le ciel.

Antoine s'assit un moment sur le timon de la presse.

Trop tard pour revenir en arrière. Tout un pan de la gerbière était dévoré par les flammes. La chaleur refluait vers la cour en ondes inégales, soulevant des vagues de poussière sur son passage. Il y avait quelque chose d'impressionnant dans cette force brûlante qui s'attaquait à la forteresse de paille. Dans la lumière rouge orangé, tout bougeait, tout craquait, tandis que de longues déchirures lumineuses apparaissaient sur le flanc de la gerbière.

Quand il fut certain que le feu ne pourrait plus être maîtrisé, Antoine se leva pour reculer au milieu de la cour, sans détacher son regard du brasier. Puis il marcha vers la maison, accompagné par des nuées molles qui traînaient au-dessus du sol. Tranquillement, il ouvrit la porte et grimpa vers la chambre du patron.

Ce dernier ronflait comme un vieux chien lorsqu'il fit irruption dans sa chambre.

« Patron, cria-t-il l'air affolé. Réveillez-vous, vite… »

Le vieux grogna dans l'obscurité.

« Qu'est-ce… qu'est-ce qu'il y a ? » demanda-t-il d'une voix pâteuse.

Antoine n'eut pas besoin de répondre. Au premier coup d'œil par la fenêtre, le vieux avait vu les reflets sinistres de l'incendie. Aussitôt, il secoua brutalement sa femme qui dormait à ses côtés.

« Germaine, lève-toi vite. Il y a le feu au hangar. Va réveiller les autres. »

C'était inutile. Alertés par ces bruits inhabituels, Pellaroque et Roger étaient déjà sur le pas de la porte.

« Roger, cours au village, cria le patron en sautant de son lit. Ramène-nous le plus de monde possible, avec des seaux. »

Dès qu'ils ouvrirent la porte de la cuisine, ils sentirent la chaleur de l'incendie. Les murs des bâtiments attenant à la maison renvoyaient le bruit des flammes qui se poursuivaient, se mêlaient les unes aux autres, sans laisser à l'écho le temps de respirer. On aurait pu penser au souffle profond d'une chute d'eau ou d'un énorme orage ; les sons étaient comme roulés dans un grondement de lumières et d'étincelles.

Antoine était fasciné. L'angoisse serrait sa poitrine, mais en même temps, il était pris d'une sorte de vertige devant ce feu immense qui allait de toutes ses forces vers le haut. Des débris enflammés montaient dans l'air brûlant avant de retomber en tourbillonnant dans les remous de l'incendie où tout devenait lumière.

Le patron était hébété. Lui aussi regardait ce brasier plus fort que lui, sans savoir que faire. Tout son travail s'émiettait en brûlant, grain par grain. Le feu vivait furieusement, et il était en train de tuer le travail des hommes.

Antoine et le patron allèrent vers l'abreuvoir et saisirent

deux seaux. Mais que pouvaient-ils faire avec quelques litres d'eau contre ce monstre qui ne les laisserait même pas approcher ? Antoine se mit à trembler et son visage fut soudain inondé de sueur. La batteuse gémissait dans les flammes. Il regarda disparaître la machine dans une nuée de braises rouges.

« C'est pas possible, c'est pas possible », murmurait le vieux. Son visage était ruisselant, et nul n'aurait pu dire si c'était à cause des larmes ou de la sueur.

Toute la nuit, ils luttèrent contre l'incendie. Les quatre-vingts habitants du village, ou presque, étaient venus à l'appel de Roger pour aider à éteindre les flammes. Très vite, une longue chaîne s'était formée entre l'abreuvoir et le hangar pour faire passer les seaux d'eau que les hommes jetaient dans le brasier. Les cheveux hirsutes, l'air hagard, le vieux gueulait de tous les côtés pour donner des ordres, mais c'était inutile. À chaque fois qu'on croyait avoir éteint l'incendie d'un côté, il repartait de plus belle un peu plus loin. Vers quatre heures du matin, on éloigna tout le matériel qui pouvait encore être sauvé, tandis que les flammes dévoraient les grandes poutres maîtresses soutenant le toit.

Et lorsque l'aube arriva, jetant sa première lueur bleue sur la campagne, le hangar n'était plus qu'un monticule de braises fumantes à demi recouvert par les débris de la toiture écroulée.

Il régnait dans ce matin un étrange silence. Personne n'osait parler, mais tous les habitants du village regardaient le patron. Les yeux humides, ce dernier était debout, un seau inutile encore à la main. Il ne pouvait détourner la tête des décombres fumants que formait désormais le hangar sous lequel avait été amassé le fruit d'une longue année de travail.

À pas lents, Pellaroque s'approcha du patron. Il était peut-être le seul à pouvoir lui parler, maintenant.

« T'en fais pas, va, Guillaume, dit-il en poussant un sourire au coin de sa moustache. Tu n'as pas tout perdu, puisqu'une partie de la récolte est déjà dans des sacs, au grenier. »

Comme le patron ne répondait pas, Pellaroque continua d'une voix plus forte :

« Un hangar, tu sais, ça se reconstruit vite. Quand j'étais jeune, avant 1914, il m'aurait pas fallu plus de quinze jours pour le remonter, ce hangar.

Quelques soupirs se firent entendre, ici et là, dans l'assemblée. Pellaroque avait toujours su amuser tout le monde. Avec son sourire à la moustache, il savait trouver les mots qu'il fallait pour détendre l'atmosphère, et comme il le disait souvent lui-même, « ce n'était pas son âge qui allait le faire taire ».

Au bout d'un long moment, le patron se tourna vers Pellaroque et lui dit en le regardant droit dans les yeux :

« Tu as raison, Augustin. Ce hangar sera debout avant l'hiver.

— On y arrivera », répondit simplement Pellaroque.

Avec ces premières phrases, des murmures commencèrent à monter dans l'air frais du petit matin. On se remettait à causer, à se rouler une cigarette, mais en parlant encore à voix basse, comme dans la chambre d'un mort qui commande le respect. Même Lartigues, qui avait perdu son matériel de battage, discutait avec le facteur, un mégot collé à ses lèvres.

« De toute façon, il faudra bien que l'assurance paie », disait-il, les mains dans les poches.

Antoine s'était approché. Il pouvait entendre la conversation des deux hommes portée par l'air qui sentait fort la fumée.

« Toi encore, tu n'es pas à plaindre, répondit le facteur. Mais si le vieux ne peut pas prouver que c'est un accident, il ne sera jamais remboursé. »

Antoine se mordit les lèvres. C'était lui qui avait mis le feu à la paille. Personne ne s'en douterait jamais. Mais ce secret n'était rien à côté d'un autre secret plus terrible qui continuait de peser sur sa poitrine. Lentement, il s'éloigna des deux hommes et marcha vers le patron. Lorsqu'il le vit, celui-ci lança :

« Ah ! tu es là, toi ? Va aider la patronne à préparer une bonne poêlée pour le déjeuner. Ce n'est pas à cause d'un feu qu'on va tous se laisser crever de faim. »

Antoine tourna les talons pour se diriger vers la maison. Connaissant le vieux, il avait senti que ce dernier luttait de toutes ses forces contre une grande peine. Pourtant, il ne regrettait pas ce qu'il avait fait. Si tout était à refaire, il ne changerait pas un seul de ses gestes. À nouveau il sortirait son briquet pour allumer l'incendie.

Car un hangar, ça se reconstruit. Le brasier de cette nuit n'était rien auprès de ce qui pourrait encore arriver si son plan échouait. Avec un long frisson, Antoine se souvint qu'ils étaient tous à la merci de quelques doigts effleurant le clavier d'un ordinateur. Cette nuit, il n'avait pas vu les flammes, mais au-delà de ce rideau de feu, un homme qui se tenait prêt à vider les mémoires de l'ADM 100 S. C'était contre lui qu'il luttait, prêt à profiter de la moindre faute qu'il commettrait.

Rien n'était encore joué.

Mais au moment où, luttant de toutes ses forces contre la fatigue, il entra dans la cuisine, il avait la conviction que la première partie de son plan était en train de réussir.

73.

Van Straten avait brusquement relevé la tête au moment où une lumière rouge s'était allumée sur la console en clignotant. Une sueur froide monta dans son dos et le fit frissonner.

Quelque chose n'allait pas.

À cet instant, Ruysberg s'arrêta dans le dos de Van Straten et demanda :

« Que se passe-t-il ?

— Je... je l'ignore, répondit Van Straten en se mordant les lèvres. Le voyant d'alarme générale vient de s'allumer comme si... »

Ses doigts coururent nerveusement sur la con-sole.

« Je crois que ça vient de l'unité centrale. Les circuits sont surchargés. »

Il enfonça rapidement plusieurs touches sur le clavier. Le président s'était approché, le front barré par une profonde inquiétude.

« Quelque chose ne marche pas ?

— Ça m'en a tout l'air, répondit Van Straten. Pour une raison inconnue, l'unité centrale fonctionne à plein potentiel depuis plus d'une minute, sans la moindre interruption. Normalement, les trois programmes directeurs auraient dû suspendre toute activité depuis une vingtaine de secondes déjà, ce qui aurait permis à l'unité centrale de refroidir.

— Qu'est-ce que cela signifie ? » aboya le président.

Van Straten essuya rapidement la sueur qui coulait de ses tempes.

« Cela signifie, dit-il d'une voix blanche, que si les trois programmes directeurs ne s'arrêtent pas de fonctionner dans quelques secondes, tous les circuits vont griller.

— Et vous ne pouvez pas interrompre vous-même le travail de la machine ? »

Le savant eut un petit rire amer.

« Impossible. Autant essayer de stopper le cours d'une rivière en mettant votre main dans l'eau.

— Vous n'êtes pas drôle », coupa le président.

Van Straten le regarda fixement, l'air grave.

« Je ne cherche pas à l'être. Tout se passe comme si un… programme parasite était en train d'appeler sans cesse de l'information, forçant par là les trois programmes directeurs à fonctionner sans interruption. On dirait qu'une… qu'une force inconnue s'est emparée de l'ordinateur et l'empêche de faire sa pause normale de quarante secondes.

— C'est grave ? demanda Ruysberg presque à voix basse.

— Oui, souffla Van Straten en enfonçant fébrilement une touche. Si nous ne trouvons pas immédiatement la cause de cette anomalie, tous les circuits vont griller et l'ADM 100 S sera définitivement fichu. »

74.

À présent, tous les hommes étaient attablés dans la cuisine. Comme il n'y avait pas de place pour tout le monde, la patronne avait ouvert la porte de la remise et on avait dressé rapidement une longue table en mettant deux grandes planches sur des tréteaux. Les femmes allaient et venaient de la cuisinière à la table, servant les plats qu'elles avaient préparés.

Assis à la droite du patron, Pellaroque regardait tour à tour les bouteilles de vin et le patron. Deux ou trois fois, il passa sa langue sur ses lèvres, mordit sa moustache avec sa gencive édentée, puis il regarda Lartigues, en face de lui, pour dire :

« Bon Dieu, pour un coup dur, c'est quand même un sacré coup dur. Mais ça ne doit pas nous empêcher de boire. »

Puis il se tourna vers le patron avant d'ajouter :

« Alors, ce vin, tu le débouches ? »

Le patron s'empara alors d'une des bouteilles recouvertes de poussière avant de lancer :

« Ce vin-là, je l'ai gardé pour les grandes occasions. Une communion, un baptême ou un mariage… Mais aujourd'hui, c'est presque pareil. Alors on l'ouvre.

— Pour le baptême, dit Pellaroque en riant, c'est plus à nous que ça risque d'arriver. »

Le patron secoua la tête en souriant et tira de toutes ses

forces sur le bouchon. Les veines de son cou enflaient, et son visage était presque aussi rouge que le vin de la bouteille lorsque le bouchon céda. D'un geste large, il commença de servir tout le monde, puis s'arrêta devant Antoine qui avait mis un doigt au-dessus de son verre. Le patron fronça les sourcils.

« Tu n'en prends pas ?

— Non, répondit Antoine. J'ai pas soif. »

Le patron le regarda en plissant sa moustache.

« Tu te fous de moi, ou quoi ? C'est pas par soif qu'on boit de ce vin-là. »

Comprenant qu'il ne servirait à rien de contrarier le vieux, Antoine le laissa remplir son verre. Mais il s'était promis de ne pas y toucher. Car à cette minute, il avait bien autre chose à faire.

Quelque chose qui réclamait toute son énergie, toute sa conscience. Quelque chose dont dépendaient sa vie ainsi que celle de tout l'univers qui l'entourait.

« Je sais bien ce qui te tracasse », dit Pellaroque en lui mettant une tranche de pain dans la main.

Antoine eut un sourire qui n'arrivait pas tout à fait à éclairer son regard. Il savait que Pellaroque venait de faire allusion à Juliette, couchée sur son lit, là-haut.

« C'est pas une raison pour se laisser aller, continua le vieux. Elle guérira. En attendant, il te faut manger. »

Antoine coupa un morceau de lard, prit du pain et se mit à manger. Pour le moment, il ne savait rien. Il n'avait aucune idée de ce qui allait se passer. Il mangeait parce que les autres mangeaient avec lui. Tout ce qui était entré dans sa tête depuis avant-hier semblait attendre. Il était lucide et ne pensait qu'à ce qu'il devait faire pour préserver leur existence.

À chaque minute, le besoin de sommeil se faisait plus intense. Mais il ne devait pas fermer les yeux, sinon, il serait condamné, définitivement.

Ils seraient tous condamnés.

Le souffle court d'abord, la gorge serrée, les mains crispées sur sa fourchette et sur une tranche de pain, il se battait. À présent, la sueur n'était pas seulement sur son front, sur ses joues, mais sur tout son corps. Chacun de ses muscles tremblait dans le terrible combat qu'il menait contre lui-même.

Pas contre lui-même, corrigea-t-il. Contre l'ADM 100 S.

Car il avait engagé une lutte à mort contre l'ordinateur. Il respira profondément. La guerre était en lui. Elle pénétrait jusqu'au fond de son être. Il savait qu'il risquait un quitte ou double dangereux, mais il connaissait bien l'ADM 100 S et il savait aussi qu'il avait de grandes chances de gagner. Chaque seconde qui passait le rapprochait un peu plus de la victoire. Il suffisait de ne pas dormir.

Une voix monta à ses oreilles. C'était celle du patron.

« Eh, Antoine, cria-t-il par-dessus la table. Le feu est éteint, mais on le dirait pas, à voir ta figure. Tu es aussi rouge que de la braise. »

Antoine essaya de sourire, mais ses lèvres crispées ne pouvaient former qu'une sorte de grimace. Au milieu des rires, des conversations, de l'odeur du vin et du lard fumé, il continuait de mener son combat silencieux contre l'ordinateur. Personne ne savait ici qu'il se battait de toutes ses forces contre un adversaire invisible dont la pression devenait de plus en plus précise à chaque instant. Il leva les yeux vers la cour. Après la pluie d'hier, la campagne étincelait. C'était la perfection dans le calme. Un bourdon volait dans l'encadrement de la fenêtre, attiré par le liseron en fleur. L'air était d'une étrange légèreté, à peine moins fluide que la lumière.

Mais à l'intérieur d'Antoine le combat continuait. Il était ici, dans la cuisine, là où son regard se posait au hasard, mais en même temps, il était ailleurs, dans un monde étrange et lointain où tout n'était qu'un va-et-vient d'énergie pure. La fatigue touchait à l'ivresse, s'approchait de la peur maintenant. Il se redressa sur sa chaise. Un poids immense écrasait sa nuque. Il pensa à Juliette qui flottait au loin sur son lit, presque invisible, il se voyait à côté d'elle, un bref instant, comme un reflet qui l'éclairait au-dedans de lui-même. Mais il était ici, dans la cuisine, et il devait lutter. Ne pas dormir. S'accrocher aux bruits de cette table, aux paroles des hommes, à l'odeur du café qui se mélangeait à d'autres senteurs. La fatigue le brûlait en même temps que grandissait en lui une vague de rage et d'amertume. Il sentait ses membres s'engourdir. L'ombre emplissait ses yeux, comme un nuage d'étincelles obscures, presque noires. Pourtant, en même temps, une sorte de lucidité grandissait en lui, rayonnait dans sa tête. Il n'était plus seulement Antoine ou Dirac, il était le flux électronique qui circulait dans un immense univers de silicium. En lui, tout se changeait. Il n'avait plus de corps, il l'oubliait. À la place, un torrent d'énergie pure qui cherchait à établir des liaisons cohérentes avec d'autres énergies. Des courants étranges vibraient au cœur du silicium. Et puis ces ondes incessantes, cette chaleur qui ralentissait la course vertigineuse des atomes. C'était peut-être le silence, venu du silicium ? Non, la chaleur et la souffrance, rien d'autre. C'était ici l'ordre parfait d'un cortège électronique où l'on marchait sans ombre au bord de sa propre mort. L'énergie avançait sur des pistes invisibles, libre comme Antoine ne l'avait jamais été. Libre, mais de plus en plus sensible à l'immense chaleur. Autour, à perte de vue, les crêtes mouvantes du silicium, les vagues mortelles du feu qui naissait entre les atomes.

Antoine eut un sursaut. Il avait failli s'endormir. Il voulut se lever de sa chaise, mais ses muscles étaient désormais trop faibles. Tandis que ses pensées tournaient confusément dans sa tête, il percevait maintenant sa lutte d'une autre façon. Depuis quelques instants, il se sentait toujours à l'intérieur de son propre corps épuisé, mais il était en même temps en contact avec les milliards d'impulsions électroniques qui constituaient le programme ; il avait conscience des flux d'énergie qui se déversaient des programmes directeurs dans les circuits surchauffés de la machine ; il sentait le bain d'électrons tournoyer avec affolement dans la matière des fibres saturées, qui ne parvenaient plus à contenir le torrent d'énergie au sein de l'unité centrale.

Un sentiment de panique inimaginable menaçait de le submerger. Il sentit que l'ordinateur tentait de briser sa résistance pour le faire dormir. À cet instant, il savait que l'ADM 100 S cherchait par tous les moyens à anéantir la conscience parasite d'Antoine afin de soulager ses propres circuits.

Seulement, Antoine refusait le sommeil, et la machine devait continuer à maintenir les programmes en marche. C'était pour cela qu'il avait mis le feu au hangar. Il savait que l'incendie amènerait tous les habitants du village à la Julian, forçant par là même l'ordinateur à produire une simulation d'une complexité inhabituelle. Chaque individu représentait un programme autonome d'une sophistication impressionnante ; or habituellement, l'ADM 100 S ne « gérait » guère plus de deux ou trois de ces sous-programmes simultanément : en dehors du patron, de sa femme, de Pellaroque et de Juliette, Antoine voyait très rarement dix personnes en même temps.

Or, avec l'incendie, plus de soixante personnes avaient été réunies. Cela voulait donc dire, pour l'ordinateur, plus de soixante sous-programmes particulièrement sophistiqués à traiter. Cela représentait la mise en œuvre d'un travail d'une effarante complexité. Et à cette situation inhabituelle, particulièrement lourde, Antoine ajoutait maintenant son refus de dormir, interdisant donc à la machine de faire sa pause de quarante secondes.

Mais un brouillard épais envahissait son esprit. Il voyait toujours les autres autour de la table, il entendait leurs voix, mais la scène lui paraissait lointaine, presque irréelle. À un moment, Pellaroque s'adressa à lui, mais il ne put que hocher la tête en faisant semblant de sourire alors qu'il n'avait pas compris ce que lui disait le vieil homme.

Une sorte de brûlure s'enfonçait maintenant en lui, comme si le feu dans son être n'était que le commencement d'un autre feu. La réalité était dans le feu intime de la matière. Il n'y avait rien d'autre. Rien ni personne.

Seulement la danse des électrons. Juliette, le patron, Pellaroque, les autres, n'étaient jamais nés dans la chair mais dans des tourbillons d'énergie. Ils cheminaient sur les traces invisibles du langage binaire. Ils étaient les hommes et les femmes de l'atome, de l'énergie et du silicium. Ils étaient apparus comme dans un rêve, dans les calculs d'un programme ; ils ne regardaient pas l'horizon à jamais inaccessible. Ils allaient sans savoir, posant leurs gestes sur les formes abstraites de milliards de données.

Mais lui, Antoine, savait tout. Il était le seul à savoir. Le seul à lutter contre les nausées du sommeil. Contre le programme. Contre la machine dont il était devenu l'ennemi. L'ADM 100 S dont les circuits de silicium menaçaient de brûler dans le gigantesque effort que réclamait Antoine à chaque instant où il pouvait garder les yeux ouverts. Il fouillait dans sa mémoire ancienne, y retrouvait tous les souvenirs du génial informaticien qu'il avait été. En particulier, il pouvait réciter par cœur le bréviaire du programmeur.

Ne pas dormir.

Alors à voix basse, il commença à réciter les grandes règles de la programmation. Il s'accrochait désespérément à ces phrases venues de l'autre monde ; elles l'aidaient dans son inimaginable combat.

Un programme est une suite de lignes numérotées, contenant chacune des instructions. Elles sont exécutées dans l'ordre impliqué par cette numération, sauf si l'une d'elles contient une instruction de rupture de séquence.

Un branchement inconditionnel provoque une rupture de séquence indépendante de l'état des variables.

Un branchement conditionnel introduit une décision qui dépend de l'état d'une variable, état lui-même déterminé par une ou plusieurs comparaisons.

Une boucle permet l'exécution répétée d'une certaine partie du programme.

Les branchements aux sous-programmes donnent la possibilité de séparer une tâche globale en sous-tâches, en faisant du programme principal le gestionnaire des sous-programmes.

Il récitait ces phrases comme à l'église, quand on répond en latin, toujours à voix basse, au prêtre qui dit la messe. En face, Pellaroque le regardait. À un moment, le vieux fronça les sourcils en demandant :

« Eh, Antoine, qu'est-ce que tu racontes, là ? »

Impossible de répondre. Pellaroque était trop loin, dans un monde presque inaccessible.

Ne pas fermer les yeux. Ne pas dormir. Résister à la brûlure qui fouillait son être.

Rassemblant ce qui lui restait de conscience, il fit un rapide calcul mental. Huit heures du matin venaient de sonner à la grande pendule. Cela faisait donc une minute trente que l'ADM 100 S fonctionnait sans interruption ; comme une seconde de l'ordinateur correspondait à seize minutes de son temps simulé, Antoine savait qu'il lui faudrait tenir encore un quart d'heure ou une demi-heure. S'il lâchait avant, l'ordinateur aurait gagné la partie ; au contraire, s'il parvenait à rester éveillé encore un peu, il forcerait la machine à prendre une décision.

Au prix d'un effort insensé, faisant appel à ses forces ultimes, Antoine demanda un verre de café brûlant. Cela l'aiderait peut-être.

La patronne remplit un grand verre et le lui apporta. En s'approchant, elle regarda son visage en disant :

« Qu'est-ce qui t'arrive ? On dirait que tu vas tourner de l'œil.

— C'est rien, bredouilla-t-il. Un peu de fatigue. Ça va passer. »

D'une main tremblante, il but son café. La chaleur du liquide qui coulait dans sa gorge repoussa quelque peu la brume épaisse aux limites de sa conscience.

Dans quelques instants, ce serait lui ou l'ordinateur qui lâcherait.

Juliette, là-haut, inconsciente. Et tous les autres, ici, autour de cette table.

Tenir encore. Ne pas dormir. Surtout, ne pas dormir.

Une impulsion traversa son esprit. Quelque chose comme une question dont il ne pouvait saisir tout le sens. Le simple fait d'essayer le brûlait jusqu'à la dernière étincelle de son moi. Courroux… Étonnement… Menace, peut-être. Dans un ultime assaut, ces concepts s'imposaient à lui au sein d'un épouvantable orage électronique, un déferlement d'énergie qui était sur le point de tout emporter sur son passage.

Mais ce qui restait d'Antoine tint bon. Il perçut une dernière projection de quelque chose qui ressemblait à de la peur, puis l'entité électronique se retira progressivement pour s'enfoncer dans les abîmes d'énergie d'où elle était venue.

Une sorte de choc.

Brusquement libéré, Antoine jeta un coup d'œil vers la pendule.

Il était exactement 8 h 25.

L'instant d'après, tout bascula dans le néant.

75.

À l'instant où il avait entendu le signal d'alarme, Van Straten s'était précipité vers l'interrupteur orange qui était au milieu de la console.

Une demi-seconde trop tard.

Car au moment où son doigt enfonça la petite touche, l'ordinateur avait cessé de fonctionner. Les mains agitées de tremblements convulsifs, Van Straten appuya sur plusieurs touches avant de lever son visage moite vers le président qui était toujours derrière lui.

Un moment de silence.

« Nous avons été joués, finit-il par dire d'une voix presque inaudible. Dirac nous a possédés. »

Le président s'agrippa au dossier du siège, fit un petit pas de côté, revint s'appuyer au fauteuil, une expression incrédule sur le visage.

« Comment ça, Dirac nous a possédés ? » questionna-t-il.

Van Straten regarda pensivement l'écran maintenant inerte où seule la mire témoin représentant le sigle de l'ADM 100 S continuait de briller dans la lumière vert sombre.

« Il s'est échappé, murmura-t-il.

— Quoi ? Vous voulez dire que…

— Que Dirac n'est plus ici, coupa Van Straten. Il a fait en sorte qu'en cas de danger, l'ordinateur soit obligé de prendre des dispositions d'urgence pour préserver ses circuits.

— Mais de quel danger parlez-vous ? » questionna brutalement le président.

Van Straten poussa un soupir, comme s'il s'efforçait de garder son calme.

« Il y a quelques instants, je vous ai dit que les circuits de l'unité centrale étaient surchargés et que l'ordinateur n'avait pas fait sa pause habituelle de quarante secondes nécessaire au délestage de l'ensemble du système. À présent, je sais pourquoi. Dirac maintenait le programme en activité forcée.

— Mais comment ? demanda Ruysberg qui s'était approché.

— C'est simple, regardez. »

Van Straten appuya sur quelques touches tandis que l'écran s'illuminait à nouveau. Des symboles défilaient rapidement sous les yeux des trois hommes. Tout à coup, Van Straten bondit sur son siège.

« J'en étais sûr ! » glapit-il.

Il appuya sur deux autres touches tandis qu'une longue série d'instructions s'immobilisa sur l'écran. Le savant examina les symboles ligne par ligne sans cesser de secouer la tête.

« Expliquez-moi, s'emporta le président. Vous savez bien que je ne comprends rien à tout ça. »

Van Straten pivota sur son siège.

« Eh bien, monsieur le Président, répondit-il, Dirac a été plus malin que nous. Il a refusé les ordres de sommeil issus du programme directeur. Tant qu'il restait conscient, il obligeait en quelque sorte l'ordinateur à fournir les milliards d'informations nécessaires au maintien de la simulation. »

Van Straten tapota encore sur le clavier. Une autre série d'instructions apparut en vert sombre sur l'écran. Cette fois, le savant ne put contenir une sorte de sourire. Il se pencha en avant pour régler le contraste de l'écran, regarda quelques instants les symboles avant de pousser un soupir en se laissant retomber sur son siège. Décidément ce Dirac était admirable. Dans sa situation invraisemblable, le savant français avait trouvé un moyen d'échapper à leur pouvoir. Et dans le fond, Van Straten était heureux que les choses se terminent ainsi. Jamais il n'avait vraiment accepté cette expérience.

« Qu'est-ce que vous attendez ? cria le président derrière lui. Faites quelque chose, voyons !

— Il n'y a plus rien à faire, lança Van Straten. Dirac a simplement été plus fort que nous. Vous vous rappelez la fausse séquence qu'il nous a transmise ?

— Bien sûr. Mais je ne vois pas le rapport.

— Il est, hélas ! évident. Dirac savait que pour déterminer si oui ou non cette séquence était la bonne, nous devions d'abord l'analyser. J'ai donc demandé à l'ADM de tester cette série d'instructions et la réponse m'est revenue sous la forme "code incomplet". Sur le moment, j'ai cru que Dirac essayait simplement de gagner du temps. »

Il hésita avant de continuer :

« Mais en fait, il y avait autre chose. Ces instructions étaient en réalité un ordre donné par Dirac à l'ordinateur. Elles contenaient une procédure de sauvegarde que l'ADM devrait appliquer si pour une raison quelconque il se trouvait menacé. »

Le président s'approcha de la console.

« Je ne comprends pas, murmura-t-il en regardant l'écran. L'ADM n'a jamais été menacé par quoi que ce soit.

— C'est pourtant ce qui est arrivé, répondit Van Straten. La menace venait de l'intérieur, aussi longtemps que Dirac refusait de dormir. Comme l'ordinateur avait intégré l'ordre de sauvegarde, il n'a fait qu'appliquer la procédure.

— C'est-à-dire ? »

Van Straten haussa les épaules, comme s'il était fatigué de fournir des explications.

« Je vous l'ai déjà dit. Le Programme Dirac a été transféré ailleurs. La réponse est là, sur l'écran. Au moment où l'ordinateur a compris que ses circuits allaient littéralement fondre, il a appliqué la procédure d'urgence en se déchargeant de l'encombrant programme dans l'ensemble du Réseau, c'est-à-dire aussi bien à l'Ouest. »

Un nouveau silence.

Le président s'était cassé en deux, comme s'il avait reçu un coup de poing au milieu de l'estomac. Il pensait à Gortchev, au sommet de Washington, aux agents du KGB qui, demain, viendraient le chercher chez lui.

« Mais il doit bien y avoir un moyen de le récupérer, non ? bredouilla-t-il sans conviction.

— Je regrette, mais il n'y a plus rien à faire, répondit sèchement Van Straten. Le Programme Dirac n'a désormais plus aucune adresse. Il s'est disséminé dans l'ensemble du Réseau qui gère maintenant les milliards d'instructions de l'univers de Dirac. On ne peut même plus le détruire, car pour cela, il faudrait déconnecter le Réseau tout entier, ce qui est naturellement impensable. »

Le président s'effondra sur la console désormais inerte. Personne ne vit les larmes qui coulaient de son visage avant de se répandre sur le verre encore chaud d'un des voyants maintenant éteint.

Antoine Dirac était parti *sans laisser d'adresse.*

76.

Le néant n'avait duré qu'une fraction de seconde. Au moment où Antoine avait jeté un coup d'œil vers la pendule, le monde basculait dans l'obscurité avant de se reconstituer comme si rien ne s'était passé. Immédiatement, il avait bondi sur ses pieds, le corps empli de l'énergie nouvelle qui rayonnait dans chacun de ses muscles.

À présent, il regardait la table, les hommes autour, il entendait clairement les voix, celle du patron, celle de Pellaroque et, plus loin encore, celles des autres, mêlées aux bruits du repas. Personne ne s'était aperçu de rien. À cet instant, le patron leva son verre en lui criant :

« Alors, tu te réveilles ? Tout à l'heure, j'ai bien cru que tu allais tomber par terre. Allez, viens boire un coup. »

Antoine fit un pas en avant et se saisit du verre que lui tendait le patron. Puis il en but une petite gorgée, laissant le parfum subtil du vin se répandre dans sa gorge. La fatigue qui, quelques instants plus tôt, était sur le point de le terrasser avait disparu. Il savait pourquoi.

La guerre était finie. Le « curé » avait eu raison, et pour ne pas se détruire, l'ADM 100 S avait exécuté l'ordre de transfert du programme dans l'ensemble du Réseau. À partir de maintenant, plus personne ne pourrait jamais l'atteindre : ni pour lui arracher la séquence de sécurité, ni pour mettre fin à sa vie électronique.

Une « vie » qui avait bougrement le goût de la vie.

Il pensa à Juliette. Sans finir son verre, il traversa la cuisine et monta dans la chambre de la jeune fille. Au moment d'ouvrir la porte, il hésita un court instant. Il ne pensait plus qu'à elle. Il voulait vivre avec elle, il attendait l'enfant qu'elle allait lui donner, ensemble, ils iraient dans la vie.

Alors il ouvrit la porte.

Elle était là, sur le lit, son visage éclairé par la lumière immobile du soleil. Et elle le regardait, les yeux grands ouverts, presque sans respirer. Puis elle lui sourit en ouvrant ses bras devant elle.

Il s'approcha et la sentit frissonner au moment où il la serra très fort contre lui. Il la voyait avec tout son corps, pas seulement avec ses yeux. Ils ne parlaient pas. Tant de choses passaient avec ce silence qu'il n'y avait rien à dire. Leurs lèvres s'approchèrent sans former de mots, simplement pour s'embrasser. Une main sur sa nuque, c'est elle qui l'attira jusqu'à ce que le soleil inonde leurs visages.

Longtemps, il resta contre elle, en se laissant aller vers ce qu'il sentait, sans même chercher à penser.

Enfin, il se recula un peu et dit à voix basse :

« Je vais redescendre. Repose-toi encore un peu, mais ne te fais pas de souci. Tu es guérie, maintenant. »

Elle hocha la tête et lui sourit. Son visage étincelait dans la lumière du matin.

Alors il lui sourit à son tour et quitta la chambre. Il ne repassa pas par la cuisine et sortit directement dans la cour. Il n'y avait personne. Sauf Bolo qui courut vers lui en faisant de grands bonds.

Il alla s'asseoir au bord du talus, tournant le dos aux restes du hangar d'où s'échappait encore un peu de fumée blanche. Plus bas, vers l'étang, la brume que la nuit avait tirée de la terre mouillée s'en allait lentement, dispersée par le soleil.

Ce n'était pas la première fois qu'Antoine voyait le jour prendre la terre. Mais ce matin, il regardait avec d'autres yeux, comme si le soleil était venu là pour lui tout seul, éclairant un jour immense qui serait le début d'une autre vie.

Une vie dont la réalité était puissante. Peut-être plus encore que celle qu'il avait connue loin d'ici, à l'extérieur.

D'ailleurs, que pouvait-on dire de la réalité ? Il avait encore en mémoire les longues discussions d'étudiants au cours desquelles il cherchait à définir le réel ; un de ses amis, devenu depuis un brillant physicien, lui avait alors parlé de la mécanique quantique, cette branche de la physique selon laquelle il n'existe pas de réalité « en soi », mais simplement une interaction entre une conscience et des phénomènes.

Il respira profondément et continua à regarder devant lui. Les arbres, les champs, les collines n'avaient aucune réalité en soi ; ou plutôt, ils « n'existaient » qu'à travers lui, dans l'acte d'observation qu'il en faisait. Mais était-ce différent dans le « vrai » monde ? Et cet autre monde était-il plus « réel » que celui dans lequel il vivait maintenant ? Après tout, la physique quantique allait jusqu'à dire que le monde n'était qu'une illusion, un effet de la conscience humaine. De ce point de vue, même si le monde *paraissait* avoir une réalité matérielle, il n'existait pas indépendamment de la construction cognitive d'une conscience.

Ici, à la Julian, c'était la même chose.

Sans lui, rien n'existait. Disséminée dans les ordinateurs du Réseau, sa conscience constituait un système logique cohérent sans lequel ni Juliette, ni le patron, ni Pellaroque, ni rien ne *pouvait* exister. Et si ce buisson, là, devant lui, n'était pas tel qu'il apparaissait à ses yeux, mais simplement une *idée*, cela n'avait aucune importance.

Il suffisait qu'il tienne le buisson pour « vrai », c'est-à-dire qu'il accepte de croire à un ensemble de perceptions, rien de plus. C'est ce qu'il avait fait pendant longtemps, quand il était « de l'autre côté », sans se demander quelle était l'équation d'onde qui définissait la réalité de la table sur laquelle il mangeait ; c'est ce qu'il continuerait de faire ici, sans s'interroger sur le contenu du programme qui était derrière le décor.

Il arracha un brin d'herbe qu'il mit entre ses dents. Il venait de découvrir qu'au niveau le plus intime de la matière, il n'y avait aucune différence entre le monde de la Julian et le monde « réel ». Même là-bas, les particules de matière qui constituaient les objets n'étaient rien d'autre que des entités mathématiques abstraites ; en d'autres termes, les verres, les cendriers, les chats ou les chiens n'étaient pas des assemblages de micro-objets « solides », mais des combinaisons d'entités élémentaires qui n'étaient pas matérielles, mais seulement saisissables sous la forme de fonctions d'ondes.

Là-haut, la réalité était constituée de petits grains de « pensées », ici aussi. En somme, même si on en connaissait l'existence, ces « pensées » ne vous empêchaient pas de vivre. Selon les croyances brahmaniques, l'homme ne pouvait appréhender que des apparences issues d'une « Mâyâ », c'est-à-dire d'une illusion par laquelle s'exprimait le « Principe suprême ». Toujours selon les brahmanes, les hommes devaient accepter cette Mâyâ.

C'était ce qu'il ferait ici, à la Julian. Il accepterait de vivre dans l'illusion parfaite des choses, dans l'apparence de la réalité, dans l'image du monde. Tout n'était que question de représentation.

Et aussi de croyance.

Peut-être qu'au-delà des apparences, au-delà même du monde qu'il avait quitté, tout convergeait vers un Absolu inconnaissable dont l'existence pouvait être déduite de la fine observation du réel. Là-bas, loin derrière la Mâyâ, comme un point ultime du tourbillon de matière et d'esprit, indissociable de *tout-ce-qui-est*, il y avait peut-être une transcendance, origine et point final de l'histoire des hommes.

Ils lui avaient donné le nom de Dieu.

Alors, Antoine regarda encore ce soleil, venu là pour lui tout seul. Il repensa à ce jour immense qui serait le début d'une autre vie. Une vie où Dirac cesserait d'exister.

Il était mort ailleurs, depuis douze jours. Ici, à la Julian, seul Antoine devait continuer. La mémoire double devait disparaître derrière les choses, loin au-delà de la Mâyâ, se fondre à la grande illusion de la vie.

Un bruit léger remua l'herbe, derrière lui. Antoine se retourna et vit Pellaroque, debout à ses côtés. Le vieil homme regardait lui aussi vers le soleil. Longtemps le silence resta entre eux, sans bouger. Alors un oiseau se posa au pied du talus, arracha un brin d'herbe d'un seul coup de bec et l'emporta vers les branches du chêne où il était en train de consolider son nid. Pellaroque eut un petit rire.

« Celui-là, il est comme nous, dit-il à voix basse. C'est le travail qui le commande. »

Antoine hocha la tête, pensivement.

« Oui, répondit-il. Il va falloir qu'on y aille. »

Il se leva, et pendant un instant les regards des deux hommes se croisèrent. Tout était là, seulement dans ces regards qui montraient les choses sans rien dire.

Alors Antoine eut un sourire et, ensemble, ils marchèrent vers le milieu de la cour. Les hommes qui étaient venus ici cette nuit avaient fini de déjeuner. Déjà ils repartaient vers le village, par petits groupes de deux ou trois.

Le patron était devant la porte, en train de parler avec Galiot, le charpentier du village. Ce dernier faisait de grands gestes en disant :

« J'ai deux vieilles plantées de peupliers qu'on m'a demandé d'arracher. Quand les troncs seront débités, ça fera de belles poutres. Elles suffiront déjà à monter les piliers de soutènement. Pour la charpente, t'en fais pas. C'est pas le sapin qui manque. Je t'en trouverai. »

Le patron avait repris son visage qui disait tout sans qu'il ait à parler. Quand il vit Antoine, il désigna Galiot du menton en disant :

« On va monter avec lui jusqu'au pré de la Croule, pour voir le travail. Va prendre les coupe-haie, on pourra toujours commencer à débroussailler. »

Antoine hocha la tête, fit deux pas vers la grange, hésita un instant et se retourna pour dire :

« Puisqu'on passera près du village, je voulais vous dire que j'ai fini par retrouver mon numéro de Sécurité sociale. Je pourrai le laisser aux gendarmes, en passant. »

Le visage du vieux s'éclaira.

« Pour une nouvelle, c'en est une, dit-il d'une voix forte. Ah ! nom d'un chien, il vaut mieux que ça se finisse comme ça ! »

Le vieux releva un coin de son béret, comme il le faisait quand il saluait quelqu'un d'important.

Antoine eut un sourire puis marcha vers la grange. Maintenant, il pouvait le donner, ce numéro. Il pouvait même inventer n'importe quoi, ça n'avait aucune importance. La séquence de sécurité ne serait plus jamais transmise vers l'écran de contrôle de l'ADM 100 S. Désormais, tout ce qui se passait à la Julian resterait enfermé dans des fichiers secrets, disséminés dans toutes les machines du Réseau. À l'Ouest, on avait dû constater ce qui s'était produit. Peut-être ses anciens collègues étaient-ils devant leurs consoles au moment où le Programme Dirac était apparu dans leurs machines. Désormais, ils le protégeraient. Jamais ils ne laisseraient les Soviétiques tenter d'intervenir encore sur les instructions du programme. Un instant, le visage du président dansa devant ses yeux puis il l'oublia.

La vie à la Julian continuerait, avec les matins et les nuits, répétant calmement les saisons, comme la vraie respiration du temps.

Antoine détourna ses yeux du monticule de cendres encore fumantes et alla droit devant lui, vers la grange. Il prit trois coupe-haie appuyés contre le mur, les mit sur son épaule et ressortit dans le soleil.

Là, il s'arrêta un instant pour respirer l'air pur qu'un coup de vent venait de pousser vers lui. Tout autour, il n'y avait que la terre encore un peu engourdie du matin, enveloppée d'ombres, et qu'on sentait à peine sous la rosée. Plus loin, il y avait les champs, les prés, les bois et les vignes. Plus loin encore, il y avait…

Mais Antoine ne voulait plus y penser. C'était fini. Plus jamais il n'irait là-bas, derrière la forêt des Juilles.

Alors il se mit en marche et partit de son pas régulier rejoindre le patron et les autres qui étaient déjà loin devant. La journée ne faisait que commencer, et il y aurait beaucoup à faire avant le soir.

Avec un léger bourdonnement d'ailes, une abeille frôla sa nuque et monta doucement dans l'air déjà chaud. Bientôt, elle disparut dans le ciel bleu de ce grand matin d'été.

AILLEURS ET DEMAIN

Prix Européen de Science-Fiction 1987
décerné par
la Société Européenne de Science-Fiction

1969

Fritz Leiber	*le Vagabond.* Hugo 1965

1970

Robert A. Heinlein	*En terre étrangère.* Hugo 1962
Philip José Farmer	*Ose*
Jack Vance	*Un monde d'azur*
John Brunner	*le Long Labeur du temps*
Frank Herbert	*Dune.* Hugo 1966, Nebula 1965
Philip K. Dick	*Ubik* (Classiques)
Stefan Wul	*Œuvres* (Classiques)
Gérard Klein	*les Seigneurs de la guerre*

1971

Hal Clement	*Question de poids*
B. R. Bruss	*Et la planète sauta...* (Classiques)
Ursula K. Le Guin	*la Main gauche de la nuit.* Hugo 1970, Nebula 1969
Samuel R. Delany	*Nova*
Jacques Sternberg	*Futurs sans avenir*
Bernard Wolfe	*Limbo* (Classiques)
Norman Spinrad	*Jack Barron et l'éternité*
Jacques Spitz	*l'Œil du purgatoire/l'Expérience du Dr Mops* (Classiques)

1972

Christian Léourier	*les Montagnes du Soleil*
Marc Wersinger	*la Chute dans le néant* (Classiques)
Frank Herbert	*le Messie de Dune*
Charles L. Harness	*l'Anneau de Ritornel*
John Brunner	*Tous à Zanzibar.* Apollo 1973, British Science Fiction Association 1970, Hugo 1969
Stanislas Lem	*l'Invincible*
Philip K. Dick	*Au bout du labyrinthe*

1973

Robert Sheckley	*la Dimension des miracles*
Gérard Klein	*la Loi du talion.* Grand Prix de la Science-Fiction française 1974 (nouvelle)
Anthologie	*Sur l'autre face du monde,* et autres romans scientifiques de *Sciences et voyages* (Classiques)
Michel Jeury	*le Temps incertain.* Grand Prix de la Science-Fiction française 1974
Herbert Franke	*Zone Zéro*
Frank Herbert	*l'Étoile et le fouet*
André Ruellan	*Tunnel*

Wilson Tucker	*l'Année du soleil calme,* John W. Campbell Memorial 1976
Donald A. Wollheim	*les Faiseurs d'univers* (Essais)

1974

Robert Silverberg	*les Monades urbaines* (Classiques)
R. A. Lafferty	*Autobiographie d'une machine ktistèque*
Philippe Curval	*l'Homme à rebours.* Grand Prix de la Science-Fiction française 1975
William Hjortsberg	*Matières grises*
Vladimir Colin	*les Dents de Chronos*
Michel Jeury	*les Singes du temps*
Gilles d'Argyre	*le Sceptre du hasard* (Classiques)
Philip K. Dick	*la Vérité avant-dernière*

1975

John Brunner	*le Troupeau aveugle*
Robert Silverberg	*l'Oreille interne*
Arthur C. Clarke	*Rendez-vous avec Rama.* British Science Fiction Association 1974, Hugo 1974, John W. Campbell Memorial 1974, Locus 1974, Nebula 1973
Kurt Steiner	*Ortog* (Classiques)
Anthologie	*Utopies 75*
Pierre-Jean Brouillaud	*Tellur*
Ursula K. Le Guin	*les Dépossédés.* Hugo 1975, Locus 1975, Nebula 1974
Gene Wolfe	*la Cinquième Tête de Cerbère*

1976

Pierre Christin	*les Prédateurs enjolivés*
Philip K. Dick	*l'Œil dans le ciel* (Classiques)
Philippe Curval	*Cette chère humanité.* Apollo 1977
Alfred Bester	*les Clowns de l'Éden*
Michel Jeury	*Soleil chaud poisson des profondeurs*
Daniel Drode	*Surface de la planète* (Classiques)

1977

John Brunner	*Sur l'onde de choc*
Joanna Russ	*l'Autre Moitié de l'homme*
Robert Silverberg	*l'Homme stochastique* (Classiques)
Michel Demuth	*les Années métalliques*
Franz Werfel	*l'Étoile de ceux qui ne sont pas nés* (Classiques)
Pierre Pelot	*Transit*
Thomas M. Disch	*Génocides* (Classiques)

1978

John Brunner	*À l'ouest du temps*
Thomas M. Disch	*Camp de concentration* (Classiques). Ditmar 1969
Lester del Rey	*Crise*
Frank Herbert	*les Enfants de Dune*
Yves & Ada Rémy	*la Maison du Cygne.* Grand Prix de la Science-Fiction française 1979
Robert Silverberg	*les Déportés du cambrien*

1979

Ursula K. Le Guin	*le Nom du monde est forêt.* Hugo 1973
Philip José Farmer	*le Fleuve de l'éternité* (Classiques). Hugo 1972
Michel Jeury	*le Territoire humain.* Rosny-Aîné 1980
Vonda N. McIntyre	*le Serpent du rêve.* Hugo 1979, Locus 1979, Nebula 1973 (novelette), Nebula 1978
Michael G. Coney	*les Brontosaures mécaniques.* British Science Fiction Association 1977
Christian Léourier	*la Planète inquiète*
Christian-Yves Lhostis	*Tous ces pas vers le jaune* (l'Écart)
Frank Herbert	*Dosadi*
Igor Bogdanoff & Grichka Bogdanoff	*l'Effet science-fiction* (Essais)

1980

George R. Stewart	*la Terre demeure* (Classiques) International Fantasy 1951
Michel Jeury	*les Yeux géants.* Rosny-Aîné 1981
Robert Sheckley	*le Robot qui me ressemblait*
Philip José Farmer	*le Noir Dessein*
Norman Spinrad	*la Grande Guerre des Bleus et des Roses*
Robert Silverberg	*le Château de lord Valentin.* Locus 1981

1981

Philip K. Dick	*Glissement de temps sur Mars* (Classiques)
Lorris Murail	*l'Hippocampe*
Frank Herbert	*Destination : vide*
John Crowley	*l'Animal découronné*
Norman Spinrad	*les Miroirs de l'esprit*
Robert Silverberg	*Shadrak dans la fournaise.* Cosmos 2000 1982
Frank Herbert & Bill Ransom	*l'Incident Jésus*

1982

Philip José Farmer	*le Labyrinthe magique*
David J. Skaï	*les Croque-morts*
Suzy McKee Charnas	*Un vampire ordinaire*
Frank Herbert	*l'Empereur-Dieu de Dune*
Damon Knight	*Passé la barrière du temps* (Classiques)
Rob Swigart	*le Livre des révélations*
Michel Jeury	*l'Orbe et la Roue.* Apollo 1983, Cosmos 2000 1983

1983

Robert Silverberg	*Chroniques de Majipoor*
A. A. Attanasio	*Radix.* Cosmos 2000 1984
Emmanuel Jouanne	*Nuage.* Galaxie 1988
Gene Wolfe	*l'Île du docteur Mort et autres histoires.* Locus 1974 (novella), Nebula 1973 (novella)
Arthur C. Clarke	*2001 : l'Odyssée de l'espace* (Classiques)
Philippe Curval	*En souvenir du futur*
Robert Sheckley	*Dramoclès*
Frank Herbert	*la Mort blanche*

1984

Robert L. Forward	*l'Œuf du Dragon.* Locus 1981
Philip K. Dick	*Mensonges & Cie*
Brian W. Aldiss	*le Printemps d'Helliconia.* British Science Fiction Association 1983, John W. Campbell Memorial 1983
Charles Sheffield	*la Toile entre les mondes*
Barrington J. Bayley	*le Rayon zen*
Frank Herbert & Bill Ransom	*l'Effet Lazare*
Jacques Sadoul	*Histoire de la science-fiction moderne* (Essais)
Philip José Farmer	*les Dieux du fleuve*

1985

Robert Silverberg	*Valentin de Majipoor*
Philip K. Dick	*Coulez mes larmes, dit le policier* (Classiques). John W. Campbell Memorial 1975
John Brunner	*le Creuset du temps*
Charles Sheffield	*les Chroniques de McAndrew*
Frank Herbert	*les Hérétiques de Dune.* Cosmos 2000 1986
Michel Jeury	*le Jeu du monde.* Julia-Verlanger 1986
Michael G. Coney	*la Locomotive à vapeur céleste*

1986

Robert L. Forward	*le Vol de la libellule*
Brian W. Aldiss	*Helliconia, l'été*
Robert Silverberg	*Tom O'Bedlam*
Kevin O'Donnell Jr.	*Oracle.* Mannesmann-Tally 1987
Frank Herbert	*la Maison des mères*
Michael G. Coney	*les Dieux du grand loin*
Christopher Priest	*le Don.* Kurd, Labwitz 1988

1987

Keith Roberts	*Survol*
Michael G. Coney	*la Grande Course de chars à voiles*
Lucius Shepard	*les Yeux électriques*
Gregory Benford & David Brin	*Au cœur de la comète*
Brian & Frank Herbert	*l'Homme de deux mondes*
A. A. Attanasio	*l'Arc du rêve*
Robert Silverberg	*l'Étoile des Gitans*

1988

Brian W. Aldiss	*l'Hiver d'Helliconia.* British Science Fiction Association 1986
Gregory Benford	*En chair étrangère*
Pamela Sargent	*Vénus des rêves*
Lucius Shepard	*la Vie en temps de guerre.* Locus 1987 (novella), Nebula 1986 (novella)
Frank Herbert & Bill Ransom	*le Facteur ascension*
Mike McQuay	*Mémoire*
Arthur C. Clarke & Gentry Lee	*la Terre est un berceau*

1989

Gregory Benford	*la Grande Rivière du ciel*
Robert Silverberg	*À la fin de l'hiver*
Norman Spinrad	*Rock Machine*
Greg Bear	*Éon*
Greg Bear	*Éternité*
Ian McDonald	*Desolation Road.* Locus 1989
Pamela Sargent	*le Rivage des femmes*
Michael G. Coney	*le Gnome*

1990

Robert Silverberg	*Jusqu'aux portes de la vie*
Norman Spinrad	*l'Enfant de la fortune*
Gregory Benford	*Marées de lumière*
Robert Silverberg	*la Reine du printemps*
Michael G. Coney	*le Roi de l'île au sceptre*
Ian McDonald	*État de rêve*

1991

Ursula Le Guin	*Terremer* (Classiques)
Robert Silverberg	*la Face des eaux*
Ursula Le Guin	*Tehanu*
Pamela Sargent	*Vénus des ombres*
Robert Reed	*la Jungle hormone*
Dan Simmons	*Hypérion.* Hugo 1990, Locus 1990 Cosmos 2000 1992

1992

Iain M. Banks	*l'Usage des armes*
Robert Reed	*le Lait de la chimère*
Dan Simmons	*la Chute d'Hypérion.* Locus 1991
Iain M. Banks	*l'Homme des jeux.* Grand Prix de l'Imaginaire (traduction) 1994
John Campbell	*le Ciel est mort*

1993

Orson Scott Card	*Xénocide.* Cosmos 2000 1994
Robert Silverberg	*les Royaumes du mur*
Iain M. Banks	*Une forme de guerre*
Greg Bear	*la Reine des anges*

1994

Robert Reed	*la Voie terrestre.* Grand Prix de l'Imaginaire 1995
Charles Sheffield	*le Frère des dragons*
Harry Harrison & Marvin Minsky	*le Problème de Turing*
Vernor Vinge	*Un feu sur l'abîme.* Hugo 1993, Cosmos 2000 1995

1995

Robert Silverberg	*Ciel brûlant de minuit*
Greg Bear	*l'Envol de Mars.* Nebula 1995
Robert Silverberg	*les Montagnes de Majipoor*
Robert Reed	*le Voile de l'espace*

1996

Neal Stephenson — *le Samouraï virtuel.* Grand Prix de l'Imaginaire 1997, Ozone 1997
Greg Egan — *la Cité des permutants*
Dan Simmons — *Endymion.* Grand Prix de l'Imaginaire (traduction) 1997
Gregory Benford — *les Profondeurs furieuses*

1997

William Gibson & Bruce Sterling — *la Machine à différences*
Greg Bear — *Héritage*
Greg Egan — *l'Énigme de l'univers*

1998

John Barnes — *la Mère des tempêtes*
Iain M. Banks — *Excession*
Robert Silverberg — *les Sorciers de Majipoor*
Dan Simmons — *l'Éveil d'Endymion.* Locus 1998
Stephen Baxter — *les Vaisseaux du temps*

1999

Greg Bear — *Oblique*
Peter F. Hamilton — *Rupture dans le réel, 1. Émergence*
Robert Reed — *Béantes Portes du ciel*

2000

Peter F. Hamilton — *Rupture dans le réel, 2. Expansion*
Brian Herbert & Kevin J. Anderson — *la Maison des Atréides (Avant Dune 1)*
Robert Silverberg — *Prestimion le Coronal*
Ursula Le Guin — *le Dit d'Aka* suivi de *Le nom du monde est forêt*
Peter F. Hamilton — *l'Alchimiste du neutronium, 1. Consolidation*

2001

Brian Herbert & Kevin J. Anderson — *la Maison Harkonnen (Avant Dune 2)*
Vernor Vinge — *Au tréfonds du ciel.* Hugo 2000
Greg Bear — *l'Échelle de Darwin.* Nebula 2000
Peter F. Hamilton — *l'Alchimiste du neutronium, 2. Conflit*
Greg Egan — *Téranésie*

2002

Brian Herbert & Kevin J. Anderson — *la Maison Corrino (Avant Dune 3)*
Robert Silverberg — *le Roi des rêves*
Peter F. Hamilton — *le Dieu nu, 1. Résistance*
Iain M. Banks — *le Sens du vent*
Peter F. Hamilton — *le Dieu nu, 2. Révélation*

2003

Robert Silverberg — *le Long Chemin du retour*
Brian Herbert & Kevin J. Anderson — *la Guerre des machines (Dune, la genèse 1)*
Ursula Le Guin — *Contes de Terremer*

Greg Bear	*les Enfants de Darwin*
Sean McMullen	*les Âmes dans la Grande Machine, 1. Le Calculeur*

2004

Frank Herbert	*l'Effet Lazare*
Sean McMullen	*les Âmes dans la Grande Machine, 2. Les Stratèges*
Paul Di Filippo	*Langues étrangères*
Brian Herbert & Kevin J. Anderson	*le Jihad Butlérien (Dune, la genèse 2)*
Dan Simmons	*Ilium.* Locus 2004
Robert Silverberg	*Roma Æterna*
Charles Stross	*le Bureau des atrocités.* Prix Hugo 2005 pour la nouvelle La Jungle de béton

2005

Georges Panchard	*Forteresse*
Edward Whittemore	*le Codex du Sinaï (le Quatuor de Jérusalem, 1)*
Brian Herbert & Kevin J. Anderson	*la Bataille de Corrin (Dune, la genèse, 3)*
Paul McAuley	*les Diables blancs*
Edward Whittemore	*Jérusalem au poker (le Quatuor de Jérusalem, 2)*
Ursula Le Guin	*le Vent d'ailleurs*

2006

Ursula Le Guin	*l'Anniversaire du monde*
Charles Stross	*Une affaire de famille*
Dan Simmons	*Olympos*
Brian Aldiss	*le Printemps d'Helliconia*
Gérard Klein	*la Loi du Talion*
Charles Stross	*Un secret de famille*
Brian Herbert & Kevin J. Anderson	*la Route de Dune*

2007

Edward Whittemore	*Ombres sur le Nil (le Quatuor de Jérusalem, 3)*
Brian Aldiss	*Helliconia l'été*
Ursula Le Guin	*Terremer*
Paul McAuley	*Glyphes*
Vernor Vinge	*Rainbows End.* Locus 2007, Hugo 2007
Brian Herbert & Kevin J. Anderson	*les Chasseurs de Dune (après Dune, 1)*
Brian Aldiss	*l'Hiver d'Helliconia*
Gérard Klein	*Mémoire vive, mémoire morte*
Charles Stross	*Famille et Cie*

2008

Edward Whittemore	*les Murailles de Jéricho (le Quatuor de Jérusalem, 4)*
Philippe Curval	*Lothar Blues*
Paul McAuley	*Une invasion martienne*
Brian Herbert et Kevin J. Anderson	*le Triomphe de Dune (après Dune, 2)*
Michel Jeury	*Soleil chaud poisson des profondeurs*
L. E. Modesitt	*Elyseum*
Michael Flynn	*Eifelheim*

Michel Jeury	*le Temps incertain.* Grand Prix de la Science-Fiction française 1974

2009

Iain M. Banks	*Trames*
Michel Jeury	*les Singes du temps*
Paul McAuley	*Cowboy Angels*
Michael Coney	*la Grande Course de chars à voiles*
Brian Herbert & Kevin J. Anderson	*Paul le prophète (légendes de Dune, 1)*
Suzy McKee Charnas	*Un vampire ordinaire*
Michael Coney	*la Locomotive à vapeur céleste*
Robert J. Sawyer	*Rollback*
Michael Coney	*les Dieux du Grand-Loin*
Lorris Murail	*Nuigrave*

2010

Robert J. Sawyer	*Éveil (Singularité, 1)*
Michael Coney	*le Gnome*
Michael Coney	*le Roi de l'île au spectre*
Brian Herbert & Kevin J. Anderson	*le Souffle de Dune (légendes de Dune, 2)*
Robert Silverberg	*le Château de lord Valentin (Majipoor, 1)*
William Gibson & Bruce Sterling	*la Machine à différences*
Robert Silverberg	*Chroniques de Majipoor (Majipoor, 2)*
Michel Jeury	*May le monde*
Robert J. Sawyer	*Veille (Singularité, 2)*
Robert Silverberg	*Valentin de Majipoor (Majipoor, 3)*

2011

Robert J. Sawyer	*Merveille (Singularité, 3)*
Ian McDonald	*Desolation Road*
Vernor Vinge	*Un feu sur l'abîme*

Composition réalisée par PCA
44400 Rezé

Cet ouvrage a été imprimé
en avril 2011 par

FIRMIN-DIDOT

27650 Mesnil-sur-l'Estrée

N° d'édition : 51451/01
N° d'impression : 104917
Dépôt légal : avril 2011

Imprimé en France